일제하 농촌사회와 농민운동

일제하 농촌사회와 농민운동

영동지방을 중심으로

조 성 운 지음

혜안

책을 내면서

초등학교 시절 부모님께서 사다주신 위인전기는 필자가 '역사학'이라는 학문과 최초로 접하게 된 계기가 되었다. 이를 통해서 필자는 막연하게나마 '역사학'은 '재미있는' 학문이라는 생각을 하게 되었다. 그리하여 필자에게 '역사학'은 항상 친근한 학문이었다. 특히 주몽, 온조, 혁거세 등의 옛날 이야기는 언제나 새롭고 재미있는 것이었다.

그러나 '역사학'이 이처럼 '재미있는' 학문이 아니라는 것을 깨닫는 데에는 그리 오랜 세월이 흐르지 않았다. 대학에 입학한 후 필자는 '역사학'의 새로운 모습을 발견하게 되었다. 캠퍼스 벤치에 앉아 있던 낯선 '아저씨'들의 정체를 아는 순간 필자는 충격에 휩싸이게 되었다. 그리고 같은 과 선배의 구속은 당시 대학 1학년이던 필자에게 도대체 '역사학'은 왜 존재하며, 나는 '역사학'을 왜 배우는가 하는 의문을 갖게 하였다. 이러한 과정을 통하여 현실 사회에 관심을 갖게 되었고, 실천활동에도 나서게 되었다. 그러나 이 과정에서도 필자에게는 미련이 남아 있었다. 우리의 실천이 어떠한 역사성을 가지고 있으며 그 정당성은 어디에서 나오는가 하는 점이었다. 이에 대한 답변은 역시 '역사학'에서 구할 수밖에 없었다. 바로 이것이 필자가 한국근대사를 공부하게 된 계기이다.

1980년대 중반은 광주민중항쟁으로 인해 촉발된 시대적 분위기 속에서 민중운동사, 독립운동사, 사회주의운동사 등에 대한 연구가 활발히 전개되던 시기였다. 이러한 상황 속에서 필자는 민중운동사, 특히 농민운동사에 대해 공부하기로 결심하였다. 한국 사회의 기저에 흐르는 민중의 힘을 확인해 보고 싶었기 때문이다. 그리하여 양산지방의 농민조합운동을 주제로 석사논문을 작성하였다. 하지만 이 과정에서 필자는 역량의 부족을 실감하여야 했다. 역사학의 기본인 자료의 수집과 해석이라는 난관에 부딪힌 것이었다. 이때의 경험이 박사학위논문을 작성하는 데 큰 도움이 되었다.

한편 농민운동사를 공부하면서 필자가 요즈음에 느끼는 것은 구한말 이래 농촌사회의 변화 과정과 그 변화를 가져온 원인이 무엇인가 하는 점이다. 일제하 농민운동의 전개과정에서 전통적인 농촌사회의 지배체제가 어떠한 형태로든 영향을 끼쳤다고 믿었기 때문이다. 그리하여 필자는 집성촌의 구조와 한말·일제하 지주제의 전개 과정에 대한 연구가 심화되어야 한다는 생각을 하게 되었다. 앞으로 여력이 생긴다면 이 분야에 대한 공부도 해보고 싶다. 이와 동시에 필자가 공부한 것은 주로 '혁명적' 농민조합운동이었다. 그리고 일제하 농민운동의 다른 방향인 개량적 농민운동에 대한 분석도 아우를 수 있을 때 일제하 농민운동사의 전체상을 재구성할 수 있다는 생각도 하게 되었다. 천도교의 조선농민사운동을 郡농민사의 활동을 중심으로 살펴보고자 한 것은 이 때문이다.

이 책을 세상에 내놓기까지에는 많은 선생님과 선배 동료들의 아낌없는 지도와 격려가 있었다. 먼저 학문에 뜻을 두게 하시고, 공부하는 방법과 마음가짐을 일러주신 지도교수이신 김창수 선생님의 학은은 말로 다할 수 없다. 또한 박사학위논문의 심사를 통해 논문의 완성도를 높여주신 유준기 선생님, 박영석 선생님, 이기동 선생님, 임영정 선생님께도 감사드린다.. 그리고 때로는 엄하게 때로는 자상하게 꾸짖어 주신 원유한 선생님과 홍윤식 선생님께도 감사를 드린다. 아울러 게으른 후배에게 애정어린 충고를 아끼지 않으신 조병로 선생님, 강병수 선생님, 이상일 선생님께도 감사드린다. 또한 이러저러한 선배의 부탁을 싫다하지 않고 도와준 후배 심재욱에게도 고마움을 전한다.

  그러나 무엇보다도 어려운 경제 형편에도 자식의 공부에 큰 배려를 아끼지 않으신 부모님의 은혜에 깊이 고개숙여 감사의 마음을 전한다. 공부한다는 핑계로 가정과 자식의 교육을 전담하다시피 하면서 남편을 뒷바라지해 준 아내 권영미에게도 고마움을 전한다. 그리고 한창 아빠의 귀여움을 독차지하며 재롱을 부릴 나이에 논문 작성에 방해된다며 때로 구박을 받은 아들 건희, 웅희에게도 고맙다는 말을 전한다. 끝으로 이 책을 출판해 준 혜안출판사의 오일주 사장님과 편집부 여러분에게도 사의를 표한다.

2002년 6월
수원 칠보산에서

차 례

표차례

그림차례

Ⅰ. 서 론

1. 기존 연구의 검토

일제하 국내에서 전개된 민족운동은 3·1운동을 계기로 다양화하였다. 즉 3·1운동 이후 민족운동은 민족주의의 활동과 사회주의의 활동으로 분화, 발전하였다. 그리하여 당시의 민족운동은 실력양성운동에 따른 물산장려운동·민립대학설립운동, 사회주의의 영향을 받은 것으로 보이는 노동운동·농민운동·형평운동 등의 대중운동, 그리고 좌우합작운동인 신간회운동·근우회운동 등으로 다양하게 발전하였다.

이와 같이 다양하게 전개되었던 국내에서의 민족운동 중에서 이글에서 중점적으로 다루고자 하는 것은 1930년대의 농민조합운동을 중심으로 한 농민운동인데, 농민운동에 대한 연구는 1970년대 말까지는 그리 활발한 편은 아니었다. 그러나 비록 적은 양이지만 이 시기에 이루어진 연구들은 대체로 농민을 동질적인 계급으로, 농업·농민문제를 단순히 '농민이 당면하는 문제'로만 파악하여 자본주의적 경제법칙이 관철되는 과정에서 일어나는 총체적인 모순을 파악하는 수준에까지는 이르지 못하였다. 그리고 이 시기에 이루어진 연구는 주로 농민운동이 대두하는 시기인 1920년대 초반에 대한 연구에 집중되었고, 농민층이 항일민족독립운동의 주체로 성장한다는 관점에서 접근하여 농민운동을 위시한 대중운동을 민족해방운동의 한 주체로 인식1)하는 계기를 이루었다. 따라서 이 시기의 농민운동에 대한 연구는 농민운동은 곧 항일운동이라는 시각에서 이루어졌기 때문에 농민운동의 항일적인 성격이 강하게 나타난다고 생각되는 소작쟁의에 대한 연구가 주가 되었다.2) 특히 이 시기 연구의 대표적인 것은 유세희3)와 趙東杰4)의 연구라 할 수 있다. 유세희는 '근대화론적'인 관점에서 일제하 농민운동을 부르주아민족운동의 한 갈래로 파악하였다. 그리하여 그는 "일제의 지배기간 동안 농민의 민족의식은 합방 이전에 비해 훨씬 증대되었으나 시민의식의 결여로 인하여 외부로부터 주어진 민주주의제도조차도 제대로 지킬 수 없었다."5)고 하였다. 이에 반하여 조동걸은 "일제시대 민중운동의 주류에 부상되어 있는 농민운동을 독립운동사적 시각에서 정리"6)하였다.

그러나 이와 같이 '농민운동은 곧 민족운동'이라는 도식적인 시각은 1980년대에 접어들면서 비판, 극복되었다. 즉, 1980년대 이후에 이루어진 일련의 연구들은 1970년대 말까지의 주된 연구대상이었던 1920년대 초반의 소작쟁의나 농민계몽단체 등에 대한 연구를 1930년대의 농민조합운동에까지 확대하면서 사회주의에 기반한 운동도 재평가하게 되었다. 또한 농민운동의 물적인 조건이나 객관적인 정세 등을 파악하고자 하는 시도도 이루어지기 시작하였다. 그리하여 이 시기에는 식민지 사회의 모순 파악을 통하여 민족혁명의 성격과 단계를 구명하는 수준으로까지 연구가 심화되었다.7) 즉, 박현채는 "농

1) 권두영, 「일제하 한국농민운동사연구」,『사회과학논집』3, 고려대학교, 1973.
2) 조영건, 「1920년대의 한국농민운동」,『건대사학』2, 1971 ; 권두영, 「일제하 한국농민운동사연구」,『사회과학논집』3, 고려대학교, 1973 ; 주봉규, 「일제 하 소작쟁의의 성격에 관한 연구」,『경제논집』14-4, 1975 ; 강훈덕, 「일제하 소작쟁의의 성격에 관한 고찰」,『한국사논총』4, 1981.
3) 유세희, 「韓國農民運動史」,『韓國現代文化史大系』IV, 고려대학교 아세아문제연구소, 1978.
4) 조동걸,『日帝下 韓國農民運動史』, 한길사, 1979.
5) 유세희, 위의 글, 318쪽.
6) 조동걸, 위의 책, 15쪽.

민운동은 그것이 민중적 민족주의의 중요한 구성원으로 되면서도, 그
것이 갖는 모순은 반봉건적인 지주·소작관계 위에 서는 제국주의자
일본인 지주 및 매판적 조선인 지주와의 관계에서 주어지는 반봉건
적 모순 이상의 것은 아니다."[8]고 하여 농민운동과 민족해방운동과
의 관계를 정리하였다.

이와 같은 인식이 보편화되는 과정에서 특히 1980년대 중반 이후
의 농민운동에 대한 연구는 이른바 혁명적 농민조합운동에 대한 것
이 대종을 이루었다. 필자가 이 글에서 다루고자 하는 것이 농민조합
운동이기 때문에 이하에서는 농민조합운동에 대한 연구를 쟁점사항
을 중심으로 정리하고자 한다.

첫째, 농민조합운동이 합법적 농민조합운동에서 혁명적 농민조합
운동으로 전환하게 되는 배경에 관한 문제이다. 이 문제에 관하여는
코민테른과 프로핀테른 등의 국제혁명운동의 지도기관의 영향을 강
조하는 견해[9]와 운동의 내재적인 발전을 강조하는 견해[10]로 크게 나
누어 볼 수 있다. 여기에서 전자는 운동의 좌편향성을 강조하는 반면
에 후자는 운동의 내적 계기를 강조하고 있다. 그리고 농민조합운동

---

7) 이준식, 「일제하 단천지방의 농민운동에 대한 연구」, 연세대학교 석사학위
   논문, 1984 ; 장시원, 「식민지반봉건사회론-일제하의 한국사회의 성격규정을
   위한 일시론」, 『한국자본주의론』, 까치, 1984 ; 박현채, 「일제하 민족해방운
   동의 과제와 농민운동」, 『한국민족주의론』 Ⅲ, 창작과 비평사, 1985 ; 안병
   직, 「조선에 있어서 (반)식민지반봉건사회의 형성과 일본제국주의」, 『한국근
   대사회와 일본제국주의』, 삼지원, 1985 ; 정태헌, 「최근의 식민지시대 사회구
   성체론에 대한 연구사적 검토」, 『역사비평』 1, 역사비평사, 1987.
8) 박현채, 앞의 글, 191~192쪽.
9) 朴慶植, 「朝鮮民族運動と民族統一戰線」, 『ファシズム下の抵抗と運動(下)』,
   東京大社會科學硏究所, 1980 ; 이정식, 「농민혁명의 사회적 기초」, 『항일농
   민운동연구』, 동녘, 1984 ; 李鍾範, 「1920·30年代 珍島地方의 農村事情과
   農民組合運動」, 『歷史學報』 109, 1986.
10) 이준식, 『농촌사회변동과 농민운동 - 일제 침략기 함경남도의 경우』, 민영
   사, 1993 ; 지수걸, 『일제하 농민조합운동연구』, 역사비평사, 1993 ; 竝木眞
   人, 「植民地下朝鮮における地方民衆運動の展開 - 咸鏡南道洪原郡の事例
   を中心に」, 『朝鮮史硏究會論文集』 20, 1983.

의 연구 초기에는 주로 전자의 입장이 강조되었으나 지역운동의 사례연구가 진전되면서 점차 후자의 입장이 강화되고 있다. 필자 역시 후자의 입장을 지지하지만 실제 운동의 전개과정에서 국제혁명운동의 지도기관의 영향도 있었을 것으로 보인다. 왜냐하면 국제혁명운동이 발표한 여러 문건에 의하여 농민조합운동의 주체들은 각 지역에서 운동을 전개하고 있기 때문이다. 따라서 국제혁명운동의 지도기관이 각 지역의 운동에 어떻게 영향을 끼쳤는가에 대한 구체적인 연구가 있어야 할 것이다.

둘째, 농민조합이 운동방향으로 설정했던 내용들이 당시의 정세와 조응하고 민족운동의 전체적인 발전과정에서 타당하였는가 하는 점이다. 농민조합운동에 대한 연구는 북한의 역사학자에 의하여 시작되었는데, 이들은 농민조합운동이 좌편향적이고 계급지상적인 운동이었다고 비판[11]하지만, 연구가 진행되면서 부분적으로는 이와 같은 면이 인정된다고 하더라도 정세의 변화에 따라 운동의 전술도 변했다는 견해[12]가 우세해지고 있다.

셋째, 운동의 주체에 관한 문제이다. 흔히 농민조합운동이 혁명적으로 전환하면서 농민조합운동의 주체는 '빈농'이라는 주장이 많은 연구들에서 제기[13]되었고, 그것이 통설로 인정되었다. 그러나 이러한 '빈농우위의 원칙'에 대하여 일부 연구자들은 '중농'[14] 또는 '자작농

---

11) 이러한 입장을 가진 연구로는 다음을 들 수 있다. 허장만, 『1920년대 농민운동의 발전』, 조선로동당출판사, 1963(안병욱 엮음, 『한국사회운동의 새로운 인식』, 대동, 1992.에 소수) ; 淺田喬二, 『日本帝國主義下の民族革命運動 - 臺灣・朝鮮・滿洲における抗日農民運動の展開過程』, 未來社, 1973 ; 飛田雄一, 『日帝下の 朝鮮農民運動』, 未來社, 1991 ; 竝木眞人, 앞의 논문 ; 신주백, 「1930년대 함경남도지방 혁명적 농민조합운동에 관한 일 연구」, 『성대사림』 5, 1989 ; 김점숙, 「1930년대 전남지방 혁명적 농민조합운동연구」, 『전남사회운동사연구』, 한울, 1992.

12) 이러한 견해는 현재 남한의 대부분의 연구자들이 가지고 있는 시각이다. 대표적인 연구로는 이준식과 지수걸의 연구를 들 수 있다.

13) 허장만, 앞의 책 ; 이준식, 앞의 책 ; 지수걸, 앞의 책.

상층'15)이 운동의 주체라는 주장을 제기하였다. 그리고 이 문제를 논의하는 과정에서 '빈농우위의 원칙'을 인정하는 바탕 위에서 부농을 배제할 것16)인가 또는 포섭할 것17)인가 하는 논쟁이 제기되기도 하였다. 이와 같은 논의가 진전되는 과정에서 농민층 내부에서도 계급과 계층에 따라 다양한 이해관계가 존재하며, 또한 그에 따라 정치적 입장에도 차이가 있다는 점이 밝혀지기도 하였다. 이는 곧 앞에서 본 바와 같이 농민운동이 민족운동이라는 시각을 실증적으로 극복하는 과정이었다고도 할 것이다. 그러나 이 문제에 대하여 필자는 운동의 주체는 지주 또는 부농이었다는 새로운 주장을 제기하고자 한다. 즉 '빈농우위의 원칙'을 "종래 농민운동의 주도권을 장악하고 있던 지주나 부농층을 대신해 빈농층이나 노동자계급 출신이 농민운동의 주도권을 장악하고 나아가 이들 새로운 지도층이 빈농적 이해관계(궁극적으로는 토지혁명)를 중심으로 농민대중의 이해관계를 실현하기 위해 농민들을 조직하고 투쟁한다는 방침"18)으로 이해한다면 최소한 영동지방에서의 농민조합운동은 지주나 부농층이 운동의 주도권을 행사했을 가능성이 매우 크다. 따라서 필자는 농민조합운동의 주체는 지주 또는 부농이라는 가능성을 제기하고자 한다.

넷째, 농민조합운동과 조선공산당재건운동과의 관계에 관한 논의이다. 이와 관련한 연구는 일제의 관변자료처럼 농민조합운동을 조선공산당재건운동과 무매개적으로 일치시키려는 입장,19) 당재건운동과

---

14) 박명규, 「일제시대 농민운동의 계층적 성격 - 자작농층을 중심으로」, 『현대 자본주의와 공동체이론』, 한길사, 1987.

15) 신기욱, 「농민과 농민운동 - 일제하 농민운동을 보는 시각에 대하여」, 『연세 사회학』 10 · 11합집, 1990.

16) 신구백, 앞의 논문 ; 김점숙, 앞의 논문.

17) 이준식, 앞의 책 ; 지수걸, 앞의 책 ; 이준식, 「세계 대공황기 혁명적 농민조 합운동의 계급 · 계층적 성격」, 『역사와 현실』 11, 역사비평사, 1994.

18) 이준식, 「세계대공황기 혁명적 농민조합운동의 계급 · 계층적 성격」, 『역사 와 현실』 11, 역사비평사, 1994, 155쪽.

19) 金俊燁 · 金昌順, 『韓國共産主義運動史』(1~5), 청계연구소, 1986.

무관하다는 입장,[20] 지역전위 정치조직을 통하여 농민조합운동과 당재건운동이 매개되고 있다는 입장[21]으로 나뉘어 있는데, 최근에는 주로 세번째의 입장이 지배적이다.

2. 연구의 목적과 범위

이 글의 목적은 3·1운동 이후 1930년대 중반 경까지 通川·高城·江陵·襄陽·三陟·蔚珍[22] 등 강원도 영동지방에서 이루어진 민족운동 특히 1930년대 초반부터 이루어지는 농민조합운동을 역사적으로 분석·평가하는 데 있다. 그런데 1920~30년대의 농민운동에 대한 연구에서 주의할 점은 현재 남아있는 자료가 대부분 일제하에서 발행되던 한글 신문이나 일제의 관변 자료이기 때문에 그 한계를 어떻게 극복할 것인가 하는 점이다. 바로 이러한 점 때문에 이 시기 농민운동의 연구과정에서는 해당 지역에 대한 답사와 생존자 및 관련자들과의 면담을 통해서 일제의 관변 자료가 갖는 한계를 극복하고자 하는 노력이 행해지기도 하였다. 이 글에서도 필자 역시 이러한 방법을 수용하였다. 다만 영동지방 농민운동의 직접적인 당사자는 현재 생존한 사람이 없기 때문에, 당시 농민운동을 참여한 인물의 자제,

---

20) 飛田雄一, 앞의 책.
21) 지수걸, 앞의 책 ; 김점숙, 앞의 논문 ; 신주백, 앞의 논문 ; 신주백, 「1930년대 혁명적 노농운동의 조직문제에 관한 연구」, 『역사비평』 1989 겨울호 ; 이종민, 「1930년대 초반 농민조합의 성격 연구」, 『연세사회학』 10·11, 1990 ; 김일수, 「1930년대 경북지역의 조공재건운동과 대중조직운동」, 『한국근현대지역운동사(영남편)』, 여강, 1993.
22) 울진군은 1895년 강원도에 편입된 이래 강원도의 최남단에 위치하다가 1962년 지방행정구역심의회에서 제반 여건 상 경북에 편입되는 것이 편의하다는 진정으로 1963년 1월 1일을 기해 경상북도에 편입되었다. 그리하여 본고에서는 일제 당시의 행정구역에 따라 울진농민조합운동을 강원도 영동지방의 농민조합운동의 하나로 다루었다.

그들의 후배, 제자들과의 면담으로 대신할 수밖에 없었다. 이러한 점은 이 글의 한계라고 할 수 있다.

다음으로 필자가 위의 시기와 지역을 이 글의 분석의 대상으로 정한 이유는 다음과 같다.

첫째, 기존의 농민조합운동에 대한 연구는 주로 함경도를 중심으로 한 북부지방과 경상도·전라도를 중심으로 한 남부지방을 주로 다룬 것이 대부분이었다. 따라서 경기도·충청도·강원도 등 중부지방에서 농민조합운동이 어떠한 전개양상을 보이는지에 대해서는 연구가 미진한 감이 있었다. 그리하여 필자는 농민조합운동의 중심지라 할 수 있는 함경도와 인접하면서 중부권에 속하는 강원도 영동지방을 연구의 대상 지역으로 선정하였다. 이는 함경도를 중심으로 한 북부지방과 경상도·전라도 등 남부지방을 연결하는 중간지대로서 이 지방이 역할을 하였을 것으로 생각되기 때문이다. 실제로 동해안에 연한 각 군에서는 모두 농민조합이 조직되었거나 조직을 위해 활동하고 있었다.

둘째, 1919년 3·1운동은 기존 민족주의자들의 한계를 민중에게 노출시켰다. 그 결과 민족주의자들은 민중에 대한 영향력을 상실하고 있었고, 민족주의에 대신할 새로운 사상으로서 사회주의가 수용되면서 사회주의를 기반으로 하는 운동조직이 결성되기 시작하였다. 따라서 필자는 영동지방에서 이와 같은 변화가 초래되는 이유가 무엇인지를 구명해보고자 한다. 이와 관련하여 集姓村, 유교의 영향력, 개화운동의 흐름 등 영동지방의 밑바탕에 흐르는 지역적인 정서에 주목하고자 한다.

셋째, 1920년대 중반 이후 즉 1926년 正友會의 方向轉換論이 영동지방의 민족운동에 어떠한 변화를 초래하였는가를 구명하는 것도 이 글의 목적이라 할 수 있다. 흔히 정우회의 방향전환론이 1920년대 중반 이후 민족운동에 매우 큰 변화를 초래했다고 하지만 실제로 그것이 지방사회에서 어떻게 수용·전개되었는지는 명확하게 밝혀지지 않았다고 생각하기 때문이다.

넷째, 합법적 농민조합운동이 혁명적 농민조합운동으로 전환되는 것은 보통 1931년을 전후한 시기라 볼 수 있다. 영동지방에서는 이러한 변화가 어느 시기에 어느 지역에서 이루어졌는지 확인함으로써, 1930년대 초반 농민조합운동의 전개 양상을 파악하는 데 일조하리라 생각되기 때문이다. 특히 영동지방의 농민조합운동의 전개과정에서 필자가 주목하고자 하는 점은 운동의 지도부가 진정으로 '빈농우위의 원칙'에 충실했는가 하는 점이다.

이러한 점을 염두에 두면서 영동지방에서 농민운동이 발생하였던 이유가 무엇인가를 살피기 위하여 필자는 제2장에서 일제의 식민지 통치정책이 영동지방의 사회경제에 어떠한 영향을 끼쳤고, 그 결과 영동지방의 농촌사회가 어떻게 변화하였는지를 살펴보았다. 그리고 영동지방 농민조합운동의 구체적인 실례로써 제3장과 제4장, 제5장에서는 양양·삼척·울진지역의 농민조합운동을 실증적으로 살펴보았다. 그리고 제6장에서는 이상의 사례연구의 결과를 분석, 평가하여 영동지방의 농민조합운동이 어떠한 구조와 성격을 지니는가를 살펴보았다.

그런데 필자가 분석의 대상으로 삼은 지역은 양양·삼척·울진지역의 농민조합운동이며, 통천·고성·강릉지역은 분석대상에 포함시키지 않았다. 그 이유는 강릉지역은 이미 선행연구[23)가 제출되어 있고, 통천과 고성지역은 농민조합운동에 관계된 직접적인 자료가 미비하여 충분히 분석할 수 없는 한계가 있기 때문이다. 이러한 한계를 인정하면서 필자는 이 글의 전개 과정에서 기존의 연구 성과를 최대한 비판적으로 이용하였다는 점을 미리 밝혀둔다.

마지막으로 필자는 기존의 연구들은 1930년대 농민조합운동을 사회주의운동의 일환으로 이해한 것에 반하여 이를 민족운동의 시각에

---

23) 崔洪俊, 「1930年代 江陵地域 朝鮮共産黨 再建運動 研究」, 『北岳史論』 3, 1993.

서 다루어 보고자 하였다. 이는 농민조합운동이 단순히 농민층의 일
상이익을 획득하기 위한 경제투쟁이 아니라 민족의 독립과 해방을
목적으로 했기 때문이다.

Ⅱ. 영동지방 농촌사회의 변화

1. 지정학적 조건과 농촌사회

1) 지정학적 조건과 농촌사회

일제강점기 향촌사회 각지에서 발생한 농민운동은 일제와 식민지 지주의 가혹한 침탈과 착취가 그 배경이 되었다. 특히 1920년대 말부터 1930년대 중반까지의 시기는 세계적인 경제대공황의 파고가 일본 제국주의를 강타하여 일제는 공황의 부담을 식민지 민중에게 전가함으로써, 그 위기를 타개하고자 했던 시기이기도 하였다. 이러한 이유 때문에 조선의 노동자와 농민 등 기층 민중은 일제와 그에 영합한 친일 지주에 대한 투쟁의 강도를 높여갔으며, 그 결과 1920년대 말부터 1930년대 초반까지의 시기는 한국민족해방운동사에서 민중의 진출이 가장 활발했던 시기이기도 하였다.

그런데 특히 강원도지방의 경우는 지역적으로 특이한 경향을 보이고 있다. 즉 농민조합운동이 嶺西地方에서는 발생하지 않고 嶺東地方에서만 발생하였기 때문이다. 여기서는 농민조합운동이 영동지방에서만 발생한 이유를 영동지방의 지정학적인 조건·농업적 특성·식민지 농업정책의 특성을 통해 찾아보고자 한다.

영동지방은 태백산맥의 동쪽지방을 가리키며, 행정구역상으로는 通川·高城·襄陽·江陵·三陟·蔚珍의 6개 군이 해당된다. 그리고 태백산맥의 서쪽지방은 영서지방이라 일컫는다. 다시 말하면 영동과 영서의 구분은 단순히 태백산맥의 동쪽과 서쪽이라는 지리적인 요인에 근거하는 것이지 역사적인 의미가 있는 것은 아니다. 하지만 바로 이러한 지리적인 요인에 따라 영동지방과 영서지방은 여러 측면에서 문화적인 상이점을 보이고 있다. 즉 영동지방은 동해안에 연하면서 지세가 좁고 길어 평야가 적은 지방[1]이기는 하였지만 해안선을 따라 좁고 긴 평야가 발달하였다. 그리고 이 지역을 중심으로 농업도 성하였다. 따라서 영동지방은 半農半漁의 생활을 영위하는 해안문화적인 성격이 강한 반면 영서지방은 내륙문화적인 성격이 강하다고 한다. 그리고 방언의 경우도 영동방언권과 영서방언권으로 크게 나누어 볼 수 있으며, 기질이라는 면에서도 영동지방은 풍류적 문사의 기질이 강하고, 영서지방은 지사적 무사의 기질이 강하다고 한다.[2]

한편 영동지방은 앞에서도 말한 바와 같이 해안을 끼고 있기 때문에 어업도 매우 중요한 산업의 하나였다. 그러나 어업을 전업으로 생활하는 어민의 수는 그리 많지 않았던 것으로 보인다. 왜냐하면 1920~30년대 동해안에서 가장 많이 잡힌 어종은 정어리인데, 정어리는 계절에 따라 회유하는 어종이기 때문에 많은 농민들이 정어리 어기에 계절어업에 종사하였다고 생각되며,[3] 또 일부는 鰮油肥工場에 취

---

1) 江原道, 『江原道道勢要覽』, 1926, 58쪽.
2) 정성호, 「강원사회의 지역갈등」, 강원사회연구회 엮음, 『강원사회의 이해』, 한울, 1997, 81~84쪽.
   이와 같은 문화적인 차이에 따라 영동지방은 관동팔경과 같은 뛰어난 풍경이 많아서 옛부터 찾아든 풍류문사에게서 영향을 받아 栗谷 李珥와 같은 巨儒를 탄생시켰고, 영서지방은 한반도의 한가운데에 위치하여 신라말기 남방세력과 북방세력의 교류가 시작되면서 전란이 잦았다는 역사적 여건으로 지사적 무사기질이 함양되어 구한말의 柳麟錫과 같은 의병장을 배출하였다고 한다.
3) 金鎔基의 증언(1998. 5. 1. 속초시 교동 643-3, 김용기옹 자택).
   김용기옹은 1913년생(86세)으로 양양농민조합의 정암지부장이었던 金思晩의 아들로서, 현재 생존해 있는 관계자의 자제분 중에서 가장 나이가 많은 분이며, 직접 농민조합운동에 관계하지 않아 농민조합운동에 대한 자세한 내용은 알고 있지는 못하나 양양농민조합 관련자들의 신상에 대하여는 비교적 소상

로하여 계절노동자가 되기도 하였다. 그리고 鰮油肥工場의 노동자는 정어리 어기가 종료된 이후에는 실업 상태4)가 되기 때문에 노동자들의 취업 역시 매우 불안정한 상태였다고 할 수 있다.

이와 같이 영동지방은 한편으로 좁고 긴 해안평야를 중심으로 논농사가 비교적 발달하였고, 다른 한편으로 정어리 어업을 중심으로 한 어업과 정어리를 원료로 하는 鰮油肥工業이 발달하였다. 이러한 사회경제적 조건은 영동지방의 사회운동 또는 민족운동의 전개과정에서 중요한 배경이 되는 것이었다. 특히 삼척과 양양지역의 경우에는 각각 鰮油肥工場을 중심으로 한 노동운동과 어민운동이 중요한 부문운동으로서 전개되었던 것이다.

2) 영동지방의 사회주의 수용

강원도는 지리상 사회주의가 발흥하고 있던 함경남도와 인접하였으며 1930년대 초반에 일제가 조선을 전시체제에 편입시키면서 兵站基地化政策을 채택하여 강원도의 풍부한 지하자원을 개발하여 일제의 전쟁 수행에 동원하였기 때문에, 도로·철도 등 육상운송 수단의 건설에 매진하여 교통이 이전보다 매우 편리해졌다. 그리고 동해안을 따라 형성된 연안 항로와 일본의 大阪을 출발하여 神戶, 下關을 지나 우리나라의 부산, 원산, 성진, 청진, 웅기를 거쳐 연해주의 블라디보스토크에까지 연결5)된 국제 항로가 정비되어 함경도 지방과 연해주, 일본으로부터 사회주의가 유입될 수 있는 객관적인 조건이 형성되어 있었다. 그리고 실제로 이와 같은 객관적인 조건은 영동지방에 사회주의가 수용되는데 매우 유리하게 작용하였다. 다음의 글을 통하여 살펴보자.

히 알고 있었다.
4) 三陟警察署,『重要犯罪報告』, 江保司 第357號, 1935.
5) 柳川勉,『朝鮮ノ交通及運輸』, 1925, 143쪽.

　　교통이 불편하고 문화시설이 저하하여 사상운동도 그다지 볼 것이 없더니 최근에(1930년대 초반 - 인용자) 이르러서는 새로이 철도의 공사도 진전되었고 자동차 교통도 완비되어 감에 따라 인사의 왕래가 빈번하여질 뿐만이 아니라 지리적으로도 함남 일대와 인접하고 또는 그 지방 사람들로서 간도와 기타 만주 방면 등지에 다수 나가서 사는 관계로 말미암아 사상적으로도 중요성을 갖게 되었다.6)

　　강원도지방도 교통의 발전과 대광산의 발전으로 말미암아 더욱더욱 이러한 운동(혁명적 농민조합운동 등의 사회주의운동 - 인용자)이 침입되리라 관측하고 상당한 경계를 요하여야 할 것7)

　위의 인용문을 통하여 볼 때 강원도지방에 사회주의가 발흥하게 된 데에는 몇 가지 이유가 있었던 것으로 생각된다. 첫째, 교통과 산업의 발달에 따라 사회주의가 활발하게 진전되었던 함경도·간도·노령·일본 등지와의 빈번한 교류가 매우 중요한 역할을 했음을 알 수 있다. 예를 들어 고성의 黃昌甲, 양양의 崔容達·金大鳳·金東起, 울진의 尹斗鉉·崔陽述, 삼척의 金德煥·黃雲大, 강릉의 權麟甲·姜益善 등 각 지역의 농민조합운동에서 지도적인 역할을 하였던 인물들의 활동 경력에서, 우리는 영동지방의 농민운동이 함경도·간도·연해주·일본 등지로부터 영향을 받았음을 알 수 있었다. 즉 김대봉은 양양 출신으로서 襄陽新靑年同盟의 창립 당시 발기 총회의 경과 보고를 하였으며,8) 이후 모스크바 공산대학에 유학을 하고 국내에 들어와 공산주의운동에 종사한 인물이다. 윤두현은 ML계 中韓靑年會와 中共系 中韓農民協會에서 활동하였고, 최양술은 만주에서 활동한 경험이 있는 인물이다.9) 또한 김덕환과 황운대는 원산에서

---

6)『동아일보』, 1934년 11월 13일, 「思想無風地帶든 江原道에도 變遷」.
7) 위와 같음.
8)『시대일보』, 1925년 1월 22일, 「양양신청년동맹창립」.
9) 蔚珍警察署, 『重要犯罪報告』, 江保司 第393號.

활동한 경험의 소유자이며,10) 권인갑은 金元鳳과 安光泉이 조직했던 레닌주의정치학교 출신이다. 강릉의 강익선은 일본 동경의 全協(日本勞動組合全國評議會)에서 활동한 경험이 있었다.11) 특히 통천의 경우는 함경남도 안변지역의 활동가들의 지도를 받아 농민조합을 조직하고자 하였으므로 함경도지방의 영향을 직접적으로 받고 있음을 알 수 있다. 이와 같이 영동지방의 농민운동을 지도하였던 인물들은 한결같이 "혹은 만주 방면으로 혹은 일본 內地로 다니면서 공산주의운동에 참가하여 그 운동방침을 획득하고 귀향"12)한 인물들이었다. 그리하여 이들은 이러한 경험을 통하여 영동지방 각 지역의 농민운동에서 지도적인 위치를 확보할 수 있었다. 물론 이들이 귀향한 이후 활동한 지역은 자신들과 연고가 있는 지역이었다. 그리고 비록 함경도나 간도·일본·연해주 등지에서 활동한 경험은 없다고 하더라도 지도적인 활동가들은 유학하거나 외부에서 활동한 경험이 있는 인물들이었다. 삼척의 鄭健和·沈富潤, 울진의 李愚貞·崔學韶·陳基烈 등이 여기에 해당한다. 즉 정건화는 서울 배재고등보통학교를 1년만에 중퇴하였고, 심부윤은 釜山商業學校·평양 崇神學校에서 수학하였다. 그리고 이우정은 경성 사립중앙보통학교, 최학소는 경성사립중동고등보통학교, 진기열은 이리농림학교에서 각각 수학하였다.

둘째, 이른바 北鮮開拓事業이 추진되면서 발전소·공장·광산 등이 개발되기 시작하여 경제활동인구가 증가하였다. 이러한 공업화 현상은 활동가들이 영동지방을 새로운 활동 무대로 인식하기에 충분하였다. 다음의 글이 이러한 사실을 확인시켜 준다.

남조선과 북조선에서 연거푸 적화사건이 발생하였으나 강원두만은

---

10) 三陟警察署,『重要犯罪報告』, 江保司 第357號.
11)『조선일보』, 1935년 8월 24일(호외),「"農振"夜學機關紙 利用 演劇 講演 삐라 猛宣傳」.
12)『조선일보』, 1935년 5월 5일(조간),「江原地方 最初의 秘社 蔚珍赤農 工作 全貌」.

이러한 사건을 보지 못하였으므로 이래 얼마 동안은 안전지대라고 하여 당국도 낙관하고 있던 중 의외에도 최근에 이 안전지대가 실로 놀랄만한 적색분자의 온상인 것이 판명났다. 즉 당국의 탄압의 손에 닿지 않은 좌익 분자들의 그 교묘한 수단으로 과거에 있어서 비교적 당국의 눈이 가지 않던 강원도 방면에 손을 대고서 이래 수년 동안 적화공작을 하기 시작하여 동해안 일대의 농촌에 잠입하여 적화사상을 주입하기에 성공하여 도처에 적색농민조합을 결성시킨 것이 판명되었다. 이 놀라운 사실에 낭패한 강원도 경찰부에서는 방금 도내에 있는 각서를 독려하여 좌익 검거망을 펴고 있는 중이라는데 일방 경무국에서도 이 사태를 우려하여 함남과 같으면 안 되겠다는 견지에서 그 대책을 강구하기로 결정되어 ××사무관이 동해안 일대를 사찰하고 그 대책을 강구하리라 한다.13)

셋째, 지주소작관계가 남부의 논농사지대보다는 덜 발달하여 지주를 통하여 농민을 지배하고자 했던 일제의 식민지 통치의 강도가 상대적으로 약했다는 점이다. 이에 따라 농민과 일제의 식민지 통치기관이 직접 충돌할 가능성이 다른 지역보다 높았다. 이는 곧 영동지방에서 반제국주의투쟁이 발생할 가능성이 높았다는 것을 의미한다. 따라서 사회주의가 수용될 수 있는 객관적인 조건이 어느 정도 성숙하였다고 생각된다.14)

---

13)『조선중앙일보』, 1934년 11월 12일,「思想無風地帶든 江原道에도 變遷」.

14) 이와 관련하여 필자는 영동지방에서 초기에 사회주의를 수용한 인물들이 상당히 '인간적인' 인물들이었다는 점을 강조하고 싶다. 즉 정경자는 자신의 아버지인 정건화가 어려서부터 가난한 사람을 보면 참지 못하고 자신의 옷을 벗어 주었다는 이야기를 어머니로부터 들었고, 자신이 어려서 본 기억 가운데는 걸인을 집으로 데려와 밥을 주시는 것을 여러 번 보았다는 점을 강조하면서 '아버지는 매우 인간적인 분이었다.'고 회고하였다. 그리고 강릉의 최선규는 검거 후 공판 과정에서 자신이 조선공산당재건운동에 관여하게 된 동기를 "농촌에서 지주들의 소작인에 대한 태도와 소작농들의 참담한 궁경을 목도함에서 사회××(제도 - 인용자)에 모순을 느끼게 되었다."(동아일보, 1935년 9월 7일)고 하여 소작농의 참담한 현실을 '인간적'으로 참을 수 없어 공산당재건운동에 참여하게 되었음을 밝히고 있다.

넷째, 양양의 경우는 이미 1919년 3·1운동이 전국에서도 가장 격렬하게 전개되었다고 할만큼 민족운동이 활발했던 지역이었으며,[15] 1920년대에 靑年會, 靑年同盟, 新幹會 등 합법적인 사회운동이 매우 활발했던 지역이었다. 그리하여 양양지역의 경우는 1930년대 농민조합운동의 전개 과정에서 상당수의 중견적 활동가들이 확대재생산될 수 있었다. 그러나 울진의 경우에는 최학소가 진술했듯이 "겨우 청년회가 있었지만 그것도 창립총회 시에 몇 명 모였을 뿐이며, 후에 회에는 2, 3명밖에 오지 않았다. 또 신간회 울진지회도 간판 뿐"[16]인 것으로 1920년대 합법적인 대중조직의 활동이 그리 활발하지 않던 지역이었다. 삼척지역의 경우도 정건화가 활동하던 灑雲里 일대를 제외하고는 1920년대 합법적인 대중조직의 활동이 전군적으로 활발하지 않았던 것으로 보인다. 심부윤 역시 삼척지역의 핵심적인 활동가이기는 하였지만, 그의 거주지인 東幕里 일대에서 쇄운리의 정건화가 했던 만큼의 활동을 한 것으로 보이지는 않는다. 그리하여 정건화의 지도를 받던 쇄운리 일대를 제외하고는 대중운동이 그리 활발하게 전개되지 못하였던 것으로 생각된다. 결국 양양과 울진, 삼척지역의 경우는 1930년대의 혁명적 농민조합운동이 발생할 수 있었던 주체적인 조건이 서로 다르다고 할 수 있다. 따라서 강원도지방의 혁명적 농민조합운동이 활발하게 전개된 이유로써, 1920년대의 합법적인 대중조직운동 과정에서 상당수의 중견적인 활동가들이 확대재생산되었다는 주장[17]은 재검토되어야 할 것으로 본다.

---

15) 양양지역의 3·1운동에 대하여는 조동걸, 「3·1운동 때 지방민의 참여 문제」, 『논문집』 9, 춘천교육대학 참조.
16) 蔚珍警察署, 앞의 글.
17) 池秀傑, 『일제하 농민조합운동사』, 역사비평사, 1993, 173쪽.

2. 식민지 통치정책과 농촌사회의 변동

1910년대 일제의 식민지 조선에 대한 농업 정책은 크게 보아 헌병 경찰을 동원한 경제외적인 강제와 '지주회' 중심의 武斷的인 것이라 생각된다. 그러나 3·1운동에 농민층이 적극적으로 참여하는 것을 보고 식민지 조선의 농촌에 대한 지배를 보다 더 강화하고, 쌀소동을 빚은 일본내의 식량 부족 문제를 해결하기 위하여 조선의 농업에 대한 새로운 지배정책을 강구하지 않으면 안 되었다. 그리하여 1920년부터 産米增殖計劃이 수립되어 실천에 옮겨지게 되었다. 더욱이 일제는 대륙침략정책을 표방하면서 한반도 북부지방에 대한 공업화를 추진하였는데, 이와 관련하여 강원도는 일제의 개발정책에 편입되어 영동지방의 여러 항구들이 수축, 개축되었다. 이러한 식민지 지배정책이 영동지방민에게 어떠한 영향을 미쳤는지 확인해 보도록 하자.

1) 일본 독점자본의 진출과 노농운동의 발전

강원도는 함경도와 함께 우리나라에서 광물, 임산 자원 등이 가장 풍부한 지역으로 일제 전시체제의 필요성에 의하여 개발되기 시작하였다. 즉 1929년 부전강 발전소의 송전을 시초로 개시되었던 소위 '근대산업'은 滿洲事變을 일으키고, 中日戰爭, 太平洋戰爭으로 확대되면서 군수품 보급 기지로서의 조선의 역할은 더욱 증대되었다.

그리하여 도로의 개수, 철도의 부설과 같이 교통로와 연안 항로 및 항만을 정비하였다. 이에 따라 영동지방에서도 산업화가 이루어지기 시작하였는데, 三陟·寧越·默湖 일원을 '三陟工業地帶'라 하여 중화학공업지대로 발전시킬 계획을 가지고 있었다.[18] 예를 들면 南韓 一帶에 전력을 공급하는 영월발전소의 발전량이 80,000KW인데 이 지역을 중화학공업지대로 발전시킬 계획에 따라 三陟火力發電所를

---

18) 全國經濟調査機關聯合會朝鮮支部編, 『朝鮮經濟年譜』, 1940, 458쪽.

건설할 계획을 세웠고, 화력 발전의 원료로는 삼척지역에서 생산되는 무연탄을 사용하기로 하였다.19)

한편 영동지방의 산업에서 빼놓을 수 없는 것은 정어리어업이라 할 수 있다. 정어리어업은 1920년대 초반까지는 그다지 중요한 위치를 차지하지 못하였으나, 1923년에 함경도의 성진 해안에 대규모의 정어리 떼가 내습하여, 정어리어업은 큰 호황을 누릴 수 있었다.

요사이 성진 부근의 바다에는 난데없는 고기떼가 밀려와서 손으로라도 마음대로 건질만 한 형편이므로 성진 시민들은 남녀노소를 물론하고 해안에 나가 그것을 주워들이는 형편인데 그 고기는 속담에 소청어이며 벌써 칠팔일 동안 모든 시민이 일제히 잡아들인 까닭으로 지금 성진 해안은 마치 정어리 천지가 된 모양이더라.20)

그러나 이와 같이 정어리가 대규모로 출현하였음에도 불구하고 당시에는 정어리는 어민들에게 크게 주목받지 못하였다. 그 이유는 정어리는 지방이 많고 산화 변질되기 쉬우므로 다획 시에는 신선도가 낮은 정어리를 먹고 식중독 현상을 일으키는 경우가 많았기 때문이었다.21)

그러나 정어리가 지속적으로 동해안에 출현하자 어민과 수산업자들은 방관적인 태도를 버리고 정어리어업에 적극적으로 뛰어 들었다. 하지만 정어리를 식용으로 이용하는 양이 극히 제한되어 있었기 때문에 대부분이 비식용으로 이용되었다.

다음 <그림 1>에서 보듯이 정어리는 매우 다양한 용도로 사용되었다. 그리하여 정어리를 원료로 하는 공장이 세워지기 시작하였다. 이를 '鰮工場' 혹은 '鰮油肥工場'이리 하는데, 이 공상들은 정어리가

---

19) 全國經濟調査機關聯合會朝鮮支部編, 앞의 책, 478쪽.
20) 『동아일보』, 1923년 10월 31일, 「城津近海에 小靑魚가 山積」.
21) 朴九秉, 「韓國정어리漁業史」, 『논문집』 21, 부산수산대학교, 1978, 28쪽.

많이 잡히는 함경도와 강원도, 경상도의 동해안을 따라 세워졌다.

<그림 1> 정어리의 용도

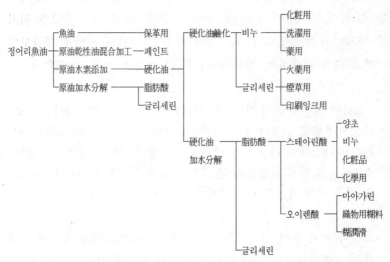

* 자료 : 岩倉守南,『朝鮮水産業の現況と將來』, 서울, 事業と經濟社, 1932, 340쪽.

각 지방의 공장 수는 다음의 <표 1>과 같다.

<표 1> 온유비 공장의 수(1940년)

	製造者數	工場數	釜數	手動式 壓搾機數	工場當 釜數	工場當 手動式壓搾機數
함경북도	570	584	3,449	11,530	6.8	19.7
함경남도	390	387	2,220	10,972	5.7	28.4
강 원 도	835	745	3,509	14,686	4.7	19.7
경상북도	215	218	1,092	4,280	5.0	19.6
경상남도	277	233	670	1,637	2.9	7.0
계	2,287	2,167	10,940	43,105		

* 자료 : 吉田敬市,『朝鮮水産開發史』, 1954, 393쪽.

위의 <표 1>에서 보면, 제조자 및 공장 수에서 강원도가 차지하는 비중이 가장 높음을 알 수 있다. 이는 정어리의 어획고가 가장 많은 지역이 함경도라는 점과는 일치하지 않는 현상이다. 이와 같은 현상이 나타나게 된 가장 큰 원인은 강원도의 항만 기능이 뛰어났고,[22] 함경북도는 1개 공장당 가마의 수가 6.8개인데 비하여, 강원도는 4.7개에 머물러 있기 때문이었다. 이로 보아 강원도의 온유비공장은 소규모의 것이 주가 되었음을 확인할 수 있다. 삼척공업지대에 속한 강릉, 울진, 삼척지역의 경우만을 예로 들면 1940년 현재 온유비공장의 수는 직공 5인 이상 50인 미만의 공장이 216개, 직공 50인 이상 100인 미만의 공장이 6개, 직공 100인 이상 200인 미만의 공장이 1개로써 전체 223개가 있었다.[23] 이와 같이 온유비공장은 소규모의 것에서 대규모의 것까지 있었지만 대규모의 것은 대부분 일본인의 소유였다고 한다.[24] 더욱이 정어리 가공업의 중심지인 청진의 경우에는 부지 8,000평에 하루 10,000톤의 처리 능력이 있는 공장이 세워지기까지 했다고 한다.[25] 영동지방의 경우에는 이와 같은 대규모의 공장이 세워지지는 않았으나, 이 지방민들의 경우에 계절적으로 온유비공장에서 취로하는 수효가 상당하였으리라 생각된다. 이는 결국 정어리어업이 영동지방민의 생활에 큰 영향을 미치고 있음을 의미하는 것으로 생각할 수 있다. 그리하여 삼척지역에서는 온유비공장의 노동자를 중심으로 노동운동을 추진하기도 하였고,[26] 양양지역에서는 鰮油粕 가

---

22) 吉田悅造, 「日帝下 韓半島의 魚肥生産과 流通構造」, 『문화역사지리』 3, 1991, 52쪽.
　　1925년 이후 동해안 어항의 改修狀況을 보면 함경북도에서는 淸津, 龍臺, 魚大津 등의 3개항, 함경남도에서는 新昌港, 경상북도에서는 浦港, 江口의 2개항, 경상남도에서는 統營, 釜山, 山地 등 3개항이 개수되었음에 비하여 강원도에서는 大浦, 汀羅, 外翁峙, 墨湖, 厚浦, 庫底 등 6개항의 수축공사가 진행되었다.
23) 全國經濟調査機關聯合會朝鮮支部編, 앞의 책, 479~480쪽.
24) 朝鮮鰯油肥製造業水産組合聯合會, 『朝鮮鰯油肥統制拾年史』, 1943, 696쪽.
25) 吉田敬市, 『朝鮮水産發達史』, 1954, 392쪽.
26) 三陟警察署, 앞의 글.

격문제로 어민조합의 파업 투쟁이 있기도 하였던 것이다.[27]

　다른 한편 일본의 독점자본이 영동지방에서 어느 정도의 위치를 차지하고 있었는가를 양양지역을 중심으로 알아보겠다. 1930년 현재 양양지역에 살던 일본인의 수는 남자 195명, 여자 192명으로 모두 387명[28]인데, 이 중 일본인 개인지주가 135명이고 일본인 회사농장이 1곳[29]으로서, 양양지역에 거주하는 일본인은 대부분 농업에 종사하고 있었음을 알 수 있다. 그리고 농민층의 현금 수요가 증가하는 과정에서 이들에게 현금과 생필품을 공급하는 자는 일본인이었다. 즉 상업은 "일본인의 상점 외에는 볼만한 것이 극히 희소"하며, 금융의 경우도 양양금융조합과 대포금융조합의 일본인 불입액이 각기 102,817원과 15,510원인데 비하여 조선인의 불입액은 38,938원과 26,677원이었다.[30] 이상에서 볼 때 양양지역에서 일본인이 차지하고 있던 사회경제적인 위치는 단순히 '일본인 지주'에 머무는 것이 아니라 금융지배를 통하여 양양지역의 경제관계에서 지배적인 위치에 있었던 것으로 보아야 할 것으로 생각된다. 그리고 이러한 관계는 양양지역 뿐만이 아니라 영동지방 전체적으로도 그러했을 것으로 추측된다.

　이렇게 볼 때 일제가 北鮮開發을 시작하면서 영동지방에서는 이른바 '근대산업'이 발전하기 시작하였다. 즉 광산의 개발, 발전소의 건설, 온유비공장의 건설, 도로와 철도의 부설, 항만의 개수 등에 따른 새로운 일자리의 창출은 이 지방민의 생활 뿐만이 아니라, 타 지방민의 유입을 초래하여 영동지방 농촌사회의 변동을 초래하였던 것으로 생각된다. 그리고 이러한 과정에서 일본독점자본은 영동지방에서 지배적인 영향력을 행사할 수 있을 정도로 성장하였던 것으로 보인다.

---

27) 『조선일보』, 1931년 6월 25일, 「鰮油粕價問題로 三百餘漁民罷業」.
28) 朝鮮總督府, 『昭和5年 朝鮮國勢調査報告』 11(江原道 編), 1935, 38쪽.
29) 朝鮮總督府, 『朝鮮ノ小作慣行』下(續編), 76~88쪽.
30) 『동아일보』, 1927년 9월 4일, 「巡廻探訪」(424회).

2) 산미증식계획과 수리조합

일제에 따르면 산미증식계획의 목적은 ① 조선 내의 수요 증가에 대비하고, ② 농가 경제의 성장으로 반도 경제의 향상을 도모하고, ③ 아울러 제국의 식량 문제 해결에 이바지하는 데 있었다.[31] 그러나 산미증식계획의 궁극적인 목적은 일본제국주의의 지속적인 성장을 위한 저임금구조를 유지하기 위해, 만성적인 식량 부족 문제를 해결하는 데 있었다고 보아야 할 것이다. 이를 위해 일제는 종래의 우량 품종의 보급, 자급 비료의 增施, 경종법의 개선에만 그치지 않고 대규모의 관개 개선 등의 토지개량을 통하여 그 목적을 달성하고자 하였다. 그리하여 일제는 일부 지주층을 이용하여 수리조합을 설치하여 쌀을 증산하고자 하였다. 이에 대하여 한 보고서는 "토지개량에 관한 주요 사업은 수리시설을 하는 것이기 때문에, 산미증식계획은 바로 수리조합의 확충 계획이었다"[32]고 쓰고 있는 것이다.

강원도에는 1933년까지 平康郡 南面과 鐵原郡 於雲面에 於雲水利組合, 高城郡 高城面에 高城水利組合, 鐵原郡 東松面 외 7면과 平康郡 縣內面, 京畿道 漣川郡 官仁面에 中央水利組合, 平康郡 南面과 鐵原郡 於雲面에 亭淵水利組合, 春川郡 新北面에 牛頭水利組合, 金化郡 近北面 외 1면에 金化水利組合, 伊川郡 東面과 平康郡 西面에 平安川水利組合, 淮陽郡 蘭谷面에 蘭谷水利組合, 平康郡 南面에 佳谷水利組合, 伊川郡 板橋面에 龍塘水利組合, 伊川郡 伊川面 외 1면에 伊川水利組合 등 11개의 수리조합이 설치되었다.[33] 이 중 고성수리조합만이 영동지역에 설치된 수리조합인데, 蒙利面積은 504 町, 사업비는 총액 380,938엔, 反當 74.84엔이었다.[34] 그러나 고성수리조합은 설립 당시 예상했던 몽리면적, 수확량, 공사비 등이 실세와

---

31) 朝鮮總督府編, 『朝鮮産米增殖計劃要領』, 1922, 5쪽.
32) 淸水健二郎, 『朝鮮ノ農業ト水利組合ニオケル』, 1938, 21쪽.
33) 朝鮮總督府土地改良部, 『昭和8年度 朝鮮土地改良事業要覽』, 1934, 20쪽.
34) 江原道, 『江原道道勢要覽』, 1926, 30쪽.

큰 차이[35])가 나서 불량수리조합으로 규정되었다.[36]) 실제로 공사비의 경우만 예로 들어도 1922년 설립 당시에 예상했던 공사비가 271,000엔이었으나 1933년 현재에는 추가공사비 105,500엔, 진재복구공사비 40,477엔, 합계 145,977엔이 더 소요되었다.[37]) 이외에도 영동지방에는 수리조합에 의하지 않은 토지개량사업도 있었는데, 高城開畓組合이 고성군 고성면에 관개개선과 지목변경을 목적으로 337町의 토지를 개답하였으며, 金化壽 역시 마찬가지 명목으로 고성군 서면에 44町을 개답하였다. 그리고 今井治吉과 吉田直은 통천군 임남면에 각기 84町과 40町을 개답하였다.[38]) 그런데 이와 같이 고성지역에 수리조합이 설치되고, 수리조합이 아닌 다른 단체나 개인에 의하여 토지 개량이나 토지 開畓이 이루어진 이후, 농민의 생활은 몰락하였던 것으로 생각된다. 왜냐하면 지주들이 자신들의 부담을 최소화하기 위하여 부담금 부과에 소극적이거나 당국에 진정했다 하더라도 결국 지주들은 자신들의 부담을 농민에게 전가시키고 있는 것으로 보이기 때문이다.[39]) 즉 고성지역의 경우는 1927년 2월 9일 240명의 조합원으로 소작인조합을 조직하고, 규약 제정, 농사 개량의 실행, 소작료 斗量 조정의 건을 결의하였다.[40]) 그런데 소작료 斗量 조정의 건은 지주층에 대하여 소작인들이 자신들의 이익을 주장한 것으로 보인다. 이는 곧 수리조합비를 소작인층에게 전가하려 한 지주층에 대한 고성지역 소작인들의 주장으로 볼 수 있지 않을까 생각한다. 이와 같은 소작인측의 주장은 농사개량에 소요되는 비용을 지주에게 부담시키고, 소작료 斗量을 탈법적으로 조정하여 실질적으로 소작료 인상의 효과를

---

35) 『동아일보』, 1927년 11월 2일, 「全朝鮮水利組合實査」.
36) 『동아일보』, 1928년 2월 6일, 「組合費過重을 當局에 陳情 決議」.
37) 朝鮮總督府土地改良部, 앞의 책, 48쪽.
38) 朝鮮總督府土地改良部, 위의 책, 198쪽.
39) 『동아일보』, 1927년 12월 21일, 「組合費過重을 不平」; 1928년 1월 1일, 「地主負擔過重으로 賦課增加는 否決」 참조.
40) 『동아일보』, 1927년 10월 19일, 「小作人組合創立 高城有志發起로」.

가져온 점에 대한 소작농의 투쟁이었다. 그리고 이와 같은 예는 진주, 순천의 경우에서 볼 수 있다.41) 이러한 연장선상에서 고성소작인조합은 고성수리조합대회 당일 수리조합대회를 방해하였던 것이다.42) 영동지역의 6개 군 중에서 수리조합과 소작인조합이 조직되는 지역은 고성군뿐인데, 이는 이 지역이 수리조합이 설치될 만큼 논농사가 성행했다는 것을 의미함과 동시에 지주소작관계가 발달했다는 것을 의미하는 것으로도 생각할 수 있다.

3. 농촌사회 내부의 신분관계의 변화

1) 영동지방 농촌사회의 일반적 특징

1920년대 중반까지만 해도 영동지방의 농업은 '산업의 樞軸'43)을 이루고 있었으며, 상공업은 그리 발달하지 못하였다. 먼저 강원도는 산악지대이기 때문에 밭의 비율이 논의 비율보다 압도적이었다. 1925년의 경우를 예로 들면 논과 밭의 비율은 2.2 대 7.8이었다.44) 그러나 영동지방은 동해안을 따라 좁고 긴 해안평야를 가지고 있었기 때문에, 경지에 대한 논의 비율은 영동은 높고 영서는 낮은 상태였고,45) 따라서 영동지방은 이 해안평야를 중심으로 논농사가 발달할 수 있었다. 그리고 영동지방의 논과 밭의 자작과 소작의 비율은 각각 5.3 대 4.7, 7.0 대 2.946)로 토지겸병이 비교적 덜 진행되었음을 알 수 있다. 이는 곧 1920년대 중반 경까지 영동지방에서는 지주소작관계가

---

41) 大和和明, 「1920년대 전반기의 한국 농민운동 - 전라남두 순천군의 사례를 중심으로」, 『항일농민운동연구』, 농녘. 1984. 참조.

42) 『동아일보』, 1928년 2월 6일, 「組合費過重을 當局에 陳情」.

43) 江原道, 『江原道道勢要覽』, 1926, 58쪽.

44) 江原道, 위의 책, 60쪽.

45) 江原道, 앞의 책, 60쪽.

46) 江原道, 『江原道道勢要覽』, 1926, 60쪽.

비교적 약하게 나타나고 있었음을 말해준다.

이러한 영동지방 농업의 특징은 농민운동에 있어서 다음과 같은 의미를 지닌다고 할 수 있다.

첫째, 강원도는 1920년대 중반 경까지만 하더라도 자작지와 자작농이 소작지와 소작농보다 넓은 지역이었다. 이 점은 일찍부터 논농사가 발달한 남부지방과는 비교되는 것이고, 그것이 지니는 의미도 남부지방의 그것과는 다르다고 할 수 있다. 이러한 양상은 전근대적 토지소유의 지역적 특질을 나타내는 것으로 보아야 할 것으로 생각된다. 즉 밭농사를 위주로 하는 강원도의 자작농은 함경도의 경우와 마찬가지로 지주의 수탈 대상이 아니라는 점에서 극단적인 빈곤을 면할 수 있는 존재였다. 그리하여 "농민의 생활상은 대단히 안정"[47]되었다는 평가가 나올 수 있었다. 그러나 이들 자작농은 1920년대 초반부터 추진되기 시작한 산미증식계획과 1930년대 병참기지화정책이 실시되면서 몰락할 가능성이 상존하는 것이었다. 그리고 실제로 영동지방의 농민들은 몰락하였으며, 이러한 과정에서 농민들은 일제와 지주에 대한 불만이 보다 심화되었다고 할 것이다.

둘째, 1920년대 중반 경까지 영동지방에서 지주소작관계가 그리 발달하지 않았다는 점은 농민들이 지주제를 매개로 지주와 대립하는 것이 아니라, 일제 권력과 직접 대립할 개연성이 높았음을 알려준다. 그리하여 삼척에서는 1913년 4월 土地調査事業의 실시 과정에서 국유지와 사유지의 경계 측정시 사유지에 대한 부당한 측량의 결과 사유지를 국유지에 편입시키는 일이 발생하였다. 이에 遠德面民들은 수 일간 재측량을 요구하는 시위를 전개하였고, 당시 면장 김동호는 일본인 측량기사를 대동하고 민중을 설득하기 위하여 임원에까지 출장하였는데, 임원 뒷산에서 측량기사를 발견한 1,000여 명의 군민들은 그를 타살하였다고 한다. 이 사건으로 인하여 70여 명이 옥고를

---

47) 蔚珍警察署, 앞의 글.

겪었는데, 이러한 농민항쟁은 농민들이 생존권에 위협을 느낀 결과라 할 것이다.[48] 그리고 영동지방의 예는 아니지만 1918년에는 철원군 마장면의 농민 500여 명이, 또 춘천군 농민 350여 명이 면사무소를 공격하는 사건이 발생하기도 하였다.[49] 따라서 이 시기 영동지방의 농민들은 일제와 직접 충돌할 가능성이 매우 높았다고 할 수 있을 것이다.

셋째, 농민에 대한 교육이 강화되었다는 점도 중요한 의미를 지닌다고 할 수 있다. 구한말 愛國啓蒙運動 시기부터 교육과 산업의 진흥을 통하여 민족의 실력을 양성하고, 이를 바탕으로 국권을 회복한다는 實力養成運動은 우리나라 각지에 교육기관의 설립을 초래하였는데, 영동지방의 경우도 예외는 아니었다. 특히 삼척의 경우는 1930년대까지 30여 개의 서당, 학원 등이 설립되어 농민에 대한 교육을 강화하였으며,[50] 울진에서는 대개 晩興學院 출신들이 3·1운동을 지도하였으며,[51] 양양의 경우에는 구한말 南宮檍이 세운 峴山學校 출신들이 3·1운동 과정에서 주도적으로 참여하였고, 이후에는 양양청년회 등을 조직하면서 양양지역 농민운동의 핵심인물로 성장하였다.[52] 그리고 또한 각 리마다 야학이 설치되어 있었다고 한다.[53] 이와 같은 농민에 대한 교육은 영동지방 농민들의 의식을 각성하는 데 매우 큰 의미가 있었다. 왜냐하면 이들 교육기관은 농민들이 외지에서 유학하거나 새로운 사상을 가진 신진 청년층과 접촉할 수 있는 기회가 되었기 때문이다. 따라서 영동지방의 농민들은 이러한 민중 교육 기관을 통하여 민족해방의 사상과 계급의식으로 무장할 수 있었다.[54]

---

48) 江原道史編纂委員會, 『江原道史』(歷史編), 1260~1261쪽.
49) 江原道史編纂委員會, 위의 책, 1287쪽.
50) 金駉起, 『三陟郡誌』, 250~251쪽.
51) 江原道史編纂委員會, 앞의 책, 1316쪽.
52) 江原道史編纂委員會, 위의 책, 1310쪽.
53) 앞의 김용기의 증언.

2) 농민 생활의 영세화와 빈농층의 형성

앞에서 본 바와 같이 영동지방은 논농사가 일찍부터 발달한 남부
지방과는 달리 1920년대 중반 경까지는 자작농이 중심이었으며, 지주
소작관계는 일부 논을 중심으로 약하게 진행되고 있었다. 그러나
1930년에 이르면 자작농의 비율은 줄어들고 소작농의 비율은 급속히
증가하고 있음을 다음의 <표 2>에서 알 수 있다.

<표 2> 영농형태별 농가호수(1930) (( )안은 비율(%))

	통천	고성	강릉	양양	삼척	울진	영동	강원도
자작농	1,264 (21)	1,263 (22)	1,843 (18)	1,771 (25)	5,374 (49)	3,658 (43)	15,173 (31)	50,580 (28)
자작겸 소작농	1,868 (31)	3,039 (53)	4,527 (45)	3,861 (54)	3,555 (32)	3,485 (41)	20,335 (42)	70,973 (39)
소작농	2,826 (47)	1,448 (25)	3,736 (37)	1,575 (22)	2,139 (19)	1,328 (16)	13,052 (27)	39,711 (33)

* 자료 : 朝鮮總督府, 『朝鮮ノ小作慣行』下(續編), 1932, 120~121쪽.

이와 같은 변화는 1920년대 산미증식계획이 실시되는 과정에서 영
동지방의 농민들이 몰락하고 있었음을 알려준다. 그리고 동시에 이러
한 변화에도 불구하고 영동지방의 자작농의 비율은 여전히 소작농의
비율보다 높음을 알 수 있다. 그러나 이 점이 곧 영동지방 농민의 생
활이 안정되었음을 알려주는 것은 아니다. 영동지방의 농민들은 자
작, 소작농을 막론하고 매우 궁핍한 생활을 한 것으로 보인다.

<표 3>과 <표 4>를 통해 알 수 있듯이 영동지방 자작농과 자작
겸 소작농의 春窮 農民의 호수가 강원도나 전국의 비율보다 높고, 소
작농의 경우는 강원도보다는 낮으나 전국보다는 높다. 특히 울진의

---

54) 예를 들면 삼척의 鄭健和는 삼운수성회를 조직하여 6개의 야학을 경영하였
다고 하는데, 그 중 쇄운리 야학의 경우에는 대단한 성과를 거두고 있었다.
이 야학의 교사는 정건화와 정건화에게서 교양을 받은 청년들이었는데, 정
건화는 서울배재고보를 중퇴한 인물이다. 삼운수성회에 대하여는 제5장 참
조 바람.

<표 3> 춘궁 상태에 있는 농민호수(1930) (( )안은 비율(%))

	통천	고성	강릉	양양	삼척	울진	영동	강원도	전국
자작농	176 (13)	702 (56)	318 (44)	145 (8)	648 (12)	1,477 (40)	3,466 (23)	10,353 (21)	92,305 (18)
자작겸 소작농	953 (51)	1,244 (41)	1,106 (24)	1,068 (28)	1,757 (49)	1,978 (57)	8,106 (40)	26,885 (38)	33,470 (38)
소작농	2,413 (85)	821 (57)	2,313 (62)	1,177 (75)	2,628 (76)	1,324 (100)	9,352 (74)	45,865 (77)	837,511 (68)

 * 자료 : 朝鮮總督府,『朝鮮ノ小作慣行』下(續編), 120~121쪽.

<표 4> 소작농의 부채호수 비율 및 부채총액(1930) (단위 : 엔)

	통천	고성	강릉	양양	삼척	울진	영동	강원도
부채호수비율	67	88	73	66	46	55	65.83	70
평균 부채액	58	64	34	37	27	34	42.33	39
최고 부채액	168	410	175	378	223	193	257.83	

 * 자료 : 朝鮮總督府,『朝鮮ノ小作慣行』(下) 續編, 145~150쪽.

경우는 소작농 1,328호 중 거의 100%에 달하는 1,324호가 춘궁 상태에 있다. 이는 결국 영동지방의 농민의 생활이 전혀 안정되지 못하였음을 보여주는 것이라 할 수 있다. 특히 소작농 중에는 농업만으로는 생활을 영위할 수 없었기 때문에 임금노동에 종사하는 호수도 매우 많아서 통천 1,790호(63%), 고성 903호(62%), 강릉 1,865호(50%), 양양 1,129호(72%), 삼척 1,592호(74%), 울진 1,121호(84%)이며, 영동지방은 8,400호(64%)이다.[55] 그럼에도 불구하고 영동지방의 소작농의 평균 부채액은 강원도의 평균 부채액 39엔보다 많은 42.33엔이었다. 그리고 또한 영동지방 농민들 가운데 평균 부채액이 가장 많은 농민은 자작 겸 소작농이었다.[56] 이렇게 볼 때 영동지방 농민들의 생활은 매우 곤궁하였을 것으로 생각된다.

　한편 영동지방 농민의 생활이 이와 같이 곤궁함에도 불구하고 1930년부터 1933년까지에는 통천과 고성에서 각각 한 번씩의 소작쟁

---

55) 朝鮮總督府,『朝鮮ノ小作慣行』下(續編), 120~121쪽.
56) 朝鮮總督府,『朝鮮ノ小作慣行』下(續編), 149~150쪽.

의가 있었을 뿐, 주목할 만한 농민층의 저항은 찾아볼 수 없었다.[57]
그러나 1934년 이후에는 소작쟁의가 활발해졌다.

<표 5> 소작쟁의 발생건수

	통천	고성	강릉	양양	삼척	울진
1934	2		12			3
1935	7	54	141	35	11	32
1936	201	63	313	84	18	91
1937	311	72	236	107	170	62
1938	417	63	139	112	30	23
1939	370	113	97	73	11	12

* 자료 : 朝鮮總督府農林局, 『朝鮮農地年報』, 1940, 18쪽.

위의 <표 5>에서 확인할 수 있듯이, 영동지방에서 소작쟁의가 활
발해지는 것은 1934년 전후로 볼 수 있다. 이와 같이 갑자기 소작쟁
의가 활발해진 이유는 첫째, 1930년을 전후하여 지세·공과금·소작
지의 수선과 개량비 등을 소작인에게 전가[58]시켜 농민층의 불만이
고조되었고 둘째, 농민조합의 농민에 대한 교육의 효과가 나타났기
때문이라 생각된다. 이 시기는 농민조합이 일제의 탄압에 의하여 붕
괴된 시기와 일치한다. 따라서 이 시기의 소작쟁의는 농민조합을 비
롯한 농민운동 지도기관의 지도하에 발생하였다고는 생각되지 않는
다. 즉 이 시기의 소작쟁의는 소규모의 것이었으며, 자발적이었을 것
이다. 다만 이와 같이 농민층이 자발적으로 소작쟁의를 전개할 수 있
었던 것은 아마도 농민조합이 농민에 대해 실시한 교육의 효과라 할
수 있을 것이라 생각한다.

이와 같이 영동지방 농민들의 생활이 곤궁해진 것은 일제가 산미
증식계획을 실시한 이후의 일이며, 이는 1930년대 병참기지화정책이
채택되면서 더욱 확산되었을 것으로 생각된다.

---

57) 朝鮮總督府農林局, 『朝鮮農地年報』, 18쪽.
58) 江原道, 『小作慣行調査書』, 1932, 172~178쪽.

Ⅲ. 양양농민조합

1. 농민조합운동의 배경

1) 청년운동

일제하 양양지역은 민족운동이 매우 활발한 지역이었다. 양양지역은 3·1운동[1] 시에도 강원도지방에서는 가장 그 규모가 크고 지속적인 지역이었다. 양양지역에서 3·1운동이 활발할 수 있었던 것은 첫째는 이 지역에 비교적 이른 시기에 신문화가 유입되었기 때문이다. 즉 구한말 개화운동의 선구자였던 南宮檍이 1906년부터 부사로 재임하면서 峴山學校를 설치하여 신교육을 실시하는 등 개화운동을 전개하였다. 이 때문에 양양지역에는 신문화의 조류가 널리 퍼져 있었고, 또한 大浦普通學校와 襄陽普通學校 졸업생들은 원산이나 서울로 유학을 갈 수 있었으며, 유학에서 돌아온 학생들에 의하여 새로운 사상조류는 더욱 널리 전파될 수 있었다. 둘째는 감리교회가 강현면 물치리·양양면 성내리·현북면 상광정리에 설치되어 감리교회의 영향력이 비교적 컸던 점을 들 수 있다. 특히 양양교회의 전도사였던 조영순은 양구교회의 전도사로 있던 조화벽의 아버지이며, 조화벽은 유관순의 오빠인 유우석의 부인이었다. 그런데 양양교회의 청년 지도층은 앞서 본 양양보통학교의 졸업생이었는데 대부분이 옛날 양양도호부

---

[1] 양양지역의 3·1운동에 대하여는 조동걸, 「3·1운동 때 지방민의 참여 문제」 (『논문집』 9, 춘천교육대학, 1990)를 참조하였다.

의 吏屬들의 후손으로서 봉건체제에 반발하는 심리가 강했다고 한
다. 셋째는 양양지역은 예로부터 유교의 영향력이 강했던 지역이었
다. 3·1운동 당시 이 지역 유림을 대표하던 인물이 李錫範인데, 그
는 東學農民運動 때에는 反동학군을 조직하였고, 한말에는 의관의
경력도 있고, 3·1운동 시에는 도천면의 면장을 역임하였다고 한다.
그리고 그는 도천면 중도리에 雙泉學校를 설립, 경영하기도 하였다.
이와 같이 양양지역의 3·1운동은 남궁억의 영향을 받아 신문화의
조류가 강한 지역적인 정서와 전통적인 유교세력, 그리고 감리교 세
력의 주도로 발생하였다고 할 수 있다.

그렇지만 3·1운동 이후 양양지역의 민족운동은 쇠퇴하는 경향이
었다. 그러나 그러한 와중에서도 1923년 勿淄勞農同盟이 1920년 이
래 호산청년회와 양양신청년회에서 활동하던 吳龍泳·金大鳳·金東
煥·崔禹集 등에 의하여 조직되었다.2) 창립 이후 물치노농동맹은
1923년 8월 28일 朝鮮勞動聯盟會에 가맹하고,3) 청년운동과 노동운
동을 병행하면서 적극적인 활동을 전개하였는데, 1924년 朝鮮勞農總
同盟이 창립되자 趙仁淳·金大鳳4)을 대표로 파견기도 하였다.5) 그

---

2) 『동아일보』, 1937년 7월 13일, 「農組關係者三名 滿期出獄歸還」; 『왜정시
   대인물사료』 6, 110쪽.
3) 『동아일보』, 1923년 9월 1일, 「勞動聯盟參加」.
4) 김대봉은 1901년 양양에서 태어나 어려서는 서당에서 한문을 수학하였으며,
   서울 중동학교 야학부를 중퇴하였다. 1922년 9월 양양 호산기독교청년회 총
   무가 되었다. 1923년 봄 서울에서 토요회에 가입하였으며, 그 해 양양에서
   물치노농동맹 결성에 참여하여 집행위원이 되었다. 1924년 1월 양양신청년
   동맹을 조직하였다. 1924년에 조직되는 조선노농총동맹의 중앙위원으로 선
   출되었고, 1925년 화요회에서 추진하였던 조선민중운동자대회에는 양양을
   대표하여 준비위원으로 참여하였다. 그리고 제2차 조선공산당의 제7 야체이
   카의 조직원이었고, 제2차 고려공산청년회의 회원으로 활동하기도 하였다.
   1926년에는 제2차 조선공산당 책임비서였던 강달영과 제2차 고려공산청년
   회 비서 권오설의 추천에 의하여 모스크바 공산대학에 입학하여 1928년 6월
   에 졸업하였다. 그 해에 귀국하여 사회주의운동에 참가하다가 1929년 1월
   일본 경찰의 검거를 피해 소련으로 망명하였다. 1930년 12월 코민테른의 지
   시를 받고 귀국하여 적색노동조합 조직 활동을 하는 한편 공산대학 유학생

러다가 1924년 해방운동의 신사조가 전파되면서 崔禹集・金大鳳・
朴鼎陽 등 28인에 의하여 襄陽新青年同盟이 창립되었다.6) 양양신청
년동맹의 창립은 양양지역의 민족운동을 이해하는 데 매우 큰 의미
를 지닌다. 왜냐하면 양양신청년동맹의 창립세력이 이후 양양지역의
민족운동을 사실상 이끌어가고 있었기 때문이다. 창립과 동시에 양양
신청년동맹은 우선 무산청년의 계급 의식을 각성하게 할만한 수양
기관의 설치, 무산 계급운동에 필요한 언론 기관을 설치하는 동시에
강연・강습・연구・운동・토론・연극 등을 개최하기로 하였다. 또한
회원의 가입 자격은 만 17세 이상 30세 미만으로 하였고, 의지가 견
고하고 동맹원 2인 이상의 추천이 있어야 했으며, 그 후 집행위원회
의 승인을 받게 하여 회원가입이 매우 까다로웠다. 양양신청년동맹의
선언과 강령, 집행위원은 다음과 같다.7)

선언
사람이 절대인 것을 안 우리 청년은 우리 인간의 모든 不公平, 不
合理를 부정하고 절대 진리인 세계민중해방운동에 공헌하기 위하여
2대 강령을 세우고 양양신청년동맹을 조직하노라.

강령
1. 본 동맹은 사회진화법칙에 의하여 신사회를 건설할 역군 양성을
   기함
2. 본 동맹은 무산계급의 해방을 기하며 당면 이익의 획득을 위하여

을 선발하기도 하였으며 조선공산당의 재건을 위한 팜플렛을 작성, 배포하
기도 하였다. 1932년 일본 경찰에 체포되어 징역 4년을 선고받았다. 1945년
10월 조선공산당 북조선분국의 파견원으로서 조선공산당 강원도당 간부를
재편하고 청원인민 정치학교의 교장이 되었다.
5) 김점숙, 「1920~1930년대 영동지역 사회운동」, 『역사와 현실』 9, 1993, 281
쪽.
6) 『조선일보』, 1925년 1월 20일, 「襄陽郡에 新青年同盟」;『시대일보』, 1925년
1월 22일, 「襄陽新青年同盟創立」.
7) 『시대일보』, 1925년 1월 22일, 「襄陽新青年同盟創立」.

투쟁에 힘씀

집행위원
서무부　　　金有善·金大鳳
교양부　　　李建鎬·崔容大
경리부　　　金明基·金達圭

창립 이후 양양신청년동맹은 1925년 10월 30일 제2회 정기대회를
열어 새로 집행부를 선출하고 다음 사항을 결의하였다.[8]

집행위원
서무부　　　朴鼎陽·金南翰
교양부　　　崔容大·吳日泳
경리부　　　方在明·金達圭

결의사항
1. 소작운동에 관한 건
2. 순회강좌 개최의 건
3. 노동연합대회 개최의 건

그리고 1925년 11월 2일에는 동아일보 양양지국의 후원으로 韓龍
雲을 초청하여 '인생관'이라는 제목으로 강연회를 개최하였다.[9]
한편 양양신청년동맹은 호산청년회·양양신청년회·일혁청년회 등
과 함께 양양군의 청년운동을 통일할 목적으로 합동정우회를 조직하
고 통합을 꾀한 결과 同化靑年會를 조직하였다.[10] 그리고 동화청년
회는 1927년 3월 20일 全襄陽社會運動團體聯合懇親會를 주최하였
다. 이 간친회에는 우리修養團, 沕淄農民組合, 雪岳靑年會, 車夫組

---

8) 『동아일보』, 1925년 11월 9일, 「新靑年同盟定總」.
9) 위와 같음.
10) 『동아일보』, 1927년 9월 6일, 「巡廻探訪(4)」.

合, 造山農民組合, 衡平社, 峴西青年會, 金崗農民組合, 巽陽青年會
의 대표와 개인 참가자를 합한 80여명이 참가하였는데, 결의사항은
다음과 같았다.11)

1. 청년운동에 관한 건
   9개 面의 청년단체를 망라하여 郡聯盟조직을 촉진시킨다
2. 노농운동에 관한 건
   노농단체가 없는 곳에는 창립을 촉진시켜서 단체적으로 훈련하
   고 시대적으로 교양하기 위하여 각 단체에서 위원을 선거하여 巡
   廻講座를 개최한다
3. 소년운동에 관한 건
   全郡少年聯盟을 촉진시켜서 시대에 適宜한 훈련과 교양을 받게
   한다
4. 여성운동에 관한 건
   각 동에 婦女夜學을 설립하게 한다
5. 형평운동에 관한 건
   시간있는 대로 일정한 장소에 會集하게 하여 시대적 의식을 투
   철히 각오하도록 교양, 지도한다
6. 어민운동에 관한 건
   각 漁津의 어민단체의 창립을 촉진시킨다
7. 운동자 교양에 관한 건
8. 양양운동단체심사의 건
   각 단체를 심사한 결과 金崗農組, 車夫組合은 아직까지 기치가
   선명치 못함으로 일정 기간 보류한다
9. 朝鮮運動方向轉換에 관한 건
   가. 사상단체 해체에 관하여는 이를 인정한다
   나. 정치운동에 대하여는 종래의 운농에서 비약하여 정치운동으
       로 전환한다
   다. 신간회에 대하여는 적극적으로 원조한다

11) 『조선일보』, 1927년 3월 31일(석간), 「襄陽社會團 聯合懇親會」.

10. 公會堂問題에 관한 건
　年來의 숙제인 대공회당문제로 4월 3일에 郡民大會를 개최한다
11. 道評議員選擧不正投票에 관한 건

위의 全襄陽社會運動團體聯合懇親會는 결국 양양지역의 사회운
동 전반에 관해 협의하는 기구였던 것으로 보이는데, 이 자리에서 결
의된 청년연맹의 촉진, 신간회 원조, 어민단체의 촉진 등은 실천에 옮
겨졌다. 그리고 정우회의 방향전환론이 채택되어 운동의 방향 전환을
꾀하기도 하였다. 그리하여 襄陽靑年聯盟·신간회 양양지회·漁民
組合 등이 조직되었던 것이다.

그리고 1927년 6월 3일 양양읍 남월리 동화청년회관에서 양양군청
년연맹의 집행위원회가 개최되어 端午會에 흥행할 굿은 미신을 선전
하는 것이기 때문에 적극적으로 반대할 것 외 2개항을 결의하였다.12)
그리고 6월 14일 임시총회를 개최하여, 강원도 사회운동자대회의 참
가, 異類團體 처리, 靑總 가맹 등을 결의하였다.13)

한편 양양군청년연맹은 1927년 8월 10일 임시총회를 개최하고 조
선청년총동맹의 규약에 의거하여 양양청년동맹으로 발전적인 해소를
하고, 1. 조선청년총동맹에 가입할 것, 1. 강원연맹 혁신, 1. 세포 단체
에 관한 건을 결의하였다.14) 그리고 도천면·강현면·서면·손양면
에 지부를 설치하였으며, 勿淄車夫組合·물치농민조합·조산농민조
합을 지부로 하였다.15) 그런데 이와 같은 군청년연맹 → 군청년동맹
으로의 전환은 1927년 중반에 있었던 조선청년총동맹의 신운동방
침16)에 기인하는 것으로 볼 수 있는데, 시기적으로 보아 양양지역의

---

12) 『동아일보』, 1927년 6월 9일, 「襄陽靑聯委員會」.
13) 『동아일보』, 1927년 6월 20일, 「襄陽靑聯臨總」.
14) 『동아일보』, 1927년 8월 18일, 「襄陽靑年同盟 聯盟解體後組織」.
15) 『동아일보』, 1927년 9월 6일, 「巡廻探訪(4)」.
16) 조선청년총동맹의 신운동방침에 관하여는 안건호·박혜란, 「1920년대 중반
　청년운동과 조선청년총동맹」, 『한국근현대청년운동사』, 풀빛, 1995. 참조.

경우에는 이 신운동방침을 즉각적으로 수용하였다고 할 수 있다. 이와 같이 양양청년동맹으로 성립한 이후 양양청년동맹은 양양지역 사회운동의 지도적인 위치를 확보하게 되었다. 이상에서 우리는 양양지역의 청년운동이 양양지역 내에 산재하던 청년회 → 양양군청년연맹 → 양양청년동맹으로 발전하였음을 확인할 수 있었다.

<표 6>의 양양청년동맹의 활동은 몇 가지의 유형으로 나눌 수 있다. 먼저 자체 조직의 정비를 위한 활동을 하였다. 면 단위의 지부 설치, 리 단위의 班 설치, 그리고 각 지부의 활동 점검, 회비의 징수, 교양 방침의 수립, 미조직 민중에 대한 조직 방침, 연령 제한, 문고 설치 등에 관련된 활동들이 그러한 예에 속한다고 할 수 있다. 둘째로는 지역 사회의 여러 부문운동에 대한 지원 활동을 들 수 있다. 인근 지역의 청년동맹 창설에 대한 지원 활동이라든지, 같은 양양지역의 농민조합, 신간회 등의 설립에 대한 지원 활동, 소년운동에 대한 후원 활동 등이 그 예에 속한다고 할 수 있다. 셋째로는 양양지역의 차원을 뛰어넘어 도 단위, 또는 전국 단위의 사항에 대한 의견을 표명한다든지, 대안을 제시한다든지 하는 활동을 들 수 있다. 청년총동맹의 해금 운동, 신간회 전국대회 금지에 대한 대책 회의, 在滿同胞擁護同盟에 대한 지지, 日本勞動農民黨 해산에 관한 의견 제시 등의 활동이 그 예에 속한다 할 수 있다. 특히 양양청년동맹의 집행위원이던 崔昌源・吳日泳・秋敎哲・趙相燁 등 4명이 1929년 9월 경 삼척에서 열린 강원도청년연맹대회에 보낸 축문이 불온하다는 이유로 검속을 당하기도 하였다.17) 마지막으로 지역사회의 여러 가지 문제에 대한 의견의 제시와 실천 활동이었다. 향교재산에 관한 문제 제기, 미신 타파에 대한 문제 제기, 지방언론에 관한 문제 제기 등이 이에 속한다 할 수 있겠다.

---

17)『중외일보』, 1930년 4월 7일,「三陟三氏送局」.

<표 6> 양양청년동맹 집행위원회 결의 내용[18]

일시	장소	사회	결의 내용	비고
1927. 10. 26	舊速成學校舍	최용대	新幹會 襄陽支部 설치 후원의 건, 郡農民組合 조직 촉성의 건, 회관건축에 관한 건, 隣郡靑年同盟 조직 촉성에 관한 건	
1927. 12. 7	양양청맹회관	김두선	××班설치에 관한 건, 양양면지부 설치에관한 건	盧炳禮를 집행위원에 선출
1928. 1. 8	양양청맹회관	최용대	회비 및 의무금에 관한 건, 토× 및 양양지부 설치에 관한 건, 재만동포 옹호동맹 촉진에 관한 건	
1928. 2. 20	양양청맹회관	최용대	회비 및 의무금에 관한 건, 퇴회 및 제명에 관한 건, 각지부 순회의 건, 문고 설치의 건, 청총 해금운동에 관한 건, 신간전국대회금지대책에 관한 건, 농민운동 후원에 관한 건, 소년운동 지도에 관한 건	
1928. 4. 25	舊速成學校舍	최용대	교양방침에 관한 건, 미조직민중 교양에 관한 건, 각부 ××에 관한 건, 연령 제한에 관한 건, 운동선×화에 관한 건, 회관건축에 관한 건, 향교재산에 관한 건, 三總집회금지에 관한 건, 신간 및 근우회 지지건, 江靑大會대의(원)선거에 관한 건, 경성청년회성명서에 관한 건, 재만동포옹호동맹지지에 관한건, 일본노동농민당해산에 관한 건, 미신타파에 관한 건, 지방언론기관에 관한 건, 조혼 및 강제결혼 폐지에 관한 건	집행위원장 김두선 외 위원 18인, 검사위원장 최용대, 위원 김필선, 오일영
1928. 6. 27	양양청맹회관	김두선	의무금에 관한 건, 창립 1주년 기념에 관한 건, 유학생 환영에 관한 건, 소년연맹 집회금지에 관한 건	
1928. 7. 26	양양청맹회관	김두선	제명수리의 건, 각지부 위원회 수리의 건, 유학생 환영회 주최의 건, 본동맹˚ 창립 1주년 기념에 관한 건	

18) 『동아일보』, 1927년 10월 31일, 「襄陽靑年定總」; 12월 14일, 「襄陽靑盟執行委員會」; 1928년 1월 18일, 「襄陽農組支部設置」; 1월 19일, 「양양청맹위원회」; 2월 29일, 「襄陽靑盟委員會」; 4월 30일, 「襄陽靑盟定期大會」; 7월 1일, 「襄陽靑盟委員會」; 8월 1일, 「襄陽靑年同盟委員會」 참조.

이상의 활동은 주로 군청년동맹의 활동에 관한 것이었다. 다음으로 지부의 설치에 관해 확인할 수 있는 것은 양양면지부가 1928년 1월 8일 설립되었다는 기사이다.[19] 설립 후 양양면지부는 1928년 9월 22일 제3회 정기총회를 열고 다음의 내용을 토의하였다.[20]

1. 의무금 징수방안에 관한 건
1. 자체 교양에 관한 건
1. 부문 확립에 관한 건
1. 전양양사회운동 통계표 작성에 관한 건

그리고 1930년 3월 30일 도천면지부의 정기총회가 개최되어, 소년운동 절대지지 후원과 미신타파 등 6개의 의안을 토의하고 위원을 개선하였는데, 위원장 禹世烈, 서무 金顯豊, 金錦洙, 교양 ○忠根, 黃槿, 선전 崔○和, 소년 殷學洙, 여자 ○明順, 후보 金石基, 黃昌洽이 선출되었다.[21] 또한 도천면지부는 1930년 10월 30일 신간회 양양지회 도천면분회·양양군소년연맹 도천면 소년회·大浦勞動組合·大浦漁民組合 등과 합동위원회를 개최하기도 하였다.[22]

2) 신간회운동

신간회는 창립 이후 계급과 계층의 구분 없이 민족의 지지를 받으면서 전국적으로 지회를 조직하였다. 양양지역의 경우도 신간회 중앙조직 창립 직후 양양지회 조직 움직임이 태동하였다. 양양지회의 조직 과정에서 나타나는 특징은 양양청년동맹이 주도적인 역할을 하고 있다는 점이다. 즉 양양청년동맹은 앞에서 보았듯이 1927년 10월 26

---

19) 『동아일보』, 1928년 1월 18일, 「襄陽面支部設立」.
20) 『동아일보』, 1928년 10월 1일, 「襄陽面支部定總」.
21) 『중외일보』, 1930년 4월 5일, 「郡靑年同盟道川支部」
22) 『조선일보』, 1930년 11월 6일, 「大浦社會團體委員會를 開催」.

일 제1회 정기대회에서 신간회 양양지회 설치 후원, 농민조합 촉성
등 4개의 안건을 토의하였다. 이와 같이 양양청년동맹의 적극적인 후
원 하에 1927년 11월 20일 신간회 양양지회가 조직되었는데, 회장에
는 李錫範, 부회장에는 金顯桓,23) 서무재정부 총무 咸河璿, 상무 金
斗善, 간사 李璨雨, 李圭漢, 정치문화부는 총무 崔容大, 상무 金瑞鳳,
간사 金達圭·朴鼎陽, 조사연구부에는 총무 金炳煥, 상무 金弼善,
간사 李陽爕·李達忠, 선전조직부에는 총무 崔完集, 상무 吳日泳,
간사 金鍾喆·馬冀永이 선출되었다.24) 조직 후 신간회 양양지회는
1927년 12월 7일 총무간사회를 열어 신입회원 37명의 가입을 승인하
였다.25) 그리고 1927년 12월 21일 정기대회를 개최하여 회원 모집·
통계 수집·조직체 변경·재만동포 피압박 대책·본부기관지 발행·
교양·선전·지방열 단체·일본노동농민당 지지·본부대회 출석 대
의원 선거·본부대회 건의안 작성위원 선거 등에 관하여 토의하였
다.26) 그리고 1928년 1월 18일 제2회 총무간사회에서는 신입회원 12
명의 심사 수리·在滿同胞擁護同盟·지부대회 시일·지방열단체 박
멸·본부 기관지 발행 건의·본부대회 건의안 작성 문제 등에 관해
논의하였다.27)

또한 1928년 2월 19일에는 총무간사회를 열어 中國在留同胞擁護
同盟과 大浦共進少年會에 관한 방침 등 6개의 안건을 토의하였다.28)
특히 대포공진소년회에 관한 토의 안건은 大浦公立普通學校의 교장
田中이 1928년 1월 9일 공진소년회에 입회한 자신의 학교 학생 24명
에게 "'日韓合邦'은 두 민족이 더 잘살기 위하여 한 것인데 이에 대하
여 불평을 품고 여러 가지 잘못하는 사람들이 많이 있다. 그런데 대

---

23) 김현환은 보천교 신자라 한다(김용기, 앞의 증언).
24) 『조선일보』, 1927년 11월 25일, 「襄陽支會設立」.
25) 『중외일보』, 1927년 12월 13일, 「新幹襄糧支會 總務幹事會」.
26) 『동아일보』, 1927년 12월 27일, 「襄陽新幹大會」.
27) 『조선일보』, 1928년 2월 8일, 「襄陽支會總務會」.
28) 『조선일보』, 1928년 2월 27일, 「襄陽支會幹事會」.

포에는 공진소년회라는 것이 있어 너희 24명이 입회하여 있은 즉 오늘 전부 탈퇴하되 만약 탈퇴하지 않으면 주재소에 넘겨버리겠다"고 협박한 사건이다. 이에 공진소년회에서는 경고문을 발송하는 동시에 양양청년동맹 소년부에 보고를 하고 대책을 강구하고 있다.29) 결국 이 문제는 양양청년동맹·신간회 양양지회까지 관여하게 되어 양양지역의 중대한 사회 문제가 되었던 것이다.

한편 1928년 7월 27일 총무간사회에서는 입회원 승인 및 유학생 환영회 개최의 안건을 논의하였는데,30) 특히 유학생 환영회 개최 준비에는 양양지역의 사회단체 모두 참여하고 있는 것으로 보아 대대적인 행사로 치루어진 것으로 보인다. 한편 신간회 양양지회는 1930년 4월 18일 제4회 정기대회를 개최하여 道支會聯合會 설치 촉진 이외 7개의 안건을 토의하고, 아래와 같이 임원을 개선하였다.31)

위 원 장　金顯桓
위　　원　李鍾溟, 金亨起, 金炳煥, 金東起, 崔容鳳, 金炳益,
　　　　　金有熙, 咸在悳, 崔完集, 蔡○忠, 李圭漢, 金顯楇,
　　　　　張在根, 咸河璿, 崔鍾吉, 李元熙, 李商鳳, 吳日泳,
　　　　　陳湘吉, 金東桓
후　　보　禹順福, 李陽爕, 崔永達, 金鍾喆, 金達圭
검사위원　崔　旭, 李瓚雨, 金大熙, 陳炯瓚, 李鶴奎
본부대회 대의원　金顯桓, 李圭漢
후　　보　崔完集, 咸河璿

그리고 이어서 집행위원회를 열고 다음과 같이 집행부를 선정하였다.32)

---

29)『조선일보』, 1928년 2월 2일,「少年會에 안나오면 警察에 보낸다」.
30)『동아일보』, 1928년 8월 4일,「新幹襄陽支會總務會」.
31)『중외일보』, 1930년 4월 23일,「新幹襄陽支會 定期大會」.
32)『중외일보』, 1930년 4월 24일,「新幹襄陽支會 第一回委員會」.

서 기 장	李鍾溟	회계	金亨起
서무부장	李鍾溟	부원	咸河璿
재정부장	金亨起	부원	盧炳禮
교육부장	崔完集	부원	金東起
豈組부장	張在根	부원	吳日泳
조사부장	李圭漢	부원	朴鼎陽
상무위원	金顯桓, 李鍾溟, 崔完集, 張在根, 金炳煥, 咸河璿,		
	金東起, 咸在○, 李忠○		

또한 1930년 5월 9일 집행위원회를 열어 分會 및 班 순회 등 5개의 안건을 토의하였다.[33] 그런데 分會는 班 조직이 활성화되면 승격되는 것이었으므로 신간회 양양지회의 활동이 비교적 활발하였다고 할 수 있다. 이와 같이 신간회 양양지회의 활동이 활발해지자 일제는 신간회 창립 1주년 기념식을 금지하는[34] 등 방해하였다. 그리고 교육부 부원이었던 김동기가 신간회 해소대회 시 신간회 중앙본부의 중앙집행위원으로 선출되고 있는 것[35]으로 미루어 보아 양양지회는 신간회 해소에 찬성한 것으로 보인다.

이상에서 신간회 양양지회에 대하여 개략적으로 살펴보았는데, 양양지회는 신간회가 추구했던 民族協同戰線으로서의 역할을 충실히 수행한 것으로 보인다. 왜냐하면 1927년 신간회 양양지회가 창립되면서부터 1930년 새로운 집행부가 구성될 때까지 신간회의 회장, 또는 집행위원장을 역임했던 인물은 이석범과 김현환의 두 명이 확인되는데, 이들은 적어도 사회주의자는 아니었던 것으로 여겨진다. 이석범은 양양지역을 대표하는 儒學者로서 민족주의적인 색채가 상당히 강한 인물이었다. 그리고 김현환은 普天敎 신자로서 양양지역 사회주

---

33) 『중외일보』, 1930년 5월 15일, 「襄陽新支 執行委員會」.
34) 『조선일보』, 1928년 2월 17일, 「襄陽서는 紀念禁止」.
35) 京畿道京察部, 『治安狀況』, 1931, 427쪽(朴慶植編, 『朝鮮研究資料集』 6, 1982).

의운동에서 이름을 찾아볼 수 없는 인물이기 때문에 사회주의자로 보기에는 무리가 있다. 그리고 특히 1930년에 개편된 집행부의 각 부장을 역임한 인물들도 역시 사회주의 활동을 한 흔적을 찾아보기 어려운 인물들이다. 반면에 함하선, 노병례, 김동기, 오일영, 박정양과 같이 각 부원들은 양양지역 사회주의운동의 주도적인 인물로 볼 수 있다. 따라서 신간회 양양지회는 지역의 명망가들과 실천력을 갖춘 인물들을 적절히 배합하여 운동을 전개하였을 것으로 생각된다.

3) 어민운동[36]

양양지역은 동해 연안 지역으로서 어업이 중요한 산업의 하나였다. 특히 大浦港은 동해안의 주요 항구의 하나였다. 그러므로 대포항을 중심으로 어업이 발전할 수 있었을 것으로 생각된다. 이는 결국 이 지역에서 어민운동이 발생할 수 있는 객관적인 조건이 성숙했음을 보여주는 것으로 이해할 수 있다. 그 결과 1928년 1월 19일 조합원 34명으로 大浦漁民組合이 창립되었다. 그러나 대포어민조합은 창립된 지 3년이 지나도록 일체의 집회가 금지되어 활동이 여의치 않아 서면대회를 소집하기도 하였다.[37] 한편 李學(鶴-필자)奎는 이 어민조합의 쟁의부장, 교양부장, 집행위원장을 역임하였는데, 그가 이와 같이 사회운동에 투신하게 된 데에는 1922년부터 김대봉과 교유하게 된 것이 그 원인이라 할 수 있다. 즉 그는 김대봉과 교유하면서 『朝鮮之光』, 『批判』, 『社會主義學說大要』, 『理論鬪爭』, 『러시아革命小史』 등의 서적을 탐독한 결과 공산주의에 공명하게 되었다고 한다. 그리하여 그는 경제투쟁 및 정치투쟁의 의식을 어민대중에게 주입시켜 사유재산제도를 부인하고 공산제도의 실현을 도모할 목적으로 어민

---

36) 어민운동에 대하여는 李鶴奎에 대한 「판결문」, 昭和 8年 刑控 第88號(獨立運動史編纂委員會, 『獨立運動史資料集』 14, 1984)을 참고로 작성하였다.
37) 『조선일보』, 1931년 4월 19일, 「大浦漁組 大會를 召集」.

조합을 조직하였던 것이다. 어민조합의 조직 후 이학규는 조합원을 대상으로 교양활동에 주력하였다. 즉 그는 1929년 6월 조합원인 鄭周和에게 "우리 어민들은 사력을 다해 出漁하여도 그 이득은 자본주에게 착취당해 당시 생활이 곤궁함은 현재의 계급이 있기 때문이다. 우리들은 단결하여 이 계급을 타파하지 않으면 안 된다."고 역설하였다. 또한 1931년 4월경에는 대포리의 金大學의 집에서 어민조합원인 李成伯에게 "조합원은 단결이 절대 중요하다. 그대들의 단결의 관념이 빈약함은 대단히 유감이다. 러시아는 공산주의를 실현하고 빈부의 구별이 없이 평등한 생활을 하고 있지 않느냐. 우리들도 강력히 단결하면 장래는 필히 빈부의 구별이 없는 평등생활을 할 수 있다"고 하였다. 또한 그는 1931년 6월에는 조합원인 朴鳳吉에 대하여 월연금을 잘 납부하도록 "월연금은 무산어민이 자본주의와 투쟁할 때 군량이므로 잘 납부하라. 일단 유사시는 싸워서 자본주의와 하등의 구별이 없는 평등한 생활을 하지 않으면 안 된다"고 하였다. 이와 같이 대포어민조합은 어민의 의식을 고취하는 데 주력하였다. 그 결과 1931년 6월 23일부터 鰮油粕 가격 문제로 대포리와 물치리의 어선 70여 척과 100여 명이 파업을 감행하였다.[38] 이들 중 40여 명은 경찰서에 몰려가 검속된 두 명의 검속 이유와 멸치 가격 협의회의 금지 이유, 조합문서를 압수한 이유 등에 대해 항의하였다.[39]

이상에서 살펴보았듯이 양양지역에서는 양양소년회·양양부인회·대포노동조합 등의 운동 조직이 청년운동·신간회운동 등과 긴밀한 관계를 가지면서 양양지역의 사회운동에 적극 참여하였던 것이다.

---

38) 『조선일보』, 1931년 6월 25일, 「鰮油粕價問題로 三百餘漁民罷業」.
39) 위와 같음.

2. 조직과 활동

1) 조직

양양지역에서의 농민운동은 3·1운동 이후 일시 부진하였지만, 1923년 물치노농동맹이 조직되면서 점차 활기를 찾았다. 그러나 농민운동이 하나의 부문운동으로서 자리잡기 위해서는 청년운동의 도움을 필요로 하였다. 즉 양양지역 청년운동이 활발해지면서 물치노농동맹은 농민단체로서의 성격을 보다 명확히 하기 위하여 1926년 3월 5일 조선노농총동맹 발 제23호 공문에 의거하여 조직의 명칭을 물치농민조합으로 바꾸었다.[40] 이 과정에서 양양지역 사회운동의 지도적인 인물인 오용영이 화요파 공산주의자인 김대봉에게서 영향을 받은 사실에 주목할 필요가 있다. 즉 오용영은 김대봉의 영향으로 무산자운동으로 방향을 전환하면서 물치노농동맹을 물치농민조합으로 변경하였던 것이다.[41] 즉 김대봉은 양양지역의 사회운동 초기부터 양양지역 사회운동의 지도적인 위치에서 운동을 전개하였다. 그러한 이유때문인지는 모르겠으나 양양지역은 제2차 조선공산당이 조선의 마지막 임금인 純宗의 장례일을 기화로 전개하고자 했던 6·10만세운동때 소위 '불온문서'를 배포하고자 했던 지역이었다.[42] 그리고 1927년 3월에는 襄陽農民協會가 창립되었고,[43] 1927년 12월 4일에는 제1회 정기총회를 개최하여 소비조합, 문맹퇴치, 동아일보 양양지국 유지의 건 등을 토론하였다.[44]

그런데 양양지역에서는 앞에서 본 물치농민조합의 창립 이후 里단위의 농민조합이 조직되었던 것 같다. 왜냐하면 전양양농민조합연

---

40) 『조선일보』, 1926년 3월 11일, 「勿淄勞農同盟」.
41) 『조선일보』, 1934년 5월 25일(조간), 「合法的 組織으로 靑年大衆을 訓練」.
42) 京城地方法院檢事局, 「第2次 朝鮮共産黨事件 檢擧에 관한 報告綴」, 『韓國共産主義運動史』資料編 2, 高麗大學校 亞細亞問題硏究所, 1980, 159쪽.
43) 『동아일보』, 1927년 7월 11일, 「襄陽農民會臨總」.
44) 『동아일보』, 1927년 12월 11일, 「襄陽農民協會定總」.

합회가 집행위원회를 개최하여 '양양교회 목사 사회단체××의 건', '전양양농민조합간친회 개최의 건'을 토의하고 있었기 때문이다.[45] 이와 같이 1927년을 전후하여 이 지역의 농민운동은 급속히 발전하였다. 농민운동이 이 시기를 전후하여 발전한 이유는 청년동맹의 적극적인 후원이 있었기 때문이었다.

주지하다시피 1926년 1월초에 전남 무안농민연합회가 무안농민조합으로 개편한 이래 소작인조합이 농민조합으로 개편되었다. 그 이유는 소작인운동이 점차 활발하여지자 일제는 이를 강력하게 탄압하였고, 이 시기 소작인조합의 지도부는 농민운동의 역량을 보존하고 보다 강력한 운동을 전개하기 위하여 농민운동 단체의 강화가 필요하였다. 따라서 이제는 자작농도 농민운동 단체에 망라하여 농민단체를 대중화할 필요가 있었던 것이다. 그리하여 농민조합으로의 개편이 이루어졌던 것이다. 양양지역에서도 앞의 물치노농동맹이 청년동맹의 후원 아래 물치농민조합으로 개편된 이래 造山·盧里·龍川·丁巽·所野·西林의 6개 농민조합이 조직되었다.[46] 이와 같이 전국적인 차원에서 농민조합이 조직되는 과정에서 양양지역에서도 농민조합이 대두하게 되었던 것이다. 그리하여 양양농민협회 → 전양양농민조합연합회 → 양양군농민조합으로 발전하였던 것 같다.

즉 군 단위의 양양농민조합은 1927년 9월 강원도 청년혁신대회를 계기로 군 농조조직운동이 활발해지자 같은 해 12월 초 造山里 普應學院에서 창립준비위원 吳龍泳 이하 28명을 선출하고, 12월 30일에는 春谷里 崔永東의 집에서 창립대회를 개최하여 집행위원장에 金炳煥, 집행위원에 오용영 외 30명을 선출한[47] 후 다음 사항을 토의하

---

45) 『동아일보』, 1927년 8월 31일, 「襄陽農組聯合委員會」.
46) 高等法院檢事局思想部, 「襄陽農民組合事件判決文」, 『思想月報』 제4권 제6호(이하 「양양농조사건판결문」) ; 『조선일보』, 1934년 5월 25일(조간), 「合法的 組織으로 靑年大衆을 訓練」.
47) 『조선일보』, 1928년 1월 6일, 「襄陽農組創立大會」.
   이 때 선출된 집행위원은 집행위원장 金炳煥(전 농민총동맹 중앙위원), 동후

였다.

　　토의사항
　1. 교양에 관한 건
　　가) 조직농민 훈련에 관한 건
　　나) 미조직농민 교양에 관한 건
　1. 貯穀貯金에 관한 건
　1. 도일노동자 저지 반대의 건
　1. 일본노동농민당 지지 및 조선인부 설치 ××(지지 - 인용자)의
　　건 외 3항.48)

그리고 양양농민조합은 다음의 4개항을 강령으로 채택하였다.

　1. 마르크스주의를 지도정신으로 한 唯物辨證法에 입각하여 과학적
　　지식을 보급시킬 것.
　1. 법률에 관한 지식을 주어 현시의 정치 기구 내지 공작이 무산농
　　민에 대해 어떠한 손익이 있는가를 비판할 것.
　1. 유물사관에 관한 지식을 주어 무산농민의 사회적 지위 및 역사적
　　사명(사회혁명)에 대한 자각을 환기시킬 것.
　1. 현하 세계의 추세에서 장래 농민을 획득할 것.49)

　한편 양양농민조합은 이상과 같이 중앙조직을 수립하면서 이미 조
직되어 있던 沕淄・造山・龍川・丁巽・所野・西林농민조합을 지부
로 흡수하고, 月里・浦月・上坪・芦里・降仙・釘岩 등 각 리에 지

　　보 吳龍泳, 서무부 盧炳禮・崔用甲・金公濟, 정치부 金東起・金燦丰・盧在
　　㷀, 쟁의부 崔永逨・朴文秉・金東㢸, 공제부 金東渙・金炳益・朴容九, 교양
　　부 朴鼎陽・姜煥宅・金昌鎭, 선전부 吳日泳・金聖圭・李昌德, 조사부 崔容
　　復・李根壽・陣炯贊, 동후보 崔洙集・金思允・李惠○, 검사위원장 崔昌源,
　　검사위원 張用國・鄭世和・金昌烈, 동후보위원 崔容善・朴規秉 등이다.
　48) 위와 같음.
　49) 「양양농조사건판결문」.

부를 조직하였는데,[50] 각 지부의 책임자는 다음과 같다.[51]

造山지부　崔容復, 崔昌源
龍川지부　盧炳禮
月里지부　金極善, 金東桓
所野지부　陣炯瓚
丁巽지부　金聖圭, 金燦圭 외 1명
西林지부　金東臣, 李根壽
釘岩지부　金思晩, 朴容九
汤淄지부　金東渙
上坪지부　咸在豊, 梁世鎭
浦月지부　崔東燮, 李昌燁
仕川지부　崔容甲

　<표 7>을 보면, 양양농민조합의 주요 구성원인 김병환·최우집·김동기는 중앙에서 활동한 경력이 있으며, 이들과 함께 오용영과 최용대는 조선공산당 양양야체이카의 구성원이었다. 특히 김병환은 조선공산당 제3차 대회를 자신의 집에서 개최하는 등 조선공산주의운동에 깊숙이 관계하고 있었다. 그리고 이들은 대부분 농업에 종사함으로써 인근의 울진·삼척의 농조가 지식인을 중심으로 활동하였던 사실과는 구별된다. 또한 이들을 영농형태별로 분류하면 운동을 지도하던 김병환·오용영,[52] 최우집·崔容復 등과 崔容運[53]·張用國은

---

50) 「양양농조사건판결문」.
51) 『조선일보』, 1934년 5월 25일(조간), 「當面施政을 批判 非合法運動을 展開」.
52) 오용영은 특별한 직업이 없이 오직 운동에만 전념하였다고 한다. 그리하여 그는 어머니가 물치시장에서 국수집을 경영하여 생계를 유지했다고 한다 (김용기, 앞의 증언). 이 글에서는 이와 같은 그의 경제적 형편을 생산수단을 소유하고 있다는 측면에서 소소유자로 보고 이를 중농의 범주에서 생각하기로 한다.
53) 이재유계열의 조공재건사건의 관련자인 崔容達의 實弟이다.

<표 7> 양양농민조합사건 관계자 일람표

성 명	나이	직업	관 련 단 체	기타
金炳煥	45	어업, 농업	朝鮮農民總同盟 중앙집행위원, 신간회 강원지부장, 신간회 중앙집행위원	조공 양양야체이카 책임자, 조공 3차대회를 자택에서 개최
吳龍泳	35	농업	신간회 양양지회	일명 吳日泳,조공 양양야체이카 선전부원
崔永逵	41	농업		
崔禹集	38	농업	全朝鮮勞農大會準備委員, 신간회양양지회	일명 崔旭,1929년양양농조집행위원장으로서 원산제네스트에 동정금 송부,양양야체이카사건에 관련
金東煥	51	농업, 정미소관리인	신간회 양양지회	
崔容復	28	농업	朝鮮農民總同盟	해방 직전 강릉에서 강릉의 박기돈의 도움으로 환일백화점 경영
崔昌源	29	농업,˙목면		
金東起	33	농업	신간회 해소대회시 중앙집행위원	원산총파업에 참가하기 위하여 원산으로 감
陳炳瓚	38	농업		
金極善	39	농업		
咸在鎭	33	농업		
崔容運	25	농업		崔容達의 實弟
崔鍾吉	39	농업		
李謙烈	31	농업		
崔淵集	31	농업		
崔容善	31	농업		
金聲圭	21	농업		
鄭然徹				
鄭相敎	27	농업		
金炳益	51	농업		
金炳高	30	농업		
金達圭	34	농업		
崔東雙	25	농업		일닝 崔圭英
崔容甲	31	농업		
崔容虎	27	농업		
金東臣	31	농업		
朴容九	37	농업		
金思晩	44	농업		

金鍾賢	26	농업		
金東桓	48	농업		
梁世鎭	24	농업		.
金貞起	34	농업		
金振栒	38	농업		
金昌烈	40	농업		
李昌燁	38	농업		
崔容喆	32	농업		
朴文秉				
朴鼎陽			신간회 양양지회	신흥사의 승려
李鶴奎		이발소	신간회 양양지회, 大浦漁民組合 집행위원장	
崔容大		면서기	양양청년동맹 검사위원장	조공 양양야체이카사건 관련
盧炳禮	27	농업		
金燦圭				
李根壽				

* 자료 : 「양양농민조합사건 판결문」, 『동아일보』, 『조선일보』.

중농으로, 지부장인 金東臣·金思晩·朴容九와 金東煥은 빈농으로 분류할 수 있다. 金鍾賢·盧炳禮와 양양농민조합이 궤멸된 후 姜煥植과 함께 '양양적색노농협의회'를 조직했던 秋敎哲은 부농으로 분류할 수 있다.[54] 그리고 朴鼎陽은 신흥사의 승려 신분이었고, 李鶴奎는 이발소를 경영했다고 한다.[55]

다른 한편으로 운동의 지도적인 인물인 김병환, 오용영, 최우집 등은 南宮檍이 세운 峴山學校 출신이며, 3·1운동에 참가하였다고 한다.[56] 이외에 3·1운동에 참가한 인물로는 노병례, 김동환, 진형찬, 김극선, 김병익, 박용구, 김사만, 김동환, 김진연, 김창렬, 이창엽 등을 들 수 있다.[57] 따라서 양양농민조합의 주요한 구성원들은 현산학교를 졸업한 인물들을 지도자로 하여 3·1운동에 참가한 경력을 가지

---

54) 김용기, 앞의 증언.
55) 김용기, 앞의 증언.
56) 김용기, 앞의 증언.
57) 김용기, 앞의 증언.

고 있음을 알 수 있다. 결국 이들은 3·1운동이라는 대중적인 독립운동에 참가하여 '투쟁을 통하여' 일제의 본질을 파악하였으며, 그로 인하여 민족주의자의 기만적인 모습을 알게 되었다고 할 수 있다. 바로 이 점이 이들이 사회주의를 수용하는 계기가 된 것이 아닐까 한다. 그리고 김동기는 1929년 원산총파업에 참가하기 위하여 원산으로 떠났다고 한다.[58] 이를 다시 연령별로 나누어 보면 50대가 2명, 40대가 5명, 30대가 19명(35세 이상 8명, 35세 미만 11명), 20대가 10명(25세 이상 8명, 25세 미만 2명)으로서 운동의 중심 인물이 주로 30대 후반에서 40대 초반임을 알 수 있다. 이 점 역시 양양농민조합이 다른 농민조합운동과 구별되는 특징이라 할 수 있다. 그리하여 당시 『동아일보』는 "운동의 중심 인물은 대개 40세 이상인 자로서 근래 운동의 한 이채"[59]라고 하였던 것이다. 즉 양양농민조합은 지역 사회에 어느 정도의 물적·인적 기반을 지닌 인물들에 의하여 주도되었으며, 이들 가운데는 김병환·오용영·최용대 등과 같이 조선공산주의운동에 관계한 인물들도 있었다. 양양농민조합의 활동은 어떠한 형태로든지 조선공산당의 활동과 연관지어서 이해되어야 할 것이며, 1928년 조선공산당의 해산 이후의 활동은 조선공산당을 재건하려는 운동의 일환으로 평가할 수 있다.

한편 양양농민조합은 1927년 9월에 조직된 조선공산당 양양야체이카의 활동 결과 조직되었다는 기록도 있다. 즉 金炳煥, 咸河璿, 吳龍泳, 崔容大, 金弼善, 金斗善 등이 1928년 9월 28일부터 10월 2일까지 강원도청년연맹혁신대회 및 嶺東신문기자대회에 참가하여 동대회에 참가한 조선공산당 강원도 책임비서 咸演皡, 동비서위원 鄭宜植·韓明燦 등으로부터 양양야체이카를 조직하라는 권유를 받고 조직했다고 하며,[60] 그 책임은 함연호, 회원은 김병환·함하선·김필선·김동

58) 김용기, 앞의 증언.
59) 『동아일보』, 1934년 5월 25일, 「襄陽赤色農組三十六名公判開廷」.
60) 『조선일보』, 1931년 6월 30일, 「朝鮮共産黨 襄陽야체이카事件 豫審決定

환이었다.[61] 그리고 이들은 양양야체이카를 조직한 이후 신간회 양양지회와 양양농민조합을 조직하는 등의 활동을 하였다고 한다.[62] 이 기록을 믿는다면, 양양지역의 사회운동은 양양야체이카가 중심이 되어 전개한 것으로 생각할 수 있다. 양양야체이카의 조직원인 金弼善과 김병환이 각각 양양청년동맹과 양양농민조합의 집행위원장을 역임하였으며, 1927년 11월 20일 설립된 신간회 양양지회의 경우에도 함하선이 서무재정부 총무, 김병환은 조사연구부 총무, 김필선은 조사연구부 상무로 각각 선임되었으며, 농민조합의 간부인 최용대·박정양·오일영이 각각 임원이 되어 활동하였기 때문이다.[63] 이는 결국 양양야체이카의 구성원들이 양양청년동맹·양양농민조합·신간회 양양지회를 프랙션적으로 지도하였다는 사실을 말해주는 것으로 생각된다. 이렇게 보면 양양농민조합은 창립 때부터 조선공산당의 실질적인 영향하에 있었다고 할 것이다. 그러나 일제는 1931년 6월 11일 양양야체이카사건에 관계되어 예심에 회부되었던 인물들에 대하여 혐의가 없다고 하여 무죄 석방하였다.[64]

그런데 양양농민조합은 1928년 2월 18일 상무위원회에서 "진실한 농민의 이익으로서는 주의에 입각한 무산자운동을 하여야겠다는 것으로 양양농민조합이라는 표현단체를 비합법적 적색단체로 방향전환시키자"는 결의를 하였다.[65] 그러나 양양농민조합은 1932년 3월 야학생 격문사건을 계기로 검거되기 시작하여 궤멸 상태에 이르게 되었다.[66] 이에 대하여 노병례는 1932년 단오 날(5월 5일)을 기해 일제히

書」.
61) 강덕상 편, 『현대사자료』 29, 1972, 110쪽과 『조선일보』(1931년 6월 30일)에는 양양야체이카의 책임에는 김병환, 선전부원 오용영, 조직부원 김두선, 연락부원·청년부원 김필선으로 되어 있다.
62) 『조선일보』, 1931년 6월 30일, 「朝鮮共産黨 襄陽야체이카事件 豫審決」.
63) 『조선일보』, 1927년 11월 25일, 「襄陽支會設立」.
64) 『조선일보』, 1931년 6월 30일, 「朝鮮共産黨 襄陽야체이카事件 豫審決定書」.
65) 『조선일보』, 1934년 5월 25일(조간), 「當面施政을 批判 非合法運動展開」.
66) 『조선일보』, 1932년 5월 25일, 「長山夜學事件 檢擧益擴大」.

시위할 것을 계획하고 있었으며, 단오 날 시위 시 살포용 전단이 5월
1일 그의 집 천장에서 발각되면서 양양농민조합원에 대한 검거가 시
작된 것으로 밝히고 있다.67) 그리고 그 전단의 내용을 비교적 정확하
게 기억하고 있었다.68)

무찌르자 강도 일본제국을. 반대하자 조선총독 폭압정치를. 우리는
무주공산의 오작의 밥이 되더라도 강도 왜적 섬멸에 총궐기하자. 내
가 빼앗기고 돌려달라는 애국 청년을 놈들이 뻔뻔히도 감금했다. 때
려부숴라 검은 철창 검은 감옥을. 이천만 동포들이여 호응하라.

결국 양양농민조합원들은 1932년 6월 검거되기에 이르렀는데, 이
후 청년동맹과 어민조합·노동조합에까지 일제의 단속이 미쳐 총검
거 인원이 300여 명이나 되어, 연무장을 유치장으로 사용하지69) 않으
면 안 되는 지경이었다. 이들의 공판은 1934년 5월 25일 개최되었는
데, 오용영 등은 대부분의 공소 사실은 시인하였으나 마르크스주의에
관한 재판장의 질문에는 각 지부의 교양부 책임자인 최용복·최창원
·노병례·김동기 등은 "우리는 마르크스주의라는 것은 알지도 못합
니다. 거기서는 노동독본과 한글 등을 가르치고 소작쟁의 이야기 등
을 본부 김병환이가 하라는대로 하였소"70)라고 부인하였다. 특히 혁
명적 농민조합으로 전환하기 위하여 본부 간부를 밀파하여 공산주의
의식을 주입시키자는 대회의 결의 등의 심리에는 철두철미 부인하였
다.71) 이와 같은 양양농민조합 관계자들의 부인에 대하여 재판부는
1934년 6월 8일 재판에서 "피고 전부의 운동이 합법적 운동이고 범죄

---

67) 崔洪俊, 「1930年代 江陵地域 朝鮮共産黨 再建運動 硏究」, 『北岳史論』 3,
    383쪽, 註)73에서 재인용.
68) 위와 같음.
69) 『동아일보』, 1932년 9월 19일, 「三個月餘에 亘해 前後三百餘名檢擧」.
70) 『동아일보』, 1934년 5월 26일, 「"맑스主義宣傳" 審問에 異口同聲으로 否
    認」.
71) 『조선일보』, 1934년 5월 27일(석간), 「非合法의 轉向을 被告 全部가 否認」.

를 구성할 만한 증거가 없어 주심하던 재판장도 이 사건의 처결에 매우 곤란을 느껴 피고인들에게 유리한 증거를 제출"하라고 하였다. 이렇듯 양양농민조합의 활동은 재판장도 인정할 만큼 합법성을 최대한 이용하였으나 일제의 가혹한 탄압은 "피고인들의 범행인 결사협의 선전 선동 등 여러 가지 혐의가 빈약은 하나 증거와 여러 가지로 보아 무죄가 될 수 없다"고 선언하고[72) 유죄를 선고하였다.

한편 양양농민조합이 이와 같은 과정을 거치면서 붕괴하자 강릉지역의 崔善珪와 관계를 갖고 있던 姜煥植이 중심이 되어 李秀炯・秋教哲・張基源・金弼善 등과 함께 적색농민조합과 적색노동조합을 조직하기 위한 준비기관으로서 '襄陽赤色勞農協議會'를 조직하고자 하였다.[73) 이를 양양농민조합재건운동이라 볼 수 있을 것이다. 그러나 이는 강환식이 '朝鮮共産黨江陵工作委員會'사건에 연루되어 검거되었기 때문에 실패하였다. 이렇게 보면 1932년 양양농민조합이 격문사건으로 궤멸된 상황 속에서 양양지역의 일부 활동가가 강릉지역의 활동가들과 연계 하에 새로이 운동을 전개하고자 하였음을 알 수 있다. 이는 결국 양양지역의 사회운동이 새로운 출발점에 놓이게 된 것이라 할 것이다. 즉 1932년까지의 양양지역의 민족운동은 김대봉의 활동으로 보아 화요회계열의 지도를 받아왔다고 생각되는데, 강환식이 연계하였던 '조선공산당강릉공작위원회'는 레닌주의정치학교 출신으로서 김원봉과 安光泉의 지도를 받은 權麟甲이 강익선, 강덕선 등과 함께 운동을 전개한 것이다. 그런데 권인갑이 이들과 함께 활동을 할 수 있었던 것은 종파분자 또는 파벌주의자로 낙인찍힌 안광천과 향후에는 관계를 끊겠다는 약속을 한 이후의 일로써 이는 당시 우리나라 사회주의운동의 병폐라고 할 소위 '파벌성'이 어느 정도 해소되고 있는 증거가 되는 것이 아닌가 생각해 볼 수 있다.

---

72) 『동아일보』, 1934년 6월 23일, 「襄陽赤農事件 最高四年을 判決」.
73) 『조선일보』, 1935년 8월 24일(호외).

2) 활동

양양농민조합은 운동의 주안점을 농민에 대한 교양 활동과 일상 이익의 확보에 두었다. 그리고 이러한 활동은 주로 지부를 중심으로 이루어졌으며, 중앙의 본부는 정책의 방향을 제시하는 활동을 하였다.

먼저 집행위원장 김병환은 1928년 2월 22일 12개 지부 위원장에게 조합원의 교양은 마르크스주의에 입각할 것을 지시하여 이후 지부의 교양은 이 지시를 기준으로 하였다.[74] 그리고 농민 대중의 의식 고취를 위하여 "1929년 이후 각 지부로 순회하면서 선전 강연과 좌익 교화에 주력"[75]하였다. 이는 "공산주의운동을 전개시켜 전위 분자로 양성"[76]하거나 "조직을 중심으로 조합원 및 미조직 대중 획득을 도모하는 한편 조선공산당과 결탁하여 양양군 노동자로 하여금 그 종국적인 목표인 적화를 획책"[77]하고자 하였던 것이다. 이를 구체적으로 보면 1928년 2월 18일 상무위원회에서 집행위원장 김병환은 "각 지부에 마르크스주의를 주입시키기 위하여 본부 간부와 지부 책임자 2인씩 선거하여 정치, 경제, 사회과학, 공산당의 정세 등을 월 6회씩 순회 강의할 것"[78]을 지시하였다. 그리고 납세××(거부 - 인용자), 채권××(소멸 - 인용자), 수업료 ××(면제 - 인용자), 묘목 배부 등의 현실 행정에 대한 과격한 비판 연설로써 조합원들에게 무산농민 당면문제에 관한 철저한 의식을 심기에 힘썼다.[79]

그런데 이와 같은 김병환의 지시는 같은 해 3월 4일 집행위원회에

---

74) 「양양농조사건판결문」.
75) 『동아일보』, 1934년 5월 24일, 「襄陽赤色農組 二十五日에 公判開廷」.
76) 『조선일보』, 1934년 5월 25일(조간), 「全部四百餘名檢擧했던 襄陽農組事件 公判」.
77) 『동아일보』, 1934년 4월 1일(조간), 「襄陽農組三十四名 不日間公判에 廻附」.
78) 『조선일보』, 1934년 5월 25일(조간), 「當面施政을 批判 非合法運動展開」.
79) 『조선일보』, 1934년 5월 25일(조간), 「當面施政을 批判 非合法運動展開」.

서 보다 구체화되어 본부 집행위원 및 지부 조합원 중 장래 조합의 지도자로서 괄목되는 자를 각 2명씩 선발하여 3월 5일부터 월 6회 所野・浦月・沕淄・龍泉지부에 있는 피선발원을 소집하여 조합 본부에서 파견한 강사로 앞의 '교양 방책'의 취지에 따라 사회과학・자연과학・정치・법률・역사 등을 강연하고 멀리 떨어져 있는 서림지부에 대하여는 강사를 파견하여 강연할 것을 결정하였다.[80] 그런데 이들의 강연 내용은 "(법률에 관하여) 마르크스주의의 이론에 관련시켜 현대 사유재산제도 하의 법령이 어떻게 무산 대중에게 손익을 미치고 있는가를 설명하고 결국 무산농민은 모순 없는 사회, 즉 공산사회를 실현해야 한다"[81]거나, 또는 "(사회과학에 관해) 원시 사회에서 현 사회에 이르기까지의 변혁을 서술하고 또 현 사회제도 하의 무산농민은 그 임무로써 이 같은 병적인 불공평을 타파하여 평등한 사회를 건설해야 한다"[82]는 것 등이었다.

그리고 양양농민조합은 조직을 더욱 강화시키기 위하여 독서회・야학[83]・연구회・신문 강좌 등의 조직을 통해 농민들에 대한 대중적 교양지도를 더욱 강화하였다. 즉 1928년 4월 26일 제2회 정기대회에서는 조직농민에 대해서는 일정한 교재를 선택하여 일정한 과정 하에 독서회를 개최하거나 현실 문제를 연구하기 위하여 수시 연구회를 개최할 것을 정하였다. 그리고 미조직농민에 대하여는 야학을 열어 농민들의 문맹을 퇴치하는 한편 미신을 타파하고자 하였으며, 또

---

80) 「양양농조사건판결문」.
81) 「양양농조사건판결문」.
82) 「양양농조사건판결문」.
83) 양양의 각 리에는 야학이 조직되어 있었다고 한다(김용기, 앞의 증언). 이미 김용기는 오용영과 김대봉이 1922년경부터 운영하던 야학에서 공부한 경험이 있다고 한다. 그는 오용영과 김대봉을 나이차가 얼마 나지 않았기 때문에 선생님이 아니라 접장이라 불렀고, 국문, 산술, 일어를 배웠다고 한다. 그리고 이 야학에서는 한글교재 없이 한글만을 가르쳤고 2년여가 지난 후에 야학이 폐지되었다고 한다. 특히 오용영과 김대봉이 대중들 앞에서 연설하는 법을 중점적으로 가르쳤다고 한다.

한 토지 없는 자에게 묘목을 강제로 배포함은 산업 장려라는 미명하에 묘목 생산자 본위의 자본주의사회의 특징인 상업생산을 목적으로 한 것이므로 농민조합원은 이 기만정책을 폭로하고 적극적으로 반대하여 강제 배포된 것은 모두 반환하고 군 또는 면에 항의할 것[84]을 결의하였다. 또한 무산 아동에 대한 수업료 철폐를 주장하기도 하였다. 그리고 1931년 3월 30일 제5회 정기대회에서는 이와 같은 농민의 일상 이익의 획득을 위하여 농민대회·소작대회·시위운동 등의 운동 방법이 필요하다면서, 대회에서 사용할 구호를 다음과 같이 결정하였다.[85]

1. 일체의 채무계약의 무효를 주장한다.
1. 잡세를 철폐하라.
1. 토지는 농민(에게 - 인용자)
1. 노동자의 단결을 강고히 하자.
1. 우리가 버려야 할 것은 철쇄이며 우리가 얻어야 할 것은 사회이다.
1. 현계급(계단 - 인용자)은 부르주아민주주의 전취 과정에 있다.
1. 만국의 무산자여 단결하라.

위의 구호에서는 양양농민조합이 농민들의 일상 이익의 옹호와 더불어서 토지혁명과 부르주아민주주의혁명의 전취를 주장하였다. 그런데 이와 같은 구호는 실제 행동에 옮길 수 있는 것이라기보다는 탁상공론적인 것으로 보아야 할 것이다. 이러한 슬로건은 군 단위의 지방 조직이 실천에 옮길 수는 없는 것이기 때문이다. 이와 같은 구호가 나오게 되는 배경은 1928년 전후 시기가 경제투쟁에서 정치투쟁으로 전환하는 시기였고, 선언적인 차원이기는 하지만 당시 운동 조

---

84) 「양양농조사건판결문」.
85) 「양양농조사건판결문」.

직의 관심이 정치투쟁에 있었기 때문이라 할 수 있다.[86]

다른 한편 양양농민조합은 당시 조선의 노동운동에도 관심을 가지고 원산총파업단에 격려전문을 보내고 동정금 10원을 기부하였다. 그리고 김동기는 총파업에 참가하기 위하여 원산으로 떠나기도 하였다. 그리하여 이 사건 때문에 집행위원장 최욱과 간부 오일영이 검거되었으며, 각 회관을 수색당하여 많은 문서를 압수를 당했을 뿐만이 아니라 각 지부의 집회가 모두 금지 당하기도 하였다.[87] 이상과 같이 양양농민조합의 활동은 중앙 본부가 정책을 결정한 후 지부에서 구체적으로 실천에 옮기는 방식으로 이루어졌다.

먼저 상평리지부가 1928년 1월 30일 조직되었으며,[88] 2월 28일 제2회 지부위원회를 열어 도서 구입에 관한 건 등을 논의하였다.[89] 그리고 1930년 3월 12일에는 제3년 5회 정기총회를 개최하고 위원장에 金東輝를 선출한 후, 허례타파에 관한 건 등 3개항을 토의하였다.[90] 다음으로 조산리의 경우에는 이미 1925년 12월 30일에 農友會가 조직되어 농민운동에 많은 노력을 기울이고 있었는데, 일제가 '사회주의를 선전할 위험이 보인다'고 하여 강제로 해산시킨 바가 있는 지역이었다.[91] 따라서 조산리는 비교적 농민운동의 기반이 조성되어 있던

---

86) 이준식,『농촌사회 변동과 농민운동』, 민영사, 1993, 446쪽.

87)『조선일보』, 1929년 2월 28일. 참고로 원산총파업단에 격려전문과 동정금을 기부한 단체는 다음과 같다.

① 동정금 송부 단체와 원산 방문 단체   ( ) 단위는 원

동정금	群山同信勞組(5), 同勞動共濟會(15), 同新興勞組(10), 同共信勞組(8), 同人力車勞組(10), 同共同勞組(10), 同大興勞組(5), 同新勞組(15), 同鐵道勞組(74.37), 同勞動會(12.5), 水原協同組合(5), 京都朝鮮勞組(3), 東亞日報社員(20), 朝鮮日報社員(12.85), 文川協同組合(2.5), 新幹會文川支會(2.5), 新興洋靴勞組(구두15족), 東京新興科學(9.7), 天道敎靑年黨本部(20), 天山天道敎靑年勞友會(4), 靈光少年同盟(20)
방문단체	咸南勞聯, 新北靑勞組, 北靑勞總, 北靑靑盟新昌支部, 新興勞組, 朝鮮辯護士會, 新幹會京城支會

② 원산제네스트 지원 단체(격려전문)

지역이라 할 수 있다. 그리하여 양양농민조합 조산지부가 조직된 후
에 최용복·최창원을 지도자로 하여 1928년 2월부터 1930년 12월경
까지 농한기를 이용하여 사회과학강좌를 개최하여 마르크스주의를
해설, 비판하는 한편 신문 강좌를 실시하여 신문기사 중 노동쟁의와
소작쟁의 기사를 마르크스주의적인 입장에서 해석하였다. 특히 조산
지부와 사천지부에서 주목되는 점은 다른 지부에서는 보이지 않는
共濟部가 조직되었다는 점이다.[92] 이는 양양농민조합이 조합원의 당
면이익을 획득하기 위한 활동에 적극적이었음을 보여준다고 할 것이
다.

그리고 용천지부의 경우도 1928년 2월 24일 지부위원회를 열어 隣
洞미조직농민조직촉성의 건 등 5개항을 논의하였다.[93] 진형찬을 지

青年會	統營, 尙州郡委員會, 尙州, 榮州, 京城連合會, 서울, 銀山, 東京支部, 仁旺
青年同盟	仁川, 襄陽, 端川, 東萊, 安東, 文川, 富寧, 間島
勞働組合	尙州, 馬山勞連, 淸津, 鎭南浦, 鎭南浦店員補助會員, 靈武陸坌牛車夫, 仁川, 順天, 扶安合同, 元山印刷, 京城洋服技工, 羅州商店員相助會, 羅南印工, 密陽倍達洋靴職工, 在東京朝鮮, 金堤會日, 會寧印工, 三湖, 仁川新聞配達, 釜山鐵工, 釜山고무職工, 釜山勞動會, 濟州道暉惡勞動親睦會, 서울京龍, 平壤勞動同盟, 水原, 求禮勞動
農民組合	襄陽, 金海, 順天
新幹會 (支會)	大阪, 尙州, 蔚山, 京都, 文川, 京西, 京城
기타	京城權友會本部, 日本勞働組合關東地方評議會, 全國金融無産勞動組合準備會, 關東金屬勞働組合, 東京合同勞働組合, 關東自由勞働組合, 市電協同會, 全隊編成, 漫畵市場, 移動劇公演, 中國·프랑스·블라디보스토크 各國際海員俱樂部勞動者

* 자료 : 金森襄作, 『1920年代朝鮮の社會主義運動史』, 1985, 149~150쪽.
88) 『조선일보』, 1928년 2월 8일, 「襄陽農組 上坪支部」. 이 때 선출된 임원은 서
　　무재정부 金尙訓, 咸仕偵, 선선부 金東輝, ○大永, 교양무 金鍾喆, 梁○, 조
　　사부 金東哲, 金允濟, 공제부 咸在哲, 金東杓 등이다.
89) 『조선일보』, 1928년 3월 8일, 「襄陽農民組合 龍泉支部 執行委員會」.
90) 『중외일보』, 1930년 3월 25일, 「襄陽郡農組 支部定總一束」.
91) 『조선일보』, 1926년 2월 14일, 「社會主義 宣傳할 危險性이 보인다고」.
92) 『중외일보』, 1930년 3월 25일, 「襄陽郡農組 支部定總一束」.

도자로 하는 소야지부는 1928년 3월 20일부터 4월 1일까지, 1929년 11월부터 1930년 1월까지, 1930년 1월부터 1931년 1월경까지 세 시기 동안 사회과학강좌를 개최하여 『마르크스入門』, 『프롤레타리아의 使命』, 『社會主義大要』 등의 서적을 강독하는 한편 신문강좌를 개최하였다. 노병례를 지도자로 하는 용천지부에서는 1928년 12월부터 1929년 1월경까지 『노동독본』, 『사회주의대의』 등의 서적을 강독하는 사회과학강좌와 신문강좌를 개최하였다. 이외에도 정손지부·서림지부·월리지부·상평지부·포월지부·강선지부·사천지부에서도 사회과학강좌와 신문강좌가 개설되었다.94) 사회과학강좌에 이용된 서적은 앞에서 본 것 이외에도 『마르크스思想의 眞相』, 『프롤레타리아 經濟學』, 『帝國主義의 무기를 어떻게 파악하는가』, 『唯物史觀』, 『通俗社會主義』 등이었다. 한편 정손지부는 오용영의 선전방책 제출요구에 대해 마르크스주의에 입각해서 미조직 농민의 교양이 필요하며 그 교양방법은 강연·강좌·연극에 의할 것이라는 취지를 결정하고 「선전방책 제안론」이라는 제목으로 회답하기도 하였다.95)

이상과 같은 지부를 중심으로 한 양양농민조합의 활동에 대해 일제 경찰은 해당 지역의 구장과 면장을 동원하여 농민조합원의 탈퇴를 종용하였다.96) 즉 양양군 서면 상평리의 金東輝는 수재에 의하여 집이 유실되어 구제를 받아야 했는데 면장 金宇濟가 농민조합에서 탈퇴하지 않으면 구제신청을 하지 않겠다고 협박하였다. 이에 양양농민조합은 비공식 상무위원회를 열어 최연집 등을 위원으로 선정하여 김우제의 협박에 대응하였다. 또한 일제는 양양농민조합 정암지부가 회원이 20명 미만이므로 지부를 해산하고 班조직으로 개편할 것을 강요하였다.97) 특히 앞의 김동휘는 상평리지부의 위원장으로서 양양

---

93) 『조선일보』, 1928년 3월 8일, 「襄陽農民組合 龍泉支部 執行委員會」.
94) 「양양농조사건판결문」.
95) 「양양농조사건판결문」.
96) 『조선일보』, 1930년 12월 15일, 「農組에 退會치 안흐면 救助도 안하겟다」 ; 1930년 12월 22일, 「面長威脅에 農組가 蹶起」 참조.

농조의 중간 간부였다. 이로 보아 일제는 농조의 중간 간부 이하의 농민층을 회유하여 농조운동의 기반을 붕괴시키고자 하였던 것으로 보인다. 그리고 간부의 검속과 집회 금지 조치를 강화하였다. 그리하여 양양농민조합의 핵심적인 활동가라 할 수 있는 김동환과 김동기가 '후계공산당사건'에 관련되어 검속되었으며,[98] 조선농민총동맹 상무이던 최욱은 '고려공산당사건'으로 검거되었다.[99] 또한 앞에서도 본 바 있는 최창원·오일영·추교철·조상엽 등 청년동맹원이 검거된 것도 이 무렵의 일이었다.

3. 운동방향

1) 조직방향

앞 절에서도 보았듯이 양양지역의 사회운동은 3·1운동 이후 한동안 침체상태를 유지하다가, 1923년 오용영·김대봉·김동환·최우집 등이 물치노농동맹을 조직하면서 활기를 되찾게 되었고, 1926년 3월 5일에는 물치농민조합으로 전환하였다. 또한 물치농민조합의 조직 이후 각 리에는 리 단위의 농민조합이 조직되기도 하였다. 그리고 1927년 3월에는 양양농민협회가 창립되고, 양양군농민조합이 조직되기 전에 전양양농민조합연합회가 개최되었다는 기사로 보아 양양군농민조합이 조직되기 전에 리 단위의 농민조합의 협의기관이 조직되었던 것으로 보인다. 이렇게 보면 양양지역의 농민운동조직은 양양농민협회 → 전양양농민조합연합회 → 양양군농민조합의 과정을 거치면서 발전하였다고 할 수 있다. 그런데 양양지역 농민운동의 발전과정의 초기에는 청년운동의 영향이 매우 컸다고 할 수 있다. 즉 1927

---

97)『조선일보』, 1932년 3월 7일, 「양양군 물치주재소 문제」.
98)『중외일보』, 1930년 5월 1일, 「後繼共産黨 二人 送局」.
99)『조선일보』, 1930년 9월 9일, 「農總 崔旭君 襄陽署에 引致」.

년 10월 26일 양양청년동맹의 집행위원회에서는 군농민조합의 촉성의 건을 논의하고 있기 때문이다. 다시 말하면 양양농민조합은 양양청년동맹의 적극적인 후원 하에 조직되고 있는 것이다.

이 점은 다른 지역의 농민조합의 성립 과정에서도 보이는데, 이와 같이 청년동맹의 도움에 의해 농민조합이 조직되는 원인은 다음의 몇 가지로 나누어 볼 수 있다. 첫째는 양양지역의 반일적인 지역정서를 들 수 있다. 양양지역의 반일 전통은 그 연원을 동학농민운동시기까지 소급해서 찾아볼 수 있다. 그리고 신문화의 유입이 비교적 이른 시기에 이루어졌으므로 새로운 지식을 수용한 청년층이 성장할 수 있는 조건이 성숙되어 있었다고 할 수 있다. 둘째, 청년운동이 지역사회에서 동질성과 신뢰를 받고 있었다는 점이다. 양양지역의 경우에는 3·1운동을 거치면서 신지식을 수용한 청년층이 운동의 주요한 세력으로 참여하여 지역민들에게 상당한 신뢰를 구축할 수 있었다. 이는 지역 사회의 성원으로서 청년들은 곧 농민청년이었으며, 따라서 이 점은 이들과 지역민 사이에 동질적인 유대감을 형성할 수 있는 계기가 되었다. 즉 이들은 지역민들과 생활하는 공간이 동일하였으므로 지역민들과 접촉할 기회가 상당히 많았으며, 또한 그 때문에 지역민들의 요구사항을 그들의 투쟁에 반영할 수 있었다. 결국 이러한 과정은 이들과 지역민들 사이에 동질성과 신뢰를 구축하는 과정이었다고 할 것이다.

이와 같이 청년동맹의 후원 하에 조직된 양양농민조합은 조직된 지 두 달이 채 못된 1928년 2월 혁명적 농민조합으로의 전환을 꾀하였다고 한다.[100] 그러나 이 점은 의심스러운 측면이 있다. 즉 계급 대 계급 전술이 채택되는 것이 1928년 코민테른이 12월 테제를 발표한 이후인데, 12월 테제 이전에 이미 양양지역에서 자생적으로 혁명적 농민조합으로의 전환이 발생하였다는 것은 무리한 해석일 가능성이

---

100) 「양양농조사건판결문」.

높다. 더욱이 앞에서 본 1931년 3월 제5회 정기대회에서 채택된 슬로건은 혁명적 농민조합의 일반적인 특징을 보여주고 있다. 따라서 양양농민조합이 혁명적 농민조합으로 전환하는 시기는 바로 1931년 3월을 전후한 시기라고 생각할 수 있다.[101] 즉 이전의 조직방침이 농민들에 대한 목적의식적인 교양에 있었다면, 이제는 이들을 계급투쟁의 전면에 내세우기 위하여 산업별 노동조합을 조직하여 계급투쟁을 전개하고자 하였다. 즉, 양양농민조합은 계급·계층별 독자적 부서를 조직하여 계급운동을 한층 강화하고자 하였던 것이다. 양양농민조합이 계급·계층별 독자적 부서의 설치를 공식화 한 것은 1930년 5월의 정기대회였다고 생각되는데, 그 이유는 청년부 수립 및 소비품 공동구입에 관한 것 등 4개항을 토의하였기 때문이다.[102] 이러한 결정은 지부에서도 관철되었는데, 1931년 3월 8일에 있었던 조산지부 제4년 제1회 대회에서 행한 최용복과 최연집의 연설을 통해 알 수 있다.[103]

① 몰락의 최후 과정을 급속도로 진행하고 있는 세계자본주의와 함께 급속하게 진전한 세계 무산자계급 해방운동은 사회 진화의 필연적 법칙에 의해 역사상 변증법적 진화가 계속 요구되고 있는 필연적인 단계에 즈음하여, 그리고 우리들은 일체의 계급적 노력을 총집중시켜 계급운동을 확대, 강화해야 하기 때문에 규율적인 전술 하에서 실천적 운동을 개시하여 투쟁적으로 조직하고, 산업별 조합을 조직하여 농촌 청소년은 농민조합의 청소년부로, 노동 청소년은 노동청소년부로 전화시켜 노농 청소년의 독자적 의식과 ××적(혁명의 의미) 계급투쟁을 지도, 전개시켜 관념적 운동을 배제(이하 생략)

---

101) 이준식, 「세계대공황기 혁명적 농민조합운동의 계급·계층적 성격」, 『역사와 현실』 11, 1994, 130~131쪽 ; 지수걸, 『일제하 농민조합운동』, 1993, 418쪽.
102) 『중외일보』, 1930년 5월 13일, 「襄陽少年會 第二回定總」.
103) 「양양농조사건판결문」.

② 현하 조선 농민조합은 천도교도로 조직된 조선농민사와 같은 개량주의, 즉 당면 이익인 소작조건의 유(지-인용자) 개선을 목적으로 ×××하므로 무산계급 확대·강화와 계급적 농민운동은 ××(혁명)적 진출에 중대한 ×××하므로 우리들은 그들의 ××(정체-인용자)를 무산계급, 농민 대중에게 폭로하고 우리들에게는 농민계급, 빈민, 노동자의 이익을 대표하는 노총·농촌(농민-인용자)동맹이 있으므로 그들 반동단체의 박멸운동을 일으켜야 한다는 취지를 설명, 제안하고 전조선농민조합에 경고문을 발송하고 전국적으로 성명서를 발표하여 농민조합 본부에 건의할 것.

위의 두 인용문을 통해 양양농민조합의 정세 인식과 그에 따른 농민조합의 발전 전망을 발견할 수 있다. 즉 양양농민조합은 당시 세계사의 흐름을 혁명운동의 고조기로 보면서 지금까지의 운동 노선을 계급 대 계급 전술로서 재편하고자 한 것으로 보인다. 그리하여 이들은 독자적 부서의 조직과 산업별 조합의 조직을 주장하였다. 이렇게 보면 양양농민조합은 1930년에 이미 계급 대 계급 전술을 수용하였고, 이를 1931년 초까지 지부에까지 관철시켜 1931년 3월 제5회 정기대회에서 혁명적 농민조합으로 전환한 것으로 이해할 수 있다. 이는 결국 양양농민조합의 조직노선은 1931년 이후에 조선공산당 재건운동의 노선과도 일치하는 것으로 볼 수 있다. 즉 1931년 이후의 조선공산당 재건운동은 혁명적 농민조합과 노동조합을 통하여 당을 건설하는 방향으로 조직노선의 주된 흐름이 나타난다. 그리하여 양양농민조합의 경우도 조선공산당의 재건이라는 큰 방향에서 조직을 혁명적으로 전환한 것이라 생각된다.

그런데 이와 같은 혁명적 농민조합으로의 전환을 가장 특징적으로 보여주는 것이 빈농 우위의 원칙, 투쟁을 통한 조직관, 그리고 계급·계층별 부서의 설치라 할 수 있다. 먼저 양양농민조합은 혁명적으로 전환하면서 빈농 우위의 원칙을 채택하였다. 빈농 우위의 원칙은 일제하 혁명적 농민조합운동을 전개하던 주체들의 일관된 운동 방침이라는 것은 잘 알려진 사실이다. 이 운동 방침은 12월 테제에 근거하는 것이었는데, 이와 관련하여 당시 양양지역의 혁명적 농민조합운동의 주체들은 이 운동방침을 어떻게 이해하고 있었는가 하는 점을 알아보는 것이 중요하다고 할 수 있다.104) 그런데 농촌사회의 계급 분석에서 특히 주목되는 점은 부농의 성격을 어떻게 파악하는가 하는 점이다. 이는 혁명적 농민조합의 주체들이 빈농 우위의 원칙을 어떻게 이해하고 실천했는가를 알려주는 것이기 때문이다.

양양지역의 혁명적 농민조합의 활동가들은 부농에 대하여 비교적 유연한 자세를 견지하였던 것으로 생각된다. 우선 양양농민조합의 지도부 중의 한 사람인 노병례는 용천리 제일의 부자였으며,105) 김종현·추교철과 양양농민조합이 궤멸된 후 '襄陽赤色勞農協議會'를 조직하려 한 강환식은 강릉농업학교와 중동학교를 졸업한 것으로 보아 어느 정도의 자산을 소유한 집안 출신이었음을 알 수 있다. 즉 1930년대 초반의 혁명적 농민조합의 경우에는 일반적으로 부농 배제의 원칙이 일반적이었음에도 불구하고, 양양농민조합의 경우에는 노병례와 강환식·추교철을 지도부에 배치함으로써 부농을 혁명적 농민조합운동에 참여시키고 있다. 더욱이 강환식과 추교철은 양양농민조합운동의 전개과정에서 성장한 인물들이었다. 따라서 운동의 전개과정에서 농민출신이 지도부로 성장한다고 하는 주장은 재고되어야 할 것으로 판단된다.106) 보통 부농의 중립화 또는 참여론이 1930년대 중반에 본격적으로 대두하는 점으로 보아, 양양지역의 활동가들은 부농에 대하여 상당히 유연하게 접근하고 있다고 보아야 할 것이다. 이렇게 보면 양양농민조합의 지도부는 최소한 중농 이상의 인물들에 의

---

104) 일제하 농촌사회의 계급 구성에 대하여는 몇 가지 의견이 제시되어 있는데 필자는 이를 지주, 부농(대농), 중농, 빈농, 농업노동자로 나누어 본 바 있다 (「일제하 수원지역 농민조합운동」, 1997, 『동국역사교육』 5).

105) 최홍준, 앞의 논문, 382쪽.

106) 이준식, 「세계대공황기 혁명적 농민조합운동의 계급·계층적 성격」, 『역사와 현실』 11, 1994, 150쪽.

하여 구성되었고, 양양농민조합이 일제에 의하여 검거된 이후에는 강환식, 추교철과 같은 부농이 농민조합의 지도부로 성장하였다. 이는 결국 양양농민조합이 채택하였던 빈농 우위의 원칙이란 '선언적'인 차원이었고, 농민조합의 지향점으로서 이해되어야 할 것이라 생각된다.

그리고 양양농민조합은 계급·계층별 조직방침을 채택하였다. 위의 인용문에서도 볼 수 있듯이 양양농민조합은 청소년부의 설치를 주장하고 있다. 이는 조선청년총동맹의 해소론과 관련이 있다고 생각된다. 이 논의는 지방의 청년동맹을 해소하고 노동조합과 농민조합의 청년부로 집중시켜야 한다는 주장인데, 이 논의는 이미 1928년 말~1929년에 이루어지고 있었다.107) 그러나 청년총동맹을 해소해야 한다는 논의가 공개적으로 이루어지는 것은 1930년 말이었다고 한다.108) 그런데 양양농민조합의 경우는 이 논의가 공개적으로 이루어진 지 3~4개월 후인 1931년 3월 16일 확대집행위원회에서 이를 찬성하였고, 4월 7일에는 양양지부의 정기대회에서, 4월 15일에는 도천지부 정기대회에서 각각 이에 찬성한 것으로 보아 양양지역의 활동가들은 비교적 이른 시기에 수용한 것으로 볼 수 있다. 그리하여 이와 같은 과정을 거쳐 양양청년동맹은 조선청년총동맹의 해소 결의 이후 아마도 양양농민조합 청소년부로 해소한 것이 아닌가 한다.

그리고 양양농민조합은 계급·계층별 부서를 완성했을 것으로 생각된다. 그러면 양양농민조합은 어떠한 방법에 의하여 청년부를 비롯한 계급·계층별 부서를 조직하려고 했는가? 이에 대해서는 지부의 활동을 살펴볼 필요가 있다. 조산지부원인 崔容甲은 포월지부의 창

---

107) 모스크바에 머물고 있던 일단의 조선인 공산주의자들은 1928년 말~1929년 초 조선청년총동맹을 해산시키는 한편 노농조의 청년부를 통해 청년들을 조직하며, 기존의 독립적인 노동청년단체는 해산되어야 한다고 보았다(「當面의 戰術戰略問題」, 강덕상 편, 앞의 책 29, 186~187쪽).

108) 이애숙, 「1930년대 초 청년운동의 동향과 조선청년총동맹의 해소」, 『한국근현대청년운동사』, 풀빛, 1995, 383쪽.

립총회에 "우리 무산 대중은 단결하자, 뭉치자, 미래는 우리 농민의 세상이다. 최후의 승리를 얻기까지 근기 좋게 힘껏 최후까지 싸우자."109)라는 축문을 발송하기도 하였다. 그리고 崔容喆은 1931년 2월 2일 義弟인 降峴面 長山里 崔善珽에게 농민 본위의 자주평등사회의 건설을 위해 신문을 읽어 사회 사정을 잘 알고 이러한 목적으로 仕川 지부의 班을 조직하여 최선정을 거기에 종사하게 하고, 그 후 장산리 그룹을 조직시키고 있다.110)

다음으로 포월지부의 활동을 보자. 포월지부는 1928년 9월 28일 제2회 정기총회에서 "현하 각 농촌에서 임금제도는 자본가에게 헛되게 강제당하여 착취당하고 자본가의 懷를 살찌우고 노동자·농민은 빈궁한 深淵에서 방황하는 현상으로서 포월지부의 구역 내에서는 춘하의 임금은 일율적으로 백미 3升으로 하고, 추수기의 임금은 백미 5升의 임금으로 한정하고, 그것의 실행 방법은 군농민조합본부에 건의하고 전양양군내에서 실시할 것을 협의"111)하였다. 그리고 조합원의 행동에 관해 "농민조합은 대중적 운동의 의식적 투쟁을 하기 때문에 진영투쟁에 관계있는 조합원 중 계급적 의식이 낮은 분자는 도리어 부르주아처럼 행하는 기만과 착취하는 자이므로 지부 조사부에서 이 자료를 수집하고 본부의 지령에 의해 제명을 실행할 것을 협의, 가결"112)하였다. 즉 농촌 노동자의 임금 인상과 조합원의 자질을 강화하자는 의견을 제출하였다. 여기서 조합원의 자질을 강화하자는 논의는 계급적 각성을 촉구하는 의미를 갖는데, 특히 '농민조합은 대중적 운동의 의식적 투쟁'이라는 농민조합에 대한 규정에서 혁명적 대중조직으로서의 위상을 찾을 수 있다. 그리고 포월지부는 농한기를 이용하여 신문 강좌와 『마르크스思想의 眞相』, 『프롤레타리아經濟學』,

---

109) 「양양농조사건판결문」.
110) 「양양농조사건판결문」.
111) 「양양농조사건판결문」.
112) 「양양농조사건판결문」.

『帝國主義의 무기를 어떻게 파악하는가』 등의 서적으로 사회과학강좌를 실시하였다. 사회과학강좌에 사용되었던 서적은 앞의 포월지부에서 사용한 서적 외에 『마르크스入門』, 『프롤레타리아의 使命』, 『社會主義大要』, 『唯物史觀』, 『通俗社會主義』 등이었다.

그런데 이러한 농민들에 대한 교양지도는 울진농민조합의 경우와 마찬가지로 농한기를 이용하여 농민들의 생업에 지장이 없도록 세심한 주의를 기울였다.[113] 그리고 정손지부에서는 앞에서도 보았듯이 오용영의 선전방책 제출 요구에 대해 마르크스주의에 입각해서 미조직 농민의 교양이 필요하며 그 교양 방법은 강연·강좌·연극에 의할 것이라는 취지를 결정하고, 「선전방책 제안론」이라는 제목으로 회답하였다. 즉 양양농민조합은 중앙과 지부가 유기적으로 결합, 활동하였음을 알 수 있다.

결국 이와 같이 양양농민조합은 지부 중심의 활동을 통하여 운동을 전개하였고, 조합의 운동 방침도 지부의 의견을 중앙에서 집약하는 형태, 다시 말하면 민주집중제적인 방식으로 운영되고 있었음을 확인할 수 있다. 이는 양양농민조합이 계급·계층별 부서의 설치 문제 뿐만이 아니라 조합의 운영 전반을 지부 중심으로 하였음을 보여주는 것이라 할 수 있다. 그리고 이상과 같은 양양농민조합의 조직은

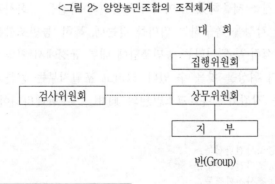

<그림 2> 양양농민조합의 조직체계

---

113) 仕川지부는 농번기에는 월 3회, 농한기에는 월 6회라는 기준을 정하였다.

투쟁을 통하여 이루어지는 것이었다. 위의 인용문에서 보이는 '실천적 운동을 개시하여 투쟁적으로 조직'하라는 경구는 이를 보여주는 것이며, 앞에서도 말한 바 있듯이 양양농민조합이 지부 중심의 활동을 통하여 운동을 전개하였다는 점도 이를 뒷받침하여 준다고 할 수 있다. 양양농민조합의 조직체계를 도표화하면 앞의 <그림 2>와 같다.

2) 활동방향

앞 절에서도 말한 바와 같이 양양농민조합은 지부를 중심으로 활동하였으며, 그 운동은 이른바 '교양 방책'에 의거한 것이었다. 따라서 양양농민조합의 운동 방침은 이 강령에서 크게 벗어나지 않았을 것인데, 현재 '교양 방책'의 내용을 확인할 수 없으므로 그 내용은 강령에서 유추할 수밖에 없을 것이다. 또한 다른 한편으로 양양농민조합의 활동을 통하여 그 운동 방침의 내용을 유추할 수 있을 것으로 생각한다. 이를 통하여 우리는 양양농민조합은 마르크스주의를 사상으로 하면서 무산농민의 일상 이익을 최대한 획득하는 것을 당면의 임무로 하고, 이를 통하여 장기적으로는 사회주의혁명의 완수를 위하여 농민을 획득하고 교양하는 것을 목적으로 하였다고 볼 수 있다.

그런데 앞에서 본 1931년 제5회 정기대회에서 양양농민조합이 혁명적으로 전환함에 따라, 운동 방침도 변하였다. 1930년을 전후해서 한국의 사회주의자들은 이 시기를 운동의 고양기로 생각하였기 때문에, 정치 문제에 보다 많은 관심을 집중하였다. 그러나 현실에서는 일제의 강력한 탄압으로 운동은 비합법적인 상황이 장기간 지속됨에 따라 자신들이 의도한 것괴는 달리 운동을 합법적으로 전개하고자 한 양양농민조합의 노력은 실패하였으며, 결국 이 때문에 운동은 침체되고, 대중운동인 농민조합운동은 소수의 핵심적인 활동가들에 의한 운동으로 질적인 전환을 꾀하지 않을 수 없었던 것이다. 양양농민조합의 경우도 김동환·김동기·최욱·김병환 등이 일제에 검거됨으로써 운동을 합법적으로 전개하고자 했던 노력은 실패로 돌아가고, 운동의 기반은 점차 축소되었던 것이다. 이에 대하여 당시의 한 활동가는 다음과 같이 말하였다.[114]

　　자본가의 지배하에서 무산계급의 합법성이란 항상 역량의 문제이다. 무산계급의 계급적 역량이 증대함에 따라 자본가계급이 불가피하게 양보하는 것이 결국 이른바 합법성의 본질이다. 따라서 계급의 힘이 강대하면 할수록 합법권이 확대되고 계급적 역량이 쇠퇴하면 할수록 합법권은 축소되는 것이다.

　　요컨대 양양농민조합은 최대한 합법성을 획득하기 위하여 노력하였으나 일제의 집요한 방해와 탄압으로 인하여 점차 지하화하고 운동기반도 축소되었다고 할 수 있다. 또 양양농민조합은 경제투쟁과 정치투쟁을 통일적으로 전개하고자 하였다. 양양농민조합은 '실천적 운동을 개시하여 투쟁적으로 조직'하고자 하였다. 그리하여 납세 거부·채권 소멸·수업료 면제·묘목 강제 배부 철폐 등의 구호를 제기하고 경제투쟁을 우선적으로 전개하였다. 그런데 이러한 농민조합의 투쟁은 단순한 경제투쟁에만 머무는 것이 아니었다. "천도교도로 조직된 朝鮮農民社와 같은 개량주의, 즉 당면 이익인 소작조건의 유지, 개선을 목적'으로 하는 운동은 '박멸운동'을 하여야 한다"고 한 최연집의 말에서도 드러나듯이 양양농민조합은 경제문제에만 국한되어 활동을 한 것이 아니라, 이를 정치문제로 발전시키고자 하는 전망을 가지고 있었다고 보아야 할 것이다.

---

114) 金榮斗, 「개량주의와 항쟁하라 ― 원산쟁의에 대하여 전조선 노동자 대중에게」, 『現段階』 제2호, 1929. 4(배성찬 편역, 『식민지시대사회운동론연구』, 1987, 241쪽).

Ⅳ. 삼척농민조합

1. 농민조합운동의 배경

1930년대 중반까지 삼척지역에서는 민족운동 또는 사회운동이 매우 부진한 상태에 있었다. 3·1운동의 경우에도 三陟公立學校와 松亭公立普通學校 학생들에 의한 것[1] 외에는 찾아보기 어려운 실정이다. 그러나 삼척지역에서도 3·1운동 이후 청년단체가 조직되면서 민족운동이 보다 활발해질 수 있는 기반이 조성되었다. 삼척지역 청년운동의 발전은 다른 지역보다는 상당히 늦은 편이었다. 즉 1924년에 청년 등의 자각으로 청년회를 창립하여 지역사회에서는 이들의 활동에 대해 상당한 기대감을 갖고 있었다.[2] 그런데 이 시기의 청년단체들은 실력양성론에 입각한 것으로서, 지역 단체의 성격을 벗어나지 못하고 있었다. 그러나 1926년 正友會의 방향전환선언이 발표된 이후 각지의 청년 단체들은 이를 지지하면서 종래의 경제투쟁에서 정치투쟁으로 방향전환을 꾀하였다.

삼척지역의 경우도 예외는 아닌 듯한데, 이 시기에 결성된 삼척지역의 청년단체로는 三陟靑年會와 1927년에 결성된 三陟靑年同盟, 1928년 3월과 4월에 각각 결성된 新幹會 三陟支會와 革新團, 그리고 결성 시기가 불확실한 三雲修成會가 확인된다. 이러한 단체들 가운

---

1) 趙東杰,『太白抗日運動史』, 강원일보사, 1977, 185~186쪽.
2)『시대일보』, 1924년 6월 5일,「模範할 靑年運動」.

데 방향전환의 영향을 받은 것으로 볼 수 있는 단체는 삼척청년회를 들 수 있다. 삼척청년회는 조선일보 삼척지국과 공동으로 시국 강연 회를 개최하였는데 그 연사와 강연 제목에서 방향전환론의 영향을 찾을 수 있다고 생각된다. 즉 趙薰錫은 「미래는 뉘 것이냐」, 盧箕一은 「人間苦의 상징」, 吳日泳은 「듣고 본 대로」, 李愚榮은 「우리 생활의 現狀」, 金在坤은 「人間 生活의 3대 요소」, 崔容大는 「밥」이라는 제목으로 강연하였던 것이다.3) 이들의 강연 제목은 실력양성이라는 측면보다는 사회 현실을 비판한 것으로 보이며, 오일영과 최용대는 양양농민조합의 핵심 인물로서 조선공산당 양양야체이카사건의 관련자이며, 조훈석과 노기일은 울진지역 청년운동의 핵심인물로서 嶺東記者大會에 참가하였고, 이우영은 신간회 울진지회의 관련자였다. 그리고 삼척청년회가 삼척청년동맹으로 발전적으로 해소하는 것도 1927년의 일이었다. 이는 정우회선언이 1926년 11월에 발표되고, 강원청년연맹혁신대회가 1927년 9월 개최되어 정우회의 방향전환론을 승인한 것으로 미루어보아 유추할 수 있다고 생각한다. 삼척청년동맹은 삼척면지부가 1928년 2월 18일 조직되었는데, 지부위원장으로 沈圭鉉이 선출되고, 후보에 李大俊, 위원으로는 金元壽·吳元模·金春逢·林炳甲·金詳雨, 후보로는 李大俊·崔炳天을 선출하였고, 다음을 결의하였다.4)

1. 임시회관에 관한 건
1. 會催品에 관한 건
1. 입회금 및 의무금에 관한 건
1. 科學研究會 개최의 건 : 매토요일 본 회관에서 개최할 일
1. 강연회 개최의 건

---

3) 『동아일보』, 1926년 10월 13일, 「三陟時事講演」.
4) 『조선일보』, 1928년 2월 27일, 「三陟支會準備會」.

결국 삼척지역에 사회주의가 본격적으로 유입되는 시기는 1927년 말부터 1928년 초반 사이라는 것을 알 수 있는데, 이 시기 사회주의가 유입될 수 있었던 것은 당시 이 지역민들이 사회주의를 "생각이 있는 사람이면 모두 좌익이었다. 그러나 이는 민족의 독립을 위한 것"5)으로 받아들이고 있었기 때문이라 생각할 수 있다.

그리고 신간회 삼척지회도 1928년 2월 19일 제2회 설립준비위원회를 개최하고 7개항을 결의하였다. 또 회원 모집 위원으로 삼척면은 李大俊・尹台鉉・金元壽・吳元模, 근덕면은 沈富潤・朴準龍, 원덕면은 金春逢・沈仁澤, 미로면은 沈圭鉉, 북삼면은 鄭健和가 선정되었다.6)

이밖에도 革新團은 야학을 통하여 소년들의 문맹 타파와 의식화에 주력하였으며, 1928년 5월 아이코노클라즘(Iconoclasm)7)을 표방하고 灑雲里와 梨道里의 성황당을 파괴하였다. 이와 같은 활동은 미신타파라는 명분과 함께 민중계몽의 장소인 공회당을 건축하기 위한 것이었다.8) 즉 혁신단은 성황당을 파괴하여 그 자재로서 공회당을 건축하고자 했던 것이다. 그리고 또한 삼운수성회는, 구체적인 활동 목표는 확인할 수 없으나, 소년들을 모아 새벽에 구보와 축구 경기를 통해 청소년의 체력 증진과 단결심을 꾀하는 한편 공회당 내에 도서를 설치하고 야학을 개최하여 문맹 퇴치 활동을 하였으며, 연극을 통하여 민중을 계몽하기도 하였다.9) 따라서 쇄운리 출신의 사람들 중

---

5) 金永起의 증언, 1916년 11월 8일생, 강원도 동해시 송정동 847 자택(1998년 10월 11일).

6) 『조선일보』, 1928년 2월 27일, 「三陟支會準備會」.

7) Iconoclasm이란 우상파괴를 뜻하며, 이러한 활동은 삼척지역 운동의 특성 가운데 하나이다. 이는 단천, 홍원, 영흥 등지의 미신타파운동보다 더욱 적극적인 반봉건운동이라 할 수 있다.

8) 金馹起, 「三陟地方의 抗日鬪爭史」, 『悉直文化論叢』 2, 29쪽 ; 鄭義國・鄭義學 형제의 증언, 1993년 8월 20일. 삼척군 쇄운리 자택. 이들은 쇄운리 야학의 교사이며 쇄운리 농민조합의 재건을 시도했던 鄭義粲의 實弟이다.

9) 정의국・정의학, 앞의 증언.

에는 문맹자가 없었다고 한다.[10] 특히 三雲修成會[11]는 6개소의 야학을 경영하였으며, 학생은 약 100여명에 달하였고 교재로는 全朝鮮農民社가 발행한 『농민독본』을 사용하였다고 한다.[12] 한편 이도리에서도 야학이 운영되었는데 金永起와 최종희가 교사로 있었다고 한다.[13]

그런데 1920년대 중반 이후 이 지역의 운동을 주도한 인물은 鄭健和와 沈富潤이었다. 이들은 "정건화는 온짝이요, 심부윤은 반짝"[14]이라는 말이 오늘날까지도 전해져 올만큼 삼척지역 민족운동의 중심인물이었다. 즉 정건화는 운동의 최고 지도자였고, 심부윤은 이론가의 역할을 하였다고 한다.[15] 특히 정건화는 앞서 본 혁신단과 삼운수성회를 조직, 지도하였고 삼척청년동맹의 집행위원장, 江原青年聯盟 여자부위원을 역임하였다. 또한 심부윤은 삼척보통학교 2학년에 재학 중 吳元模와 함께 3·1운동을 주도하였으며,[16] 1921년 동맹휴교사건의 주동자이기도 하였다.[17] 그러나 1920년대 중반 이들이 이와 같이 삼척지역의 운동을 주도할 수 있었던 것은 앞서 보았듯이 정우회의 방향전환론이 대세를 이루었으며 민족협동전선으로서 신간회가 결성되는 등 전반적인 민족운동의 고양기였다는 점도 중요한 요소라 하겠다.

이와 같은 운동의 주체 역량의 성장과 함께 삼척지역 민족운동의

---

10) 鄭慶子의 증언, 강원도 동해시 자택. 1993년 8월 20일. 정경자는 鄭健和의 친딸이다.
11) 三雲은 灑雲里, 歸雲里 그리고 灑雲里 3區인 雪雲을 의미한다(정경자, 앞의 증언).
12) 『동아일보』, 1930년 12월 27일, 「農閑期 利用하여 一洞에 夜學이 六處」. 이 당시 야학의 교사로는 朴來賓, 鄭啓和, 蔡在秉, 鄭義粲, 鄭義勳, 沈萬龍, 鄭吉和, 辛文善 등이 있었다.
13) 金永起의 증언. 1916년 11월 8일생. 동해시 송정동 847. 1998년 10월 11일.
14) 정경자, 앞의 증언.
15) 김영기, 앞의 증언.
16) 金駟起, 앞의 글, 25쪽.
17) 지중세 편역, 『사상범검거실화집』, 돌베개, 1984, 참조.

발전의 토대가 되었던 것은 삼척지역의 사회경제적 조건이라 할 수
있다. 즉, 1935년 현재 삼척의 총인구는 약 85,000명이었으며, 이 중에
서 농림에 종사하는 인구가 약 75,000명으로서 전체 인구의 90% 이
상을 점유하고 있었다.18) 그리고 삼척지역에는 광산이 밀집되어 있
을 뿐만이 아니라 汀羅港(三陟港 - 인용자)을 중심으로 노동자들이
집중되어 있었다. 이러한 점들은 이후 삼척지역의 민족운동이 노동과
농민의 양 부문으로 전개되는 중요한 배경이 되었다. 또한 삼척지역
민족운동의 발전 과정에서 유의해야 할 점은 전래의 공동체적 요소
를 들 수 있다. 즉 삼척지역 운동의 중심지인 쇄운리와 이도리의 경
우 延日 鄭氏와 江陵 金氏의 집성촌으로서 종손인 정건화의 지도가
보다 잘 이루어질 수 있었다. 한편 삼척 지역의 농민조합 활동의 중
심지인 梨道里・灑雲里・東幕里・松汀里 등은 산촌이었고, 이 지역
의 인물들이 汀上里・汀下里의 어민들을 지도하였다고 생각된다. 왜
냐하면 운동의 지도급 인물들은 모두 산촌 출신이었기 때문이다. 이
와 관련하여 주목할 것은 삼척 지역에서도 울진 지역과 마찬가지로
산촌과 어촌 사이에 班常의 차가 심하여 산촌에서는 어촌과 결혼조
차 하지 않으려고 하였다고 한다. 이러한 점은 삼척 지역의 운동이
전통적인 지배질서를 이용하였다는 근거가 될 수 있을 것이다.

　그러나 삼척지역에서 사회주의사상에 입각하여 운동을 전개한 시
기와 주체에 관하여서는 직접 확인할 수 없었다. 다만 운동의 핵심이
라 할 수 있는 인물들의 학력과 그들의 활동 경험을 통하여 이를 간
접적으로 확인할 수 있을 뿐이다. 먼저 정건화는 어릴 때 5년 간 한
문을 수학한 이후 1917년 松亭公立普通學校를 졸업하고 1918년 경
성 배재고등보통학교에 입학하였으나 1년만에 퇴학하였다. 그 후 사
립명동학교 교사・삼척군 북삼년 서기・삼척군 직원・조선일보 삼척
지국 기자를 역임하였다. 그리고 1927년에는 삼척청년동맹을 조직하

18)『동아일보』, 1935년 8월 19일, 「三陟探訪記 竹西樓의 風光과 汀羅港의 水
産」.

여 집행위원장이 되었고, 이어 강원청년연맹 여자부위원이 되었다. 1928년 3월에는 신간회 삼척지회를 조직하여 서무부 간사가 되었고, 같은 해 5월에는 우상파괴주의를 믿어 성황당을 파괴하여 징역 8개월에 집행유예 3년을 선고받기도 하였다. 그러나 그가 본격적으로 사회주의사상에 관하여 연구하고 실천에 옮긴 것은 배재고보 퇴학 이후의 일로서 배재고보 재학 당시에는 뚜렷한 활동을 보이지 않고 있다.19)

심부윤은 1922년 11월 삼척공립보통학교 재학 중 조선의 독립을 주장하는 문서를 작성하여 검거되어 기소유예 처분을 받은 이후 1923년 3월 同校를 졸업하였다. 같은 해 4월 釜山商業學校에 입학하였으나 1924년 7월 교사 배척을 주동하여 동맹 휴교를 결행, 퇴학 처분을 받고 平壤 崇神學校에 입학하였으나 1926년 5월 중퇴하였다. 1927년 8월에는 조선일보 삼척지국 총무기자, 10월에는 삼척군 청년동맹 집행위원장 후보 겸 연락조직부위원이 되었고 1928년 3월에는 삼척군 청년동맹 근덕지부 위원장, 1930년 1월에는 삼척군 청년동맹 집행위원장 및 강원청년연맹 위원이 되었다. 1931년 11월에는 근덕면 도로공사 반대 투쟁의 일환으로 발생한 近德面事務所襲擊事件에 연루, 검거되어 징역 8개월에 처해졌다.20)

김덕환은 9세 때 서당에서 한문을 수학하고 16세에 元山府立 光明普通學校를 졸업한 후 중학 강의록으로 독학하였다. 그 후 운송점원, 사립강습소 교사, 신파연극단 배우, 잡화점 점원 등을 전전하다가 元山少年會에 가입하였다. 1930년 1월에는 원산청년동맹에 가입하여 집행위원, 조직연락부장을 역임하였고 공산주의 서적을 탐독하여 이론 및 실제 운동의 경험에서 공산주의에 공감하게 되었다. 1931년 7월에는 高城社會運動者協議會를 조직하여 조직부, 정치경제부 책임이 되었고 고성적색농민조합의 집행위원장이 되었다. 같은 해 12월에

---

19) 三陟警察署,『重要犯罪報告』, 江保司 第357號.

20) 三陟警察署, 앞의 글.

는 주문진 新里勞農運動協議會를 조직하여 노동부 책임이 되었다.
1932년 11월에는 프롤레타리아과학연구회를 조직하여 집행위원·집
행위원장이 되었고 1933년 4월에는 주문진산업별노동조합조직준비
위원회를 조직하여 집행위원·집행위원장·자유노동부 책임이 되었
다.[21]

黃雲大는 13세부터 16세까지 한문을 수학하고 1925년 근덕공립보
통학교 속성과를 졸업하고 1928년 5월에는 사립울진제동학교를 졸업
하였다. 그리고 1930년 5월에는 원산으로 이사하여 원산청년동맹 재
무부위원이 되었고, 같은 해 6월에는 원산노동조합 총회 방청 금지를
어겨 경찰범처벌규칙에 의해 구류 25일에 처해지기도 하였다. 그리고
같은 해 말에 귀향하여 삼척군 청년동맹 집행위원장이 되었으며
1931년에는 조선일보 삼척지국 기자, 같은 해 3월에는 삼척군 청년동
맹 서무재정부장이 되었다.[22]

이상에서 볼 수 있듯이 삼척지역의 대표적인 활동가들의 경험과
활동 과정에서, 삼척지역에서의 사회주의운동은 보통학교 이상의 학
력을 가진 인물들에 의하여 1927년을 전후로 하여 시작되었음을 확
인할 수 있었다. 그리고 또한 삼척지역에 사회주의사상이 전래된 것
은 외부에서 유학하거나 활동한 경험이 있는 인물들에 의하여 전래
되었다는 점도 확인할 수 있었다.[23]

이러한 과정을 거쳐 1920년대 중반 이후 삼척지역의 민족운동은
사회주의에 입각한 청년운동을 중심으로 발전하였다. 그러나 "1931년
5월 삼척군 청년동맹 및 신간회 삼척지회의 해소 후 심부윤, 정건화,
박래빈을 중심으로 하는 삼척군내 사상운동은 표면상 완전히 운동이
중지됨과 동시에 행동은 점차 첨예화"되었고,[24] 비합법조직인 K會가
조직되어 운동이 지하화되었다. 예를 들면 삼척청년동맹이 해소를 즈

---

21) 三陟警察署, 앞의 글.
22) 三陟警察署, 앞의 글.
23) 참고로 삼척지역에서 활동하던 인물들을 보면 다음과 같다.

음하여 "종래의 청년운동은 각종의 계급이 혼재되어 있으므로 노동
자 및 농민의 이익을 위하여 충분히 활동하지 못하였다"25)는 내용의
자기비판을 하였다. 이러한 자기비판은 신간회·청년동맹 등의 합법
단체는 민족부르주아지단체이며, 민족부르주아지는 "모든 산업조직
과 금융조합을 통하여 제국주의적 이익에 점점 접근하고 있으며, 그
들의 자본가적 발전이 농촌에 있어서의 봉건적 착취의 기초 위에서

이름(나이)	주 소	신분, 직업	관련 단체
金德煥(尹一均, 鄭元燮, 鄭基錫,26)	삼척군 삼척면 정상리 (함남 원산부 신촌동 35)	상민, 무직	원산소년회, 원산청년동맹
卞小鳳(21)	삼척군 삼척면 정상리	상민, 노동	삼척군 청년동맹
鄭錫大(27)	삼척군 삼척면 정하리 (근덕면 궁촌리 149)	상민, 回漕店사무원	삼척군 청년동맹
朴來賓(27)	삼척군 북삼면 쇄운리 368	양반, 농업	삼척군 청년동맹 북삼지부 집행위원, 강원청년연맹 집행위원
洪吉星(21)	삼척군 삼척면 정상리 74	상민, 노동	삼척군 청년동맹
李開東(東潤, 29)	삼척군 삼척면 정상리 (근덕면 동막리 1609)	상민, 노동	삼척군 청년동맹
朱應錄(21)	삼척군 삼척면 정상리 77 (울진군울진면읍내654)	상민, 노동	
朴海淑(22)	삼척군 삼척면 정하리 73	상민, 약국점원	
鄭健和(35)	삼척군 북삼면 쇄운리 572	상민, 농업, 조선일보삼척지국장	신간회 삼척지회, 삼척군 청년동맹 집행위원장, 강원청년연맹 여자부위원
崔潤達(24)	삼척군 북삼면 쇄운리 392	상민, 농업	삼척군 청년동맹
崔春熙(乃雄, 熊熙, 25)	삼척군 북삼면 이도리 207	상민, 농업	
崔東義(27)	삼척군 북삼면 쇄운리 465		삼척군 청년동맹
鄭喆和(振玉, 30)	삼척군 북삼면 쇄운리 634	상민, 농업	삼척군 청년동맹
崔大熙(28)	삼척군 북삼면 쇄운리 340	상민, 농업	삼척군 청년동맹
黃雲大(30)	삼척군 근덕면 덕산리 115	상민, 농업	삼척군청년동맹 근덕지부 집행위원장,원산청년동맹 재무부위원

보장되었기 때문에 그들은 결코 제국주의 통치에 대해서도 유력한
투쟁자가 될 수 없음이 분명하다"[26])는 당시 사회주의자들의 인식을
다시 한번 확인시켜 주는 것이라 할 수 있다. 또한 이 점은 당시 일반
적으로 인정되고 있던 계급·계층별 조직 노선의 등장을 보여주는

李尙寅(28)	삼척군 근덕면 덕산리 162	상민, 농업	삼척군 청년동맹 근덕지 부집행위원장
沈富潤(30)	삼척군 근덕면 동막리	상민, 농업	신간회 삼척지회 상무간 사,삼척군청년동맹집행위 원장,강원청년연맹
權寧先(?)	강릉군 성산면 송암리	상민, 노동	
徐斗仁(28)	삼척군 근덕면 덕산리 126 (삼척면 정하리 18)	상민, 어업	삼척군 청년동맹,원산해 원상조회
金福魯(25)	삼척군 근덕면 덕산리 228	상민, 노동	삼척군 청년동맹
吳元模(31)	삼척군 삼척면 정하리 (삼척면 성내리 16)	양반, 사진 업	삼척군 청년동맹신간회 삼척지회 상무간사
全燁(24)	삼척군 북삼면 지가리 139	상민, 농업	삼척군 청년동맹
洪善福(淳赫, 26)	삼척군 북삼면 송정리 726	양반, 농업	
金德洙(德洙, 26)	삼척군 삼척면 정상리 38	상민, 농업	
李鳳敬(鳳慶, 奉京, 26)	삼척군 삼척면 정상리 125	상민, 농업	
金重洙(道吉, 30)	삼척군 삼척면 정상리 271	상민, 농업	
南大範(21)	삼척군 삼척면 정상리 경주 건곡면 나원리 1306	상민, 노동	
金泰貞(26)	삼척군 삼척면 정상리 106	상민, 어업	삼척군 청년동맹
李鄕淳(茂葉, 26)	삼척군 삼척면 정상리 122	상민, 어업	삼척군 청년동맹
李在春(24)	삼척군 삼척면 정상리 74	상민, 어업	삼척군 청년동맹

* 자료 : 삼척경찰서,『중요범죄보고』, 1933

24) 三陟警察署, 앞의 글.

25) 金德煥 등 16명에 대한 치안유지법위반사건 「판결문」(昭和 10年 刑控 第
79, 80, 81號), 大韓民國政府,『假出獄關係書類』, 檀紀 4272年 간행, 甲種記
錄 第45-14號.

26) 김민우, 「조선에 있어서 반제국주의 협동전선의 제문제」,『식민지시대 사회
운동론 연구』, 배성찬 편역, 돌베개, 1987, 264쪽.

것이라 할 수도 있다. 이러한 인식에 따라 조직된 K會는 1931년 근덕면사무소습격사건의 핵심인물인 심부윤이 검거됨으로써 사실상 그 활동이 끝났으며, 이후 삼척지역의 운동은 三陟赤色勞農組合結成工作委員會가 조직될 때까지 한동안 침체되었다.

2. 조직과 활동

1) 혁명적 노농운동의 준비조직과 활동

(1) K회[27] (1931. 10~11)

신간회 삼척지회와 청년동맹의 해소론이 제기되자, 이들 단체 해소 후 삼척지역의 운동을 지도할 단체의 조직에 관한 논의가 1931년 3월 17일 조선일보 삼척지국에서 있었다. 이 회의에 참석한 심부윤, 정건화, 박래빈, 全燁,[28] 오원모, 황운대, 李尙寅 등은 삼척청년동맹의 집행위원들로서 삼척지역의 운동을 주도해 온 인물들이었다. 이 회의에서 심부윤은 "해소이론에 기초해서 노동·농민 대중을 교양함으로써 赤農·赤勞의 조직"[29]을 진전시켜야 한다고 하였다. 그리고 이를 실현하기 위하여 다음을 결정하였다.[30]

汀羅勞動組合 조직책임   황운대·오원모

---

27) K회의 K는 독일어 Kommunist의 머리글자에서 따온 것이라 한다(삼척경찰서, 앞의 글).

28) 전엽은 부농 이상의 생활을 하였던 것으로 보인다. 그의 친형인 全燉은 서울의 사립중등학교를 졸업하고 일본 와세다에 유학할 만큼의 재력이 있었기 때문이다. 전돈은 와세다 대학 졸업 후 귀국하여 한때 횡성금융조합의 이사를 역임하였고 해방 후에는 민주주의민족전선의 삼척 위원장을 역임하였다고 한다(김영기, 앞의 증언).

29) 삼척경찰서, 앞의 글.

30) 삼척경찰서, 앞의 글.

德山勞動組合 조직책임   이상인 · 서두인
東幕 및 孟芳里 農民組合 조직책임   심부윤
南陽農民組合 조직책임   정건화
灑雲里農民組合 조직책임   박래빈

이후 황운대는 1931년 6월 赤勞 조직의 준비과정으로서 김태정 · 이향순 · 변소봉 · 김도길 등과 『無産者政治教程』을 교재로 의식을 주입하는 한편, 같은 해 7월 경 합법단체인 汀羅體育會 회장으로 있던 오원모와 만나 정라체육회의 대회를 개최하여 동회 내의 의식분자를 획득하여 汀羅勞動組合을 조직할 것을 합의하였으나[31] 실패하였다. 그리고 역시 같은 해 11월 박래빈이 쇄운리 농민조합의 준비과정으로 실시 중이던 야학과 근덕면사무소습격사건의 결과 다수의 동지들이 검거되었기 때문에 적농 · 적노의 조직은 실패하였다. 이와 같은 상황 하에서 1931년 원산에서 있었던 金鐵山 시체데모사건의 주모자 가운데 한 사람인 김덕환이 1931년 10월 삼척에 내려와 원산청년회에서 함께 활동하던 황운대의 소개로 심부윤과 연결되어 신간회와 청년동맹의 해소 이론을 협의한 후, 다음 사항에 합의하였다.[32]

1. 장래의 운동은 노동, 농민 대중을 대조로 하고 노동운동의 발전을 꾀한다.
2. 종래와 같은 합법적 수단에 의하여서는 당국의 탄압이 심하여 도저히 운동의 진전은 곤란하므로 비합법적 수단에 의하지 않으면 안 된다.

그리고 김덕환 · 심부윤 · 황운대는 몇 차례 협의를 더한 후 다음과 같이 결정하였다.[33]

---

31) 昭和 10年 刑控 第562, 563號, 「黃雲大 등 5명에 관한 판결문」.
32) 三陟警察署, 앞의 글.
33) 三陟警察署, 앞의 글.

우리들의 최후의 목적은 조선 내에서 공산당을 조직하고 다수 동지를 획득하여 일거에 혁명을 기하기로 하였으나 먼저 과도적 조직으로서 郡을 단위로 하는 지도기관을 조직해서 실천을 통하여 道的 기관으로 다시 全鮮的 기관으로 진전시킬 필요가 있다(강조 - 필자).

위의 두 인용문에서 신간회 해소 후 삼척지역의 운동노선이 다음의 지적과 같이 변화하였음을 알 수 있다.[34]

신간회의 해소 결의 후에 좌익운동은 점점 잠행적으로 진전되어 비합법 수단에 의해 조직을 확대, 강화하려 하였다. 공산당의 조직 방침도 변화되어 종래와 같이 반드시 중앙당부의 조직에 비중을 두지 않고 지방에서 노동자, 농민을 결합하여 혁명적 노동조합, 농민조합을 조직하여 쟁의를 선동하고, 투쟁을 통해 동지 획득에 노력(이하 생략)

이와 같은 조직노선의 변화는 전국적인 전위조직운동이 일제에 노출되어 치명적인 타격을 받은 데 직접적인 원인이 있는 것으로 보이는데, 당시 삼척지역의 활동가들은 중앙에서의 이러한 경험을 비판적으로 받아들인 것이 아닌가 한다. 그리고 이러한 인식에 기초하여 혁명적 대중조직 건설노선-혁명적 노동조합, 농민조합의 건설 노선-을 채택하였다고 생각된다.[35] 그리하여 郡 단위의 지도기관 → 道的 기관 → 全鮮的 기관을 실천(투쟁)을 통하여 달성하고자 하였던 것이다. 이러한 '투쟁을 통한 조직방침'은 1931~1932년에는 혁명적 농민조합과 노동조합이라는 대중 조직을 확대, 강화하는 조직노선으로 당재건 방침이 변하였음을 보여준다. 즉 '아래로부터의 중앙산출'이라

---

34) 總督府 警務局 保安課, 「朝鮮思想運動의 槪況」, 『高等警察報』 2, 1993, 8쪽.
35) 당재건운동에 관하여는 한국역사연구회 1930년대 연구반, 『일제하 사회주의 운동사』, 한길사, 1991. 참조.

는 조직방침을 보다 확고히 정립하고 있음을 보여준다고 할 것이다.36)

이와 같은 방침에 근거하여 김덕환·심부윤·황운대 등 3인은 1931년 10월 말경 근덕면 동막리 심부윤의 집에서 K會를 조직하고 비서부 황운대, 조직연락부 김덕환, 구원부 심부윤으로 부서를 정한 후 교양문제, 구원활동문제, 소비조합문제, 노동조합 조직문제, 청소년문제, 농민조합 조직문제 등을 협의하였다.37) 그 후 K會는 1931년 11월 7일 러시아혁명기념일투쟁을 통하여 金福魯·金元昊·김도길·西座榮一 등에게 혁명의식을 주입하는 한편 11월 중순 경에는 김덕환이 변소봉·이향순·이재춘 등 7명으로 독서회를 조직하고, 『無産者政治敎程』 등의 교재로 교양하였다.38)

그리고 1931년 11월 30일 근덕면사무소를 습격하였는데 이 사건의 대강은 다음과 같다.39) 즉 당시는 추수기로서 농가가 분주함에도 불구하고 면사무소에서는 近德-芦谷간 도로공사를 농민을 부역으로 동원하여 강행하려 하자, 이를 저지하기 위하여 회의한 결과 ① 각리의 첨예분자를 동지로 획득하여 近德 및 芦谷間 道路工事反對鬪爭委員會를 조직하고 里民에게 선전할 것. ② 1931년 11월 30일 交柯장날 당일 각리 대표자는 交柯시장에 집합, 농민대표자대회를 개최하고 면장에게 도로부역반대 이유를 담판할 것. ③ 목적 달성 이후에는 각 리의 反對鬪爭委員會는 赤農의 기초적 조직으로 할 것. ④ 본건은 당연히 경찰로부터 금지될 것이나 어떠한 희생을 내더라도 감행할 것. ⑤ 본 건은 당연히 희생자가 날 것으로 인정되므로 표면에서는 심부윤이 전 책임을 지기로 하며, 이상인·이봉래를 선동하여 실행하고 황운대·김덕환 등 2명은 뒤에 남아 K會의 활동을 계속할

36) 이종민, 「당재건운동의 개시」, 한국역사연구회 1930년대 연구반, 『일제하 사회주의운동사』, 1991, 130쪽.
37) 三陟警察署, 앞의 글.
38) 三陟警察署, 앞의 글.
39) 三陟警察署, 앞의 글.

것을 용의주도하게 결정하였다.

다시 말하면 근덕-호곡간 도로공사는 1931년 5월경 면협의회의 결의를 거쳐 공사비 예산액을 정하고 일반 면민으로부터는 등급에 따라 부역 혹은 그 대납금을 징수, 시공키로 하고, 춘천 鹿島組로 하여금 수의계약으로 금 6,150원으로 이를 청부시키고 같은 해 10월 21일 공사에 착수하였다. 그런데 심부윤 등은 근래 농촌이 피폐하여 당 공사 시행은 면민에게는 가중한 부담이며 전기 공사청부가 경쟁입찰이 아니고 수의계약으로 이루어진 것은 부정이므로 위 공사에 대한 면민의 여론은 점점 반대의 경향[40]이 있다고 여겨, 반대운동을 일으키기로 하였던 것이다. 그러한 후 이들은 면사무소에 부역, 대납금 고지서를 반부하고자 金始鎔, 李起韶 등이 다수의 면민에 대하여 이를 선전·선동하였으며 김시용, 崔根燮, 金福魯, 金雙童, 심부윤, 이상인 등은 교가리 李鍾國의 집에 모여 面民大會를 준비하고, 최근섭·김시용 등은 심부윤이 작성한 도로공사반대 유인물 14매를 11월 30일 각 요소에 붙이고 우선적으로 도로공사 반대의 여세를 격발시켰다.

그리고 시위 당일의 계획을 보다 구체적으로 다음과 같이 정하였다.[41] 첫째, 1931년 11월 30일 교가시장에서 金吉知書를 携行, 그것을 면사무소 앞에 투기할 것. 둘째, 이상인으로 하여금 근덕 주재소에 집합계를 제출하게 하고 시장에서 면민대회를 개최할 것. 셋째, 예를 들어 집회를 인용하거나 그렇지 않더라도 희생자를 낼 각오로 면민대회를 개최하고 면사무소를 습격하여 면장에게 도로공사의 중지를 담판할 것을 결정하였다. 이와 같은 결정에 따라 1931년 11월 30일 심부윤은 경찰로부터 집합계가 거부되었다는 소식을 듣고 교가시장 중앙에 있는 떡갈나무의 밑둥을 자른 데에 올라가 '近谷面等 외 道路工事 負役 및 貸納金 絶對反對'라고 대서한 깃발을 흔들면서 운집한

---

40) 金始鎔 외 6명에 대한 「判決文」, 昭和 7年 刑控 第132號. 獨立運動史編纂委員會, 『獨立運動史資料集』 14, 1984.
41) 三陟警察署, 앞의 글.

군중에게 '우리들이 정당히 요구한 면민대회는 지금 부당하게 경찰 당국에 의해 금지 당하였다. 그러나 근덕, 호곡 양면간의 도로공사는 우리들의 반대로 절대 실현되어서는 안 되며 우리들은 면민대회의 성패 여하에도 불구하고 이에 부역 대납금의 불납을 동맹한다. 제군 은 각자 휴대한 납입고지서를 면사무소 구내에 투기할 것'42)이라는 취지의 연설을 하고 군중 약 1,000여 명은 심부윤의 선창으로 부역대 금 不納同盟 만세를 삼창하고 반대 깃발을 선두로 하여 근덕면사무 소에 쇄도하였다.

이에 경찰은 정문에서 이를 제지하고 해산을 명령하였으나 군중들 은 이 제지에 불응하며 함성을 지르면서 면사무소 구내에 들어가 각 자 휴대한 납입고지서를 던지고, 심부윤·이상인 등 수십명은 그 동 안 출역한 부역임금을 근덕면장 辛鍾健에게 요구한다면서 면사무소 와 면장실에 쇄도하여 도로공사의 취소와 부역대금의 지급 및 기성 공사비의 부담은 전부 군수·면장 및 면협의원이 하여야 한다고 하 여 승낙시켰다.43) 그러나 이 사건은 심부윤 등이 면장과 담판하는 도 중 경찰에 의하여 해산됨으로써 실패로 끝났다. 한편 황운대는 계획 대로 당일 오전에 등산을 하고 김덕환은 위험을 느껴 주문진으로 피 신함으로써 K회는 사실상 붕괴되었다.

(2) 삼척적색노농조합공작위원회(1933.7~)

심부윤이 근덕면사무소습격사건의 주모자로 일제에 검거되고 김덕 환이 강릉 방면으로 피신한 이후 삼척지역에서의 민족운동은 일시 침체되었다. 그러다가 심부윤이 1933년 3월에 출옥한 이후 삼척지역 의 민족운동은 다시 활기를 찾게 되었다. 즉 심부윤은 출옥 직후 변 소봉을 접촉하고 "삼척군내에서 노동자의 중심지인 汀羅港의 노동자

---

42) 金始鎔 외 6명에 대한 「判決文」.
43) 위와 같음.

로서 표면을 합법적인 消費組合으로 조직하고 이면은 赤色勞動組合으로서 공산주의사회를 기하자"[44]고 제의하여, 변소봉을 동지로 획득한 이후 김중수·정석대·이재춘·이향순 등을 차례로 획득하였다. 그리고 1933년 4월 12일 정석대, 변소봉, 김태정, 이향순, 이재춘, 이개동, 김정엽 등과 회합하여 다음과 같이 결정하였다.[45]

1. 정라항의 鰮油肥工場 및 운수 노동자를 소비조합으로 획득한다.
1. 그리고 소비조합의 경우는 그 이면에 적색노동조합을 조직하여 소비조합은 모플(國際赤色救援會 - 인용자)로서 활동한다.

이와 같은 방침 하에 심부윤 등은 운동을 전개하고자 하였으나 權五勳·崔燉瑾·崔宣巖 등 강릉지역의 활동가들로부터 "노동자만의 조직체를 표면 합법화하는 것은 당국의 탄압이 격렬해지고 있는 오늘날 도저히 기대할 수 없으므로 근본적인 오류이기 때문에 금후는 비합법운동으로서 적농·적노의 조직화에 진전하자."[46]는 비판을 듣고 1933년 5월 29일 경 변소봉 등 동지들에게 다음과 같이 설명하여, 비합법운동으로 전환하기로 하였다.[47]

1. 조직없는 운동은 결과에 효력이 없으므로 노동자에게는 적색노동조합, 농민에게는 적색농민조합을 조직하여 두 운동을 병행한다.
1. 삼척군내의 정세로 보아 노동자의 중심지 정라항에는 노동조합을, 그와 접한 삼척면, 근덕면, 북삼면의 삼면에는 농민조합의 조직이 필요하다.
1. 그리고 그들 조직의 통일 및 지도를 위해 군내의 대표적 동지를

---

44) 三陟警察署, 앞의 글.
45) 三陟警察署, 앞의 글.
46) 三陟警察署, 앞의 글.
47) 三陟警察署, 앞의 글.

회합하여 삼척군을 지도할 기관의 조직이 필요하다.

이와 함께 심부윤 등은 지도 조직의 준비에 관해 협의한 결과 ①
북삼면의 대표를 박래빈으로 하고 변소봉이 통지할 것. ② 근덕면 대
표는 심부윤이 물색, 통지할 것. ③ 회합 일시, 장소는 1933년 7월 24
일 장날을 이용하여 정오에 삼척군 삼척면 오분리 해안으로 할 것을
결정하였다.

이러한 과정을 거쳐 1933년 7월 24일 심부윤, 변소봉, 정석대, 박래
빈, 이상인 등 5명이 三陟勞農工作委員會를 조직하고 다음의 사항을
결정하였다.[48]

1. 결사의 명칭을 '삼척노농공작위원회'로 한다.
1. 운동부문은 農民部, 勞動部의 두 부문으로 대별하고 노동부는 다
   시 鰮油肥部[49]로 나눈다.
1. 삼척면은 정라항을 목표로서 노동부를, 북삼면은 농민부, 근덕면
   은 농민부, 노동부를 설치한다.
1. 그리고 그 부서의 중앙책임자로 심부윤, 근덕면 책임 : 이상인, 북
   삼면 책임 : 박래빈, 삼척면 책임 : 정석대, 레포 : 변소봉(단 변소
   봉은 온유비부에서 활동할 것)을 선정한다.
1. 집행부는 조직 진전에 수반하여 필요하다고 인정될 때 결정한다.
1. 細領, 規約 草案은 심부윤에게 일임하고 차기 회의에서 제안, 토
   론한다.
1. 각 책임자는 다음 회의까지 농민·노동자층의 정세·불평조건
   등을 조사하여 보고하고 투쟁방침을 확립한다.
1. 차기회의는 7월 29일 오후 같은 장소에서 비밀리에 소집한다.
1. 비밀을 엄수한다.

---

48) 三陟警察署, 앞의 글.
49) 金德煥 등 16명에 대한 치안유지법위반사건 「판결문」(大韓民國政府, 『假出
   獄關係書類』)에는 온유공장부로 나와 있다.

공작위원회는 조직의 목표인 혁명적 노농조합의 결성에 앞서 이의 기초 작업으로서 당시 삼척지역의 정세를 다음과 같이 분석하여 활동의 기초로 삼았다.[50]

심부윤은 근덕면내의 농민은 농민데모사건 이후 자신을 위험시하기에 이르렀다. 극소수의 사람은 명확히 우리들에게 가담할 뜻을 보이고 있으나 대중을 본위로 하는 본 조직운동을 위해서는 농촌진흥회에 잠식하는 것 외에는 (방법이 - 인용자) 없다. 이상인은 근덕면내의 노동자는 덕산리 뿐이나 온유비부의 노동자는 漁期에 타관내에서 來住하는 자로서 어기가 끝날 때는 조직은 곤란하지만 운수부 노동자는 연중 무휴로서 且地元民(토박이 - 인용자)이라면 조직의 가능성은 있다. 북삼면내 쇄운리는 과거에 상당한 교양을 해서 아동과 비록 (농민이 - 인용자) 농민조합의 ××(목표 - 인용자)를 숙지하고 있고 따라서 조직 또한 용이하나 북삼면내 전체의 조직은 상당히 곤란하다. 변소봉 등은 온공장 노동자는 작업 전에 賃銀 결정이 없음이 가장 불평이며 기타 각종의 대우 개선을 요구하고 있다.

위의 인용문을 볼 때, K회 시기의 면사무소습격사건이 농민에게 매우 나쁜 영향을 끼쳐 농민들에 대한 조직 사업에 지장을 받고 있음을 알 수 있다. 이러한 정세 분석 하에서 공작위원회는 다음의 사항을 결정하였다.[51]

1. 온유비부에서는 일공장에서 수십명의 동지를 획득할 경우에는 그 중 1~2명의 분자를 摘出하여 제2, 제3의 공장에 별도로 취직시켜 동지를 획득하는 방법에 의해 전공장을 침식할 것.
1. 운수부 노동자의 획득은 독서회 또는 연구회 등을 조직하여 의식 교양부터 漸進할 것.
1. 어기 종료 후 온공장 노동자는 실업 상태가 되므로 차기 어기까

---

50) 三陟警察署, 앞의 글.
51) 三陟警察署, 앞의 글.

지는 실업자로서 획득하여 두고 스트라이크 등의 경우는 후원자
로서, 취로하면 공장내에서의 투사로서 활동하게 할 것.
1. 농민 획득은 심부윤, 박래빈이 종래의 실천 투쟁에 비추어 최선
의 방법에 의할 것.
1. 모플 활동은 심부윤이 직접 동지 정건화에게 지령, 활동할 것.
1. 기관지의 발간은 심부윤에게 일임하고 발간까지의 교양자료는
팜플렛에 의하기로 하고 중앙 책임이 각면 책임에게 배포할 것.
1. 차기 회의까지 각 위원 모두 소조직을 할 것.
1. 결사 명칭에 '赤色'의 두 문자를 가입해서 목적을 선명히 하여
'三陟赤色勞農組合工作委員會'로 할 것.
1. 차기 회의를 1933년 8월 8일 정오 동일 장소에서 밀회하여 개최
할 것.
1. 본 회의 상황을 불참자 정석대에게 변소봉이 보고할 것.

이를 통해서는 공작위원회의 조직원 획득 방법을 확인할 수 있다.
즉 공작위원회는 독서회·연구회를 통한 동지 획득, 공장내의 프랙
션[52] 구축 등의 방법으로 조직원을 획득하고자 하였다. 이와 관련하
여 심부윤은 공작위원회 제2회 회의에서 "일본제국주의는 조선에서
노동자·농민을 억압하는 수단으로서 農村振興會·農村婦人會·靑
年團 등의 반동 단체를 조직하여 노동자·농민의 정치적 자각을 방
지하고, 그것이 착취·압박을 강화하며 기만정책을 실시하기 때문에
우리들은 끝까지 그 조직을 방해함과 동시에 기존 단체 내에 들어가
그것을 적화에 이르게 하고 극력 그 반대운동을 전개하지 않으면 안
된다"[53]고 하였다. 이와 같은 방침 하에 공작위원회가 프랙션을 구축
한 단체는 農村振興婦人會·消費組合·關東明德靑年會 등이었다.
즉 공작위원회는 일제의 관변단체 내에 프랙션 또는 혁명적 반대

52) 無産者團體 내의 좌익분자가 단체를 左翼化하기 위하여 全團體的으로 좌
익만으로 연락기관을 조직하였는데, 이 기관을 프랙션이라 한다(『思想用語
辭典』, 春秋社, 1929, 282쪽).
53) 三陟警察署, 앞의 글.

파를 조직하고자 했던 것이다. 그런데 김덕환은 1932년 12월 말경 주문진의 金相文에게서 新里公立普通學校에서 명덕청년단을 조직한다는 소식을 듣고 "명덕청년단은 일본제국주의의 지도하에 있는 단체로서 우리의 반동단체이므로 그 조직에 대하여는 극력 반대하지 않으면 안 되므로 참가하지 말 것"54)을 지령하였다. 그리고 명덕청년단의 창립을 저지하기 위한 구체적인 방법으로써 ① 명덕청년단의 지도원 강습에는 동지 중 최고 첨예분자를 참가시켜 그 내용을 조사할 것. ② 강습에 참가한 자에 대해서는 청년단 조직반대의 아지프로를 할 것. ③ 청년단 창립대회 당일은 그에 참가하지 말도록 선전할 것. ④ 반대 방법으로서는 주문진 및 교항리의 첨예분자를 집합시켜 구체적 방법을 협의·지도할 것 등을 결정하였다.55)

이와 같은 결정에 기초하여 1933년 1월 상순경 주문진 대표로 선발된 김상문·박두호와 교항리 대표로 선발된 2명 등 4명이 신리면 교항리 조영국의 집에서 명덕청년단창립반대투쟁위원회를 조직하고 '대표자는 각 거리에서 창립대회 이전에 각인에게 아지프로하고 당일은 학교 앞 정문에서 참가자를 저지할 것'을 결정하였다. 이 결과 창립대회 당일 정각까지는 주문진 및 교항리에서는 참가자가 한 명도 없어서 학교측에서 직접 사택을 방문하는 방법으로서 명덕청년단을 조직하였다. 이에 대응하여 新里勞農運動協議會는 1933년 1월 중순경 협의회 제8회 회의를 열어 ① 싫증날 때까지 반대할 것 ② 반대방법으로서 청년단내에 명덕청년단반대파라는 비밀결사를 조직할 것을 결정하였다. 그리하여 1933년 1월 하순경 약 10명이 명덕청년단반대파를 조직하였던 것이다.56)

이상에서 볼 때 명덕청년단의 문제는 주문진과 삼척의 두 지역에서 공통적으로 보이는데 이는 김덕환의 활동의 결과라 할 수도 있겠

---

54) 三陟警察署, 앞의 글.
55) 三陟警察署, 앞의 글.
56) 三陟警察署, 앞의 글.

지만 두 지역의 공동의 문제가 걸린 것이라고도 볼 수 있다. 지역의
이익과 관련이 없이 명덕청년단에 혁명적 반대파를 결성할 이유가
없기 때문이다.

그리고 삼척지역의 운동 과정에서 특히 주목되는 점은 모플 활동
에 있다고 할 수 있다. 이들이 모플 활동에 관심을 가졌던 이유는 "만
주사변 후 日蘇關係에 다대한 관심을 가지고 (장차 발생할 - 인용자)
일소 개전의 초기에는 그 간 관찰해온 직접 행동을 통하여 일거에 혁
명을 수행한다. 그를 위해 막대한 자금이 필요할 뿐만이 아니라 한편
종래 鮮內에서 공산운동이 급격한 진전을 보이지 않은 유일한 원인
은 희생자의 구원이 없었던 바임을 통감함으로써 그 자금에 충당"[57]
하기 위한 것이었다.

한편 8월 8일 회의에서는 공작위원회 강령을 제정하였다.[58]

1. 우리들은 전 삼척의 노동자·농민의 적화를 목적으로 한다.
1. 우리들은 전 삼척의 노동자·농민의(피압민족) 이익을 대표하며,
   또 정치적·경제적 해방을 목적으로 한다.
1. 우리들은 단결하여 우리들의 역사적 사명을 결과하기 위하여 농
   민·노동자의 정치·경제적 투쟁을 지도함을 목적으로 한다.
1. 우리들은 전 삼척의 노동자·농민에게 현제도를 부인하고 공산
   제도의 건설을 촉진한다.

이외에도 이들은 정라항에는 제네스트를 일으켜, 정석대·변소봉
이 동지를 획득할 것, 본 조직은 죽어도 말하지 않으며 또 서로의 하
부조직의 내용을 알지 말 것, 연락은 중앙부에만 할 것, 당분간 회의
를 중지하고 지방 하부조직에 전력을 경주할 것 등을 결정하였다. 이
를 통해 공작위원회가 조직을 보위하기 위하여 상당한 주의를 기하

---

57) 三陟警察署, 앞의 글.
58) 三陟警察署, 앞의 글.

였음을 알 수 있다. 이 점은 당시 일제의 강력한 탄압에 맞서 투쟁하고 있는 다른 모든 단체에서도 마찬가지였겠지만, 공작위원회가 보여준 노력 역시 상당한 것이었다고 할 것이다. 이와 같은 공작위원회의 활동을 지구별로 살펴보도록 하자.

① 삼척면 지구

삼척면에서의 활동은 삼척면의 책임이었던 정석대가 운동에 의욕을 잃어 활동하지 않고, 지도자인 심부윤이 1933년 11월 18일 일제에 검거되었기 때문에 사실상 중단 상태였다. 이러한 상황에서 온유비부 책임자였던 변소봉은 K會의 지도자 중의 한 사람인 김덕환이 삼척으로 다시 돌아왔다는 소식을 듣고 그와 접촉하여 활동하기로 하였으나, 공작위원회의 조직 사실을 알리지 않았다고 한다. 그러한 후 이들은 1933년 12월 상순경부터 삼척면 정하리 禹夏國의 집을 빌려 동거에 들어가 적노 조직의 준비 활동을 하였다. 즉 이들은 결사 조직의 준비 공작으로서 먼저 동지를 획득하고 독서회 또는 연구회 등의 형식으로써 의식을 교양하기로 하였다. 이러한 방침에 따라 이들은 李鳳敬·홍길성 등을 획득하여 자본가, 노동자의 상태, 단결의 필요, 노동조합 조직의 필요 등을 설명하고 '조선××(혁명─필자) 당면 문제' 외 수종의 팜플렛을 윤독함과 동시에 『無産者政治敎程』을 교재로 공산주의 의식을 주입하고 이개동을 김덕환에게 소개하여 함께 적노 조직에 활동하기로 하였다. 그리고 김덕환·변소봉·이개동의 3인은 산업별로 적노를 조직하기 위하여 그것을 조직, 지도할 기관으로서 産業別勞動組合組織指導委員會[59]를 조직하였다. 이에 관하여는 절을 바꾸어 설명하도록 하겠다.

② 북삼면 지구

---

59) 三陟警察署, 앞의 글.

공작위원회의 북삼면 책임자였던 박래빈이 崔潤達·鄭喆和·崔東義·崔大熙 등과 협의하여 1933년 9월 중순 적색농민조합의 지도기관으로서 北三面赤色農民組合組織委員會를 조직하고 지구책임으로서 北三面 중앙책임 박래빈, 灑雲里 책임 최윤달, 梨道里 책임 최춘희로 정하였다. 그리고 리 책임은 리내 정세를 조사하여 보고하기로 하였고 북삼면 松亭里의 洪淳赫을 획득하여 적농 조직을 지령하기로 하였다.60) 이들은 제2회 회의를 9월 17일 개최하여 최춘희와 최윤달로부터 각각 이도리 내에서는 消防組가 견고하여 동지 획득이 곤란하다는 점과 쇄운리 내에는 의식분자가 다수 있으나 경찰의 탄압을 두려워하므로 후일 기회를 보아 교양, 획득하기로 했다는 것을 보고받았다. 이어서 이들은 농민조합의 조직과 교양문제를 토론하여 첨예분자가 있는 쇄운리에는 농민조합을 조직하기로 하였는데, 그 조직은 "소수이기는 하나 첨예한 동지로서 완전한 조직"을 지향하였다. 또한 교양문제도 신문·잡지 등의 윤독은 물론이고 독서회·야학회를 통하기로 하였다. 이러한 결정에 기초하여 1933년 10월 초순 최윤달을 책임으로 하여 연락선전부 최대희, 교양부 최윤달, 조직부 정철화, 자감부 최동의로 하여 농민조합이 조직되었다.61) 그리고 투쟁방침으로서 "전원이 공사장 뗄감 채취 등의 기회를 이용하여 선전하여 동지를 획득하고 조직의 확대, 강화를 꾀할 것"을 정하는 한편, 조합원의 교양방법으로써 동계 농한기를 이용하여 의식교양을 할 것과 독서회·연구회 등을 조직하여 교양할 것을 결정하였다.

③ 근덕면 지구

공작위원회의 근덕면 책임자 이상인은 1933년 6월 하순 덕산리에 노동조합을 조직하기 위한 활동을 선개하여 심복보를 동지로 획득하였고 이들은 金潤坤과 李仁九, 崔在鎔을 포섭하기 위하여 활동하던

---

60) 三陟警察署, 앞의 글.
61) 三陟警察署, 앞의 글.

중 검거되었다.

(3) 모플 활동

삼척지역 민족운동의 특징 중의 하나는 앞서 말했듯이 모플 활동
에 있다고 할 수 있다. 모플(國際赤色救援會)은 1922년 코민테른의
제4회 대회에서 펠릭스 콘의 제안에 의하여 설립된 것으로, 이 조직
의 목적은 '옥중에서 신음하는 공산주의자와(중략) 자본에 희생되어
투옥된 사람들에게 물질적 및 정신적 원조'를 주는 것이었다.[62] 이와
같은 정신에 따라 모플은 각국에서 제국주의 및 자본가와 투쟁하다
가 투옥된 인사들과 그 가족을 구원하기 위하여 활동하였는데, 우리
나라의 경우는 삼척지역에서 상당한 관심을 가지고 있었고 또 실천
에 옮겼다고 할 수 있다.

楸洞金鑛襲擊事件은 공작위원회의 제2회 회의에서 결정된 모플에
대한 결정을 실행에 옮긴 것으로 생각된다. 즉 정건화는 심부윤·박
래빈과 함께 삼척군 하장면의 추동금광을 습격하여 운동자금을 획득
하고 혁명운동 과정에서 희생당한 사람들을 구원하기 위하여 계획하
였으나, 실행에 옮기지 못하고 동지를 획득하는 것이 선결과제라 하
여 박래빈으로 하여금 동지를 획득하라고 지시하였다. 그 결과 박래
빈은 최윤달·최춘희·최동의를 차례로 획득하였다. 그리고 1933년
10월 중순 정건화·심부윤·박래빈·최윤달·최동의의 5명이 모인
자리에서 정건화·심부윤은 나머지 사람에게 다음과 같이 지시하였
다.[63]

1. 사회운동 특히 현재와 같은 지하운동에는 특히 운동자금이 필요
   한 것.

---

62) 김성윤 엮음, 『코민테른과 세계혁명 I』, 거름, 1986, 197쪽.
63) 三陟警察署, 앞의 글.

1. 그 자금을 얻을 목적 하에 추동광산의 습격 계획을 할 것.
1. 광산습격은 공산운동을 위해 실행하는 것으로서 개인관계에 있
   지 않은 것.
1. 실행에 맞아서는 적당한 흉기를 휴대하고 꼭 만주방면에서 침입
   한 것처럼 가장하여 "우리는 만주에서 온 사람이며 금은 전부 만
   주의 동포를 위해 사용할 것"이라 협박할것.
1. 범죄 장소에서는 박래빈이 지휘할 것.

이외에도 정건화·심부윤은 이들에게 여비로 7원을 교부하였으며,
박래빈 등은 금광습격을 위해 권총 1정과 단도 1개를 구입하고, 10월
27일 밤 쇄운리 앞 개천가에서 박래빈, 최윤달, 최동의, 최춘희 등의
4명이 모여 금광습격에 관해 다음과 같이 협의하였다.64)

1. 추동리에는 각각 知人이 있으므로 그 지인 등에게 보이지 않도록
   개개인이 조심할 것.
1. 범행은 11월 1일 밤 결행할 것. 단, 어떠한 사정에 의해 실행 불능
   인 경우에는 11월 2일 결행할 것.
1. 박래빈은 정세 시찰을 위해 하루 일찍 출발하고 최윤달 외 2명은
   11월 1일 저녁까지 추동에 도착할 것.
1. 추동의 광산 갱구 부근에서 각각 박래빈에게 出逢할 것.

이와 같은 금광습격의 계획을 상세히 결정한 이후 이들은 11월 1
일 저녁 추동광산 갱구 부근에서 만나 석식 후 楸洞釀酒所 뒤의 곡
간에서 협의한 결과 다음을 결정하였다.65)

1. 금광사무소 습격 이전 연초배급인이 易屯里에 숙박 중이므로 그
   를 습격하여 현금을 강탈할 것.

---

64) 三陟警察署, 앞의 글.
65) 三陟警察署, 앞의 글.

1. 연초배급인의 습격은 박래빈, 최동의가 하기로 하고 최윤달은 현장에 동행, 망을 보고 금광 갱부의 교대상황을 조사하여 둘 것.

이후 박래빈 등은 易屯里 여인숙에서 숙박하고 있던 연초배급인 池德榮에게 자신들은 "北滿에서 온 사람들이며 빈민구제사업에 필요하므로 돈을 내놓아라. 일본측에 빌붙어서 일하는 놈들이 ×××강릉사건을 모르느냐. 목숨과 돈 중 어느 것이 중하느냐."하며 단도를 들이대며 협박하여 1원 50전을 강탈하였다. 연초배급인 습격 1시간 이후인 11월 1일 오후 10시경 박래빈 등은 금광사무소는 박래빈·최윤달 두 사람이 습격하고, 최동의는 사무소 후방, 최춘희는 사무소 전방에서 망보기로 하고, 도주 경로는 박래빈·최윤달은 신봉리를 경유하고 최동의·최춘희는 竹嶺을 경유할 것을 정한 후 추동금광을 습격하였다. 그리하여 이들은 "우리들은 만주에서 온 사람들인데 현금과 금을 내놓아라. 만주의 동포들을 위해 쓸 것이다. 내놓지 않으면 위험하다"고 협박하여, 시가 2,270원에 해당하는 금괴 283匁 6分과 현금 53원을 강탈하였다. 이후 이들은 일제 경찰에 검거되었으나 박래빈 이외의 사람들은 금괴의 양 및 현금의 액수를 상세히 알지 못했으며 다만 최윤달만이 금괴와 현금을 박래빈이 정건화에게 전달하는 것을 보았다고 하나, 일제는 이 금괴와 현금이 어디에 쓰였는지를 확인하지 못하였다.66)

2) 혁명적 노농조합의 결성과 활동

앞에서 언급했듯이, 변소봉은 김덕환과 연결되어 공작위원회의 실

---

66) 三陟警察署, 앞의 글. 필자가 확인한 바에 따르면 정건화는 이 자금을 이용하여 무기를 구입했고 이 무기로 무장 투쟁의 길로 나아가고자 했다고 한다. 그리고 실제로 정건화의 친딸인 정경자는 해방 후 이 무기를 자신의 집 장롱 밑에서 발견하여 직접 자신의 집 부근의 나무 아래에 파묻었다고 한다(정경자, 앞의 증언).

체를 알리지 않고 적노를 조직하기 위해 활동하였다. 그리하여 변소
봉과 김덕환은 이개동을 획득하여 산업별 노동조합의 조직에 경주하
여 1933년 12월 하순경 産業別勞動組合組織指導委員會(이하 지도
위원회)를 조직하였다. 조직 이전에 김덕환은 산업별 노동조합이 필
요한 이유를 첫째, 국제 및 국내 정세와 프로핀테른의 조직방법이 산
업별 조직이며, 둘째, 산업별로 적노를 조직하기 위하여 그것을 통일,
지도할 기관의 조직이기 때문이라고 하였다. 이러한 바탕 위에서 조
직된 지도위원회는 다음과 같은 방침 하에 활동하였다.67)

1. 변소봉은 온공장 노동자의 획득에 힘쓸 것.
1. 이개동은 주로 실업노동자의 획득에 힘쓸 것.
1. 김덕환은 도피 중이므로 이면에서(표면에서 - 인용자) 활동하는
   것은 위험하므로 이면에서 지도하고 변소봉, 이개동 양인이 활동
   할 것.

이와 같은 방침을 관철하기 위하여 지도위원회는 ① 온공장 휴업
중 실업노동자는 鰮時期라면 온공장에 취로할 것이므로 실업 중에
선전·선동하여 획득할 것. ② 획득한 분자는 종래대로 연구강좌를
열어 공작할 것. ③ 가두분자를 획득하여 그들에게 반제의식을 주입
하고 장래 반제조직으로 발전시킬 것 등을 결정하였다. 여기에서 우
리는 지도위원회가 앞으로의 발전 전망을 반제조직의 결성에 두고
있음을 알 수 있다. 이를 공작위원회의 주요한 목표인 모플문제와 연
결할 때 삼척지역의 활동가들은 제국주의의 실상에 대하여 누구보다
도 잘 알고 있을 뿐만 아니라 그들을 극복하고자 실천적으로 투쟁하
였음을 알 수 있다. 한편 지도위원회는 1934년 1월 25일 제3회 회의
에서 洪吉星·李鳳敬·權寧先의 획득 사실을 보고하고 지도위원회
의 목적을 수행하기 위하여 化學鰮油肥勞動組合組織準備委員會를

---

67) 三陟警察署, 앞의 글.

조직하기로 하였다. 그리고 제4회 회의에서는 3월중에 있을 각종 기념일 투쟁에 대해 협의한 결과 북삼·근덕·삼척의 3개 면이 공동투쟁위원회를 조직하기로 하였다.

(1) 화학온유비노동조합조직준비위원회

앞에서 본 지도위원회의 활동방침을 관철하기 위하여 1934년 1월 31일 化學鰮油肥勞動組合組織準備委員會를 조직하였다. 그리고 준비회는 서기국 책임비서 홍길성, 조직연락부 책임 이봉경·변소봉, 교양부 책임 이개동·權寧先 등을 책임자로 정하고 공장 분회의 책임자로 吉村공장 권영선, 藤田공장 이개동, 林鳳秀공장 이봉경을 정하였다. 그리고 다음 사항을 결정하였다.[68]

1. 우리는 전 동해안 화학온유비노동자의 단결을 기하기 위하여 투쟁한다.
1. 우리는 전 (조선)노동자계급의 경제적, 정치적 해방을 위하여 투쟁한다.
1. 우리는 전국 산업별 노조의 조직화를 위해 투쟁한다.

또한 이들은 "임금인상의 요구, 임금인하 반대, 무리한 해고의 반대, 대우개선 요구, 8시간 노동제 요구, 실업반대, 노동시간의 연장 반대, 산업 합리화에 의한 노동강화 반대, 부인·소년의 심야노동 반대, 작업 중 부상자의 무상치료 요구, 노동자의 언론·출판·결사의 자유, 치안유지법 철폐 요구, 해방운동자의 체포·투옥·맹금·고문 반대, 농민에게 토지를 줄 것, 노동자·농민의 단결, 제국주의전쟁의 반대, 일본제국주의의 만주 점령 반대, 러시아 소비에트·중국의 사수, 韓中日 노동자의 유기적 단결, 만국노동자의 단결, 화학온유비노동자

---

68) 三陟警察署, 앞의 글.

(준비회-인용자) 전 동해안 조직으로의 발전을 위해 투쟁하자" 등을 슬로건으로 결정하였다. 그리고 활동자금은 각자 거출할 것을 결정하였다. 또한 이들은 3월 기념투쟁에 대한 준비 작업도 병행하는 한편 「May-Day투쟁의 의의 및 May-Day투쟁에 대한 임무」를 필독시키고 주간투쟁과 야간투쟁을 병행하기로 결정하였다. 이러한 협의의 결과 이들은 May-Day 당일 주간투쟁으로서 변소봉은 林鳳秀鰮工場에서 노동자 수십명에게 선전·선동하였으며, 홍길성은 藤田鰮工場에서 5분간 스트라이크를 결행하여 노동자 수십명에게 아지프로하였고, 주응록은 吉村工場에서 5분간 스트라이크를 선동하다 저지되는 등의 활동을 전개하였다. 이어서 이들은 야간투쟁으로서 변소봉·홍길성·주응록의 주간투쟁에 대한 보고가 있은 후, 김덕환이 작성한 원고에 기초하여 May-Day의 의의를 설명하고 1934년 하반기의 임무로서 鰮盛魚期의 賃銀의 결정을 슬로건으로 하여 제네스트계획을 수립, 선전·선동하기로 하였다. 그리고 5월 10일 부서를 다음과 같이 개편하였다.[69]

서기국 책임비서	홍길성
조직연락부 책임	변소봉
교양부 책임	주응록
레 포	박해숙
吉村공장	김덕수, 南大範
藤田공장	홍길성
鄭炳俊공장	주응록
林鳳秀공장	변소봉
金淳默공장	변소봉

이후 지도위원회는 변소봉과 김덕환의 운동방침에 대해 협의한 결

---

69) 三陟警察署, 앞의 글.

과 온공장 전부에 책임자를 정할 것, 그 책임자는 ① 공장 노동자의 賃銀을 월 20엔 이상으로 인상할 것. ② 시간외 노동에 대하여서는 그에 상당한 賃銀을 지급할 것. ③ 아지프로의 철저와 함께 공장대표자회의를 열어 대표위원을 선정하여 그것을 공장주에게 요구할 것. ④ 만약 이상의 요구를 인정하지 않을 때에는 제네스트를 결행하여 투쟁을 통하여 화학온유비노동조합을 조직할 것을 결정하였다.

(2) 3월기념일공동투쟁위원회

3月紀念日共同鬪爭委員會는 3월의 각종 기념일 투쟁을 통하여 혁명의식의 앙양과 주입을 도모함으로써 조직의 확대·강화를 기하고, 장래 조선에서의 공산주의 사회 건설[70]을 목적으로 1934년 2월 12일 조직되었다. 조직과 동시에 투쟁위원회는 중앙책임에 김덕환, 북산지부 책임에 박래빈, 근덕지부 책임에 이상인, 정라지부 책임에 변소봉을 결정하고 각 지역의 책임자는 책임지역에서 기념투쟁을 통하여 조직을 결성하기로 하였다. 3월의 각종 기념일과 그 기념일 투쟁의 목적은 다음과 같다.[71]

① 3·1기념일 : 반제사상의 주입을 통하여 반제동맹을 조직함.
② 3·6기념일(실업반대의 날) : 코민테른의 국제 기념일로서 투쟁을 통하여 실업자의 획득을 목표로 함.
③ 3·8기념일(국제무산부인의 날) : 산업 부인의 권리, 평등과 자유, 개방을 희망하여 정해진 날로서 투쟁을 통하여 무산부인의 획득, 조직을 목표로 함.
④ 3·15기념일(제2차 일본공산당 검거 기념일) : 운동자에게 다수의 희생자가 발생한 날이므로 투쟁을 통하여 모플의 조직을 목표로 함.

---

70) 黃雲大 등 5명에 대한 「판결문」, 昭和 10年(1935), 刑控 第562, 563號.
71) 삼척경찰서, 앞의 글.

⑤ 3·18기념일(파리코뮨기념일) : 이 기념일을 통하여 농민대중을 획득하여 적색농민조합의 조직을 목표로 함

이와 같은 목적 하에 각 지부는 다음과 같은 활동을 하였다. 먼저 변소봉은 지부의 조직을 위해 화학온유비노동조합조직준비회를 개최하고 다음과 같은 활동을 하였다.[72]

① 3·1기념투쟁 : 변소봉 외 3명이 참석하여 김덕환이 초안한 3·1 기념일의 의의 및 이유를 낭독, 설명하여 반제의식을 고양하고 대중을 획득하기 위하여 금후 일층 운동에 열중할 것과 3·6기념일을 성대히 열 것을 결의.

② 3·6기념일투쟁 : 변소봉 외 6명이 참석하여 실업반대의 날의 유래 및 이유를 설명하고 노동자는 실업반대를 위해 투쟁해야 한다고 강조하고 홍길성, 변소봉은 노동자에 대한 실업문제의 중대성 및 실업방지위원회의 조직 필요성에 대해 설명

③ 3·8기념일투쟁 : 변소봉 외 3명이 참석하여 국제무산부인의 날의 유래 및 의의를 설명하고 정라항에서의 무산부인 노동자인 ×詰공장 내의 부인을 획득하고 무산부인 단체의 조직 필요성을 설명, 그 획득을 김덕수에게 지시.

④ 3·15기념투쟁 : 변소봉 외 4명이 참석하여 제2차 일본공산당의 검거일의 상황 및 그에 대한 활동방침을 설명하여 사회 대중의 이익을 위해 운동하는 자는 반드시 희생자를 내기 때문에 그 구원을 위해 모플운동을 하는 것이라 역설.

⑤ 3·18기념투쟁 : 참석자가 소수이었기 때문에 기념일 투쟁을 하지 못함.

이상에서 알 수 있듯이 준비회는 노동자·농민 등 기층 민중의 일상 이익의 확보와 이를 기반으로 정치적인 주장을 제기하는 등 전형

---

72) 삼척경찰서, 앞의 글.

적인 노조의 활동을 지향하였고, 더 나아가 일제로부터의 해방과 사
회주의의 건설을 지향하였음을 확인할 수 있었다.

3. 운동방향

1) 조직방향

삼척지역의 노농운동은 K會 → 工作委員會(→指導委員會)의 과
정을 거치면서 발전하였다. 이러한 과정은 운동 발전의 주객관적 정
세와 운동 노선의 변화를 반영하는 것이라 볼 수 있다. 그러나 이러
한 변화는 조직 방침의 근본적인 변화라 볼 수는 없으며 다만 지역전
위 정치조직을 건설하여 이를 매개로 혁명적 농노조의 건설, 더 나아
가 조선공산당의 재건을 일관되게 추진했던 것으로 볼 수 있다. 지역
전위 정치조직이란 혁명적 농노조를 조직하기 위한 준비조직(지도기
관)으로서 이를 매개로 대중에 대한 정치적 지도임무를 수행하는 조
직이라 볼 수 있다.[73] 따라서 앞서 보았듯이 K회·공작위원회·지도
위원회 등 삼척지역의 노농운동을 지도하였던 조직들은 지역전위 정
치조직이라 할 수 있다. 그리하여 이들은 혁명적 농노조의 건설을 꾀
하였는데 이들이 혁명적 농노조의 성격을 어떻게 규정했는가를 살펴
보는 것은 이들의 조직방침을 파악하는 데 매우 의미있는 일이라 생
각한다. 이를 다음의 인용문을 통해서 알아보도록 하자.[74]

노동조합은 우리들의 계급조직에 가장 간단한 단초적 형태이며, 일
반적·기본적 조직형태이다. 우리들은 먼저 정라 노동자들의 조직력
에 의해 먼저·당면의 이해문제도 문제지만 삼척의 농민 및 반제적 모

---

73) 지역전위 정치조직에 대하여는 지수걸, 『일제하 농민조합운동사』, 역사비평
　　사, 1993, 375~380쪽.
74) 심부윤, 「운동계획서」, 三陟警察署, 앞의 글.

든 조직을 계급적으로 인도할 수 있는 것이다.

노동조합에 대한 이러한 인식은 당시 사회주의자들의 일반적인 인식이라 생각되며 이러한 인식 하에서 삼척지역에서는 혁명적 농노조의 건설을 위한 활동이 나타난다고 할 수 있다. 그런데 다른 지역에서도 마찬가지이지만 삼척지역에서도 新幹會·槿友會·靑年同盟 등의 해체과정과 혁명적 농·노조의 건설은 계기적인 발전과정에 있었다. 즉 신간회·근우회·청년동맹 등의 단체를 비계급적이고 소부르주아적인 단체라 인식하면서, "소부르주아집단을 대중으로부터 뽑아내어 무력화시킴과 동시에 노조, 농조의 확대, 강화에 의한 계급 주체력의 영도에 일체의 투쟁요소를 집중"75)시키자고 하였다. 다시 말하면 "대중적 정치투쟁에 있어서는 노조의 영도 하에 농민 및 모든 반제조직 등의 협동전선을 결성함과 동시에 그 노조의 계급 유일당의 지도 하에서 비로소 강력한 투쟁조직이 가능해진다는 것이다. 당-노조-농조 및 반제조직의 협동전선 계급투쟁은 정치적이지 않으면 안 되기 때문에, 대중적 정치투쟁 조직은 불가피한 일이기 때문에 대중적 정치투쟁 조직의 협동전선을 지금부터 다시 편성해야 한다. 해소과정 및 노조의 확대, 강화운동도 이 프롤레타리아의 영도 하에 들어가야 할 협동전선을 결성하기 위한 성숙 과정"76)이라 보았던 것이다. 이들이 주장한 협동전선에 대하여는 다음의 글이 참고할 만하다.77)

신간회에 대한 당의 금후 일반적인 방침은 이 집단의 해소, 해체를 위한 방향을 취하지 않으면 안 된다. (중략) 공산당은 이러한 대중의 잠들어 있는 혁명성을 생생한 투쟁의 실천으로 표출시키기 위해, 운

---

75) 沈富潤, 「運動計劃書」, 三陟警察署, 앞의 글.
76) 沈富潤, 「運動計劃書」, 三陟警察署, 앞의 글.
77) 인터내셔날편집부 편, 『朝鮮問題』(戰旗社版, 1930. 4. 18. 발행), 26~27쪽.

직이지 않는 죽은 조직이며 현실적으로 하등의 투쟁을 전개하지 못하는 소부르주아의 집단인 신간회로부터 그 大衆層을 분리시켜 당의 반제국주의, 반봉건적 일상투쟁에 동원하고 당의 정치적, 조직적 영향력 아래 획득하기 위해 투쟁하지 않으면 안 된다. 협동전선은 공산당의 반제국주의, 반봉건주의 일상투쟁의 발전 위에서만 얻어지는 투쟁양식이기 때문에 신간회 자체를 협동전선 조직으로 발전시키는 것은 불가능한 것이다. (중략) 반제국주의 협동전선은 신간회 속에서, 또는 신간회에 의해서, 신간회를 통해서 전개되어야 하는 것이 아니라 공산당에 의해서 신간회 밖에서 전개되어야 하고 신간회의 대중이 당의 협동전선에 동원되어야 한다.

결국 「運動計劃書」에서 말하고 있는 것이 위의 인용문을 반영한 것이라 할 수 있다. 다시 말하면 협동전선이라 함은 노동자를 중심으로 하고 농민·진보적 지식인 등을 동맹자로 한 反日統一戰線의 한 형태라 생각된다. 그리고 이러한 협동전선을 창출하기 위하여는 노조·농조가 강력한 힘을 바탕으로 타락해 가는 소부르주아와 소부르주아의 계급진영에로 유입하는 세력을 혁명세력에로 끌어들일 수 있다고 생각하였던 것이다. 이와 같은 목적을 위해 심부윤 등은 겉으로는 消費組合의 형태를 띄고 내면적으로는 혁명적 노동조합의 성격을 갖는 조직을 결성하고자 하였던 것이다. 그리고 이 조직은 일상 경제투쟁을 통하여 대중을 획득하는 조직 방침 - 투쟁을 통한 조직방침 - 을 채택하였던 것이다.

그러나 소비조합은 과정적인 존재이며, 노조가 조직된 이후에는 노조의 일부로서 노조의 투쟁기금과 모플적인 역할을 하는 위상을 갖는 것이었다. 이러한 조직 방침에 대하여 강릉지역에서 활동하던 權五勳·崔燉瑾 등의 교시를 받은 심부윤은 동지들의 동의를 구해 소비조합의 조직에 대한 방침을 철회하고 혁명적 농·노조를 직접 조직하기로 하고 지역전위 정치기구로서 공작위원회를 조직했던 것이다. 그런데 심부윤이 권오훈·최돈근의 비판을 수용한 것은 이들의 이론 수준이 심부윤보다 앞서 있었기 때문으로 생각된다. 특히 권오훈은 權麟甲[78]과 동일 인물로서 선진 이론을 습득하고 있었고, 강릉지역의 주요 활동가로서, 순수 토착 사회주의자인 심부윤의 입장에서는 그의 지도가 받아들여질 여지가 많았다고 생각된다. 그러나 문제가 朝鮮共産黨再建 江陵工作委員會와 삼척지역의 공작위원회와의 조직적인 관계로까지 발전했는가 하는 점에 이르면 논의가 달라질 수 있다.

한 연구[79]에 따르면 조선공산당재건 강릉공작위원회의 하부조직으로서 삼척지역의 운동이 전개되었다고 한다. 즉 강릉공작위원회는 최고중앙집행위원회의 하부조직으로서 中央部·北部·南部의 部委員會를 설치하였는데 삼척군은 남부에 속하였다고 한다. 그런데 여기에서 문제가 되는 것은 실제로 삼척공작위원회가 강릉공작위원회의 하부조직이었는가 하는 점이다. 하지만 강릉공작위원회의 조직체계에서만 하부조직으로서 삼척군의 명칭이 보일 뿐, 삼척군의 자료에서는 이와 같은 조직적인 관계를 나타낼 만한 근거가 보이지 않는다. 다만 심부윤이 이후 운동의 전개 상황에 따라 연락하기로 했다는 점으로 보아, 장기적으로는 강릉지역과의 연계를 상정하고 있었던 것으로 여겨진다. 그런데 이 점은 삼척의 경우에만 해당하는 것이 아니라 울진·양양 등 강원도 지방의 노농운동 조직의 일관된 방침이었다.

한편 농조도 역시 마찬가지의 위상을 갖는 것이라 할 수 있으며, 특히 빈농 우위의 방침이 관철되었다. 「운동계획서」는 이에 대하여

---

78) 1909년생으로서 그의 부친은 대서소를 경영하였으며 생활은 비교적 유복하였다고 하며 1928년 강릉공립보통학교 졸업, 같은 해 5월 강릉군 청년동맹에 가입하였고, 1929년 5월 강릉농업학교 독서회를 강덕선, 정윤시 등과 함께 조직, 지도하였다. 1930년 4월 중국 北平의 華北大學에 입학하였고, 재학 중 김원봉이 세운 레닌주의 정치학교에서 교육받고 1931년 6월에 귀국하여 1932년 강릉공산청년회에 가입하였다[「權麟甲 判決文」(昭和 10年 刑控 第427號), 『假出獄關係書類』, 大韓民國政府, 檀紀 4273年 및 『思想彙報』 4를 참조함].

79) 崔洪俊, 「1930年代 江陵地域 朝鮮共産黨再建運動硏究」, 『北岳史論』 3.

다음과 같이 말하였다.[80]

그러므로 농조에 대한 조직은 객관적 정세의 요구에 적응해야 하지
만 우선 빈농층의 참된 투쟁분자만을 선출하여 계급적으로 교양시켜
서 농민조합의 좌익 프랙션적인 임무를 수행하도록 하지 않으면 안
된다.

그러나 이는 '선언적'인 차원이었다고 생각된다. 왜냐하면 운동의
지도자인 정건화와 심부윤이 부농이었고, 이들의 지도는 삼척 지역
운동의 전시기에 걸쳐 이루어졌다. 다만 이들이 검거된 이후 지도부
를 구성하였던 황운대·변소봉 등은 경제적 처지를 확인할 수 없었
다. 그리고 농민조합재건운동을 전개한 최윤달과 정의찬은 빈농이었
다고 한다. 그러나 이들을 단순히 경제적인 측면만을 보아 '빈농'으로
만 보는 것은 무리가 있을 것으로 보인다. 왜냐하면 최윤달은 빈농이
고 교육도 서당과 보통학교를 졸업한 것으로 그치지만 그들의 지적
수준은 대단하여 인텔리·젠틀맨이라 불렸다고 한다. 따라서 이들은
진보적 지식인이었다는 것이다. 이들이 당시 구독한 서적은 주로 마
르크스-레닌주의에 관한 서적이었다고 한다.[81]

한편 앞서 본 바와 같이 지역전위 정치조직으로 조직되었던 여러
단체들의 조직체계를 도표화하면 다음 <그림 3·4·5>와 같다.

이 도표를 통해 다음의 몇 가지 사실을 알 수 있다. 첫째, 계급·계
층별 조직방침을 채택하였다. K회의 경우 조직을 노동부와 농민부로
대별하였고 공작위원회는 면을 단위로 하는 지구 밑에 농민부와 노
동부·운수부와 온유비부 등 지역실정에 맞는 조직체계를 갖추었다.
그러나 운동이 대중화되지 않은 관계로 하부조직에까지 이 방침이
적용되지는 않았다. 둘째, 상향식 조직방침에 의하여 조직되었다. K

---

80) 沈富潤, 「運動計劃書」, 三陟警察署, 앞의 글.
81) 金永起, 앞의 증언.

<그림 3> K회의 조직체계(1931년 1월 조직)

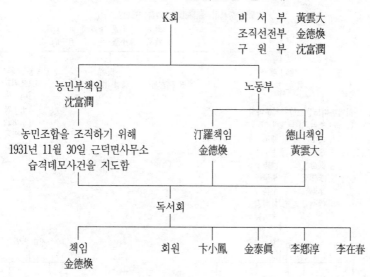

K회   비 서 부   黃雲大
             조직선전부   金德煥
             구 원 부   沈富潤

농민부책임   노동부
沈富潤

농민조합을 조직하기 위해   汀羅책임   德山책임
1931년 11월 30일 근덕면사무소   金德煥   黃雲大
습격데모사건을 지도함

독서회

책임   회원   卞小鳳   金泰眞   李鄕淳   李在春
金德煥

<그림 4> 삼척적색노농공작위원회 조직체계

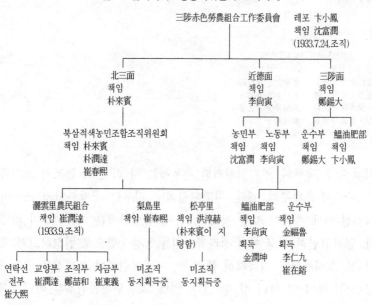

三陟赤色勞農組合工作委員會   레포 卞小鳳
                          책임 沈富潤
                          (1933.7.24.조직)

北三面   近德面   三陟面
책임   책임   책임
朴來賓   李尙寅   鄭錫大

북삼적색농민조합조직위원회   농민부 노동부   운수부   鹽油肥部
책임 朴來賓   책임   책임   책임   책임
朴潤達   沈富潤 李尙寅   鄭錫大   卞小鳳
崔春熙

灑雲里農民組合   梨島里   松亭里   鹽油肥部   운수부
책임 崔潤達   책임 崔春熙   책임 洪淳赫   책임   책임
(1933.9.조직)   (朴來賓이 지   李尙寅   金福魯
                            령함)   획득   획득
                                        金潤坤   李仁九
연락선 교양부 조직부 자금부   미조직   미조직   崔在鎔
전부 崔潤達 鄭喆和 崔東義   동지획득중   동지획득중
崔大熙

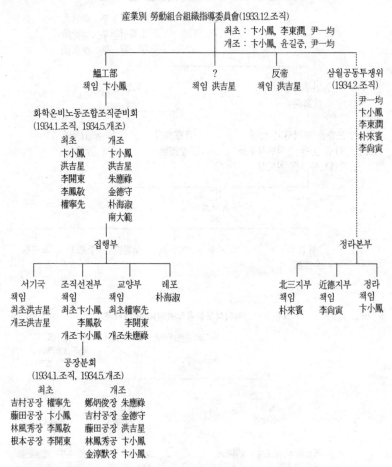

<그림 5> 산업별노동조합조직지도위원회 조직체계

產業別 勞動組合組織指導委員會(1933.12.조직)
최초 : 卞小鳳, 李東潤, 尹一均
개조 : 卞小鳳, 윤길중, 尹一均

鱸工部
책임 卞小鳳

?
책임 洪吉星

反帝
책임 洪吉星

삼월공동투쟁위
(1934.2.조직)
尹一均
卞小鳳
李東潤
朴來賓
李尙寅

화학온비노동조합조직준비회
(1934.1.조직, 1934.5.개조)

최초	개조
卞小鳳	卞小鳳
洪吉星	洪吉星
李開東	朱應祿
李鳳敬	金德守
權寧先	朴海淑
	南大範

집행부

정라본부

서기국
책임
최초洪吉星
개조洪吉星

조직선전부
책임
최초卞小鳳
李鳳敬
개조卞小鳳

교양부
책임
최초權寧先
李開東
개조朱應祿

레포
朴海淑

北三지부
책임
朴來賓

近德지부
책임
李尙寅

정라
책임
卞小鳳

공장분회
(1934.1.조직, 1934.5.개조)

최초		개조	
吉村공장	權寧先	鄭炳俊장	朱應祿
藤田공장	卞小鳳	吉村공장	金德守
林風秀장	李鳳敬	藤田공장	洪吉星
根本공장	李開東	林鳳秀공	卞小鳳
		金淳默장	卞小鳳

회의 경우 독서회, 공작위원회의 경우에는 각 리 단위 농조의 조직과 운수부·온유비부의 조직, 지도위원회의 경우는 공장분회의 조직이 그러한 예에 속한다고 할 것이다. 셋째, 합법단체를 이용하고자 하였다. 공작위원회 결성 이전 정라체육회를 노동조합으로 변경하고자 했던 점, 소비조합을 획득하려 했던 점, 명덕청년회에 프랙션을 침투시켰던 점 등이 그 예라 할 수 있다. 넷째, 공동투쟁위원회를 비상설적

으로 결성하여 조직농민은 물론이고 비조직 농민까지도 투쟁에 동원
하려 하였다. 그리고 이러한 과정에서 획득한 농민이나 그 조직을 운
동 조직에 흡수하고자 하였다. 道路工事反對鬪爭委員會와 3月紀念
日共同鬪爭委員會의 결성이 그 예라 할 수 있다.

2) 활동방향

K會와 工作委員會 등 삼척지역 운동을 이끌어 갔던 단체들은 첫
째, 노조의 결성과 일상 경제투쟁을 결부시켜 활동하였다. 이는 노조
결성을 목표로 이루어진 것이기는 하나, 이들이 이를 바탕으로 조선
공산당의 재건을 꾀했던 것을 생각한다면 이들의 투쟁이 단순히 경
제투쟁에 머문 것이 아니라 정치투쟁을 지향하고 있었음을 알 수 있
다. 둘째, 삼척지역의 활동가들은 운동을 합법운동과 비합법운동을
결합하여 전개하고자 하였다. 다시 말하면 K회·공작위원회·지도위
원회 등의 조직은 철저히 비합법적인 것이었으나, 이들은 그 활동에
서는 최대한의 합법성을 획득하기 위하여 노력하였다. 즉 이들은 명
덕청년회, 소비조합에 대한 프랙션의 구축 등 합법공간을 확보하기
위하여 많은 노력을 기울였다. 특히 金始銈이 부인회의 창립축사에
서 "우리들은 곤란과 그 모든 압박과 비인간적인 대우를 받고"[82]있
으며, "남녀를 막론하고 자유를 놈들에게 빼앗기고 있는 인간이 뭔가
대단한 것처럼 몸에 비단옷을 입고 시가지에 나가서 신사처럼 혹은
신여성처럼 행동하는 무지한 인간들을 볼 때 지식있는 자 누가 눈물
을 흘리지 않겠는가"[83]고 하여 현 사회에 대한 비판을 서슴지 않고
있는 것이다. 따라서 삼척지역의 활동가들은 가능한 한 합법공간을
최대한 활용하고자 하였다고 볼 수 있다.

그리고 이들은 실천투쟁을 통하여 동지를 획득하고자 하였는데 앞

---

82) 金始銈, 「부인회 축사」, 三陟警察署, 앞의 글.
83) 金始銈, 「부인회 축사」, 三陟警察署, 앞의 글.

의 근덕면사무소습격사건이나 공작위원회의 독서회, 연구회의 조직,
관변 단체에 대한 프랙션의 구축, 지도위원회의 공장분회의 결성과 3
월기념일공동투쟁위원회의 활동을 그 예로 들 수 있다. 셋째, 이들의
활동은 좌편향적인 측면이 있었다. 근덕면사무소습격사건의 경우도
처음부터 비합법을 내세웠던 것이 아니었으나, 그 결과는 심부윤이
金義卿에게 보낸 편지에서도 시인하고 있듯이 "대중적 시위운동이
있은 후 놈들의 압박은 말로 형용할 수 없"[84]었고, "놈들의 농민들에
대한 대중적 검거가 있었기 때문에 여러가지 폭행, 구타, 고문 등의
억압과 우리들의(농민과 활동가들 - 필자) 분리책에 의해 (실질적으
로는 분리된 것이 아니라 우리들의 신임하에 있지만)일반 농민들은
손을 대지 않을 정도로 압축되어"[85]있는 상황으로까지 객관적인 조
건이 어려워지게 되었던 것이다. 또한 추동금광의 습격도 마찬가지로
조직을 보위하는 데 실패함으로써 운동의 발전에 심각한 해를 끼치
게 되는 결과를 초래하였다. 이러한 점으로 볼 때 삼척지역의 운동은
운동의 지도자였던 심부윤 등과 함께 좌편향적인 성격을 가지고 있
지 않았는가 하는 비판을 받을 수 있다. 넷째, 삼척지역의 활동가들은
기관지의 발간과 독서회, 연구회 활동을 통하여 운동의 질적인 발전
과 더불어 양적인 발전을 꾀했다고 하겠다. 金永起의 증언에 따르면,
그는 농조로부터 「가난 이야기」라는 팜플렛을 받아 공부한 적이 있
다고 하는데, 그 내용은 '농민이 왜 가난한가'라는 것이었다고 한다.
또한 그는 이도리의 야학 초급반에서는 처녀 총각들을 모아놓고 문
맹타파의 관점에서 한글을 가르쳤고, 고급반에서는 『농민독본』을 가
르쳤다고 한다. 『농민독본』 역시 「가난 이야기」의 내용과 유사하였다
고 한다. 그리하여 이들은 자연스럽게 '民衆思想'을 가지게 되었다고
한다. 다섯째, 삼척지역 노농운동의 큰 특징으로 볼 수 있는 것은 모
플 활동에 있다고 할 수 있다. 즉 심부윤·정건화 등 삼척지역 운동

---

84) 「沈富潤이 金義卿에게 보낸 편지」, 三陟警察署, 앞의 글.
85) 沈富潤, 「運動計劃書」, 三陟警察署, 앞의 글.

의 중심인물들은 검거된 동지들의 구원과 운동자금의 안정적인 확보를 위하여 추동금광의 습격을 계획하고 이를 실행에 옮김으로써 자신들의 의지를 관철하고자 하였다. 그리고 조심스럽기는 하지만 만약 鄭慶子의 진술이 사실이라면, 삼척지역의 활동가들은 무장투쟁을 지향했던 것이 아닌가 한다. 마지막으로 삼척지역의 노농운동의 전개과정에서 보이는 또 다른 특징은 영동지방에서는 양양과 함께 농민조합재건운동이 전개된 지역이었는 점이다. 즉 쇄운리농민조합의 핵심적인 인물로서 삼운수성회의 야학교사[86]로 있던 정의찬과 최윤달이 1936년 11월 21일 北三赤色農民組合再建委員會를 조직하고자 하였으나 일제에 검거되었다.[87]

---

86) 鄭義國, 鄭義學, 앞의 증언.
87) 『조선일보』, 1937년 5월 5일, 「執行猶豫로 釋放되어 農組再建을 劃策」.

V. 울진농민조합

1. 농민조합운동의 배경

본래 강원도 지방은 "교통이 불편하고 문화시설이 저하하여 사상운동도 그다지 볼 것이 없더니 최근에(1930년대 초중반-인용자) 이르러서는 새로이 철도의 공사도 진전되었고 자동차 교통도 완비하여감에 따라, 인사의 왕래가 빈번하여질 뿐만 아니라 지리적으로도 함남일대와 인접하고 또는 그 지방 사람들로서 간도와 기타 만주 방면 등지에 다수히 나가서 사는 관계로 말미암아 사상적으로 중요성을 갖게 되었다"[1]거나, "강원도지방 교통의 발전과 대광산의 발전으로 말미암아 더욱 이러한 운동(혁명적 농민조합운동 등 사회운동-인용자)이 침입되리라고 관측하고 상당한 경계를 요하여야 할 것"[2]이라는 일제 경찰의 발언 등에서도 알 수 있듯이, 강원도지방의 민족운동은 그리 활발한 편은 아니었다. 그러나 1927년 9월 江原道靑年聯盟革新大會와 1925년부터 매년 개최되었던 嶺東記者大會의 결과 민족운동이 활발하게 전개될 수 있는 계기가 마련되었다.

이러한 과정 속에서 울진에서도 민족운동이 차츰 발전하였는데, 다른 지역에서와 마찬가지로 청년운동이 중심이 되었다. 식민지 조선에서의 청년운동은 일제의 식민통치 방식이 武斷統治에서 소위 文化

---

1) 『동아일보』, 1934년 11월 13일, 「蔚珍, 三陟赤農事件等 百餘靑年을 檢擧」.
2) 위와 같음.

政治로 전환되면서 전국적으로 청년단체들이 우후죽순처럼 결성되면서 발전하였다. 울진의 경우도 예외는 아니어서 1926년 1월 2일 울진청년회 혁신총회가 개최되었는데, 그 강령 및 결의사항은 다음과 같다.[3]

　강령
　1. 우리는 사회진화법칙상 필연적 사명으로써 청년운동의 중책을
　　자부하자
　1. 상부상조의 주의와 공존공영의 정신으로써 민중운동의 충실한
　　역군이 되자

　결의사항
　1. 무제한한 연령은 만18세 이상 25세 이하로 함
　1. 다음 총회에(1월 25일) 무고히 출석하지 아니한 회원은 제명함
　1. 군청년연맹조직의 건
　1. 전울진 제2회 정구대회 개최의 건

　그리고 1925년 4월 11일 北面 羅谷里에서 농민청년회가 창립되었는데, 夜學校舍建築에 관한 건과 농촌임금에 관한 건 등 5개항을 결의하고, 강령을 다음과 같이 정하였다.[4]

　강령
　1. 吾等은 농민대중의 해방운동을 기함
　1. 我等은 계급적 의식과 조직적 단결을 기함
　1. 我等은 농민운동선상의 당면 이익을 위하여 투쟁을 기함

　그리고 주목할 점은 농민청년회의 창립대회에서 강릉지역의 핵심

---

3) 『동아일보』, 1925년 1월 15일, 「蔚珍靑年革新」.
4) 『시대일보』, 1925년 5월 2일, 「農民靑年創立」.

적인 활동가인 鄭允時가 축사를 하였다는 것이다. 이 점은 이후 농민
조합운동의 전개 과정에서 강릉과 울진의 조직적인 연계 가능성을
시사해주는 것으로 생각된다. 이외에도 무산자동맹의 조직5)에 관한
기사, 그리고 朱聖文 · 崔益來6) · 張富七 · 田孟東 등의 검거자를 낸
청년회 발기문 사건7) 등과 같은 청년운동에 관한 기사를 찾을 수 있
다. 하지만 이 당시 울진지역의 청년운동은 울진농조의 핵심인물인
崔學韶가 "농민의 생활상은 타지방에 비하여 대단히 안정되어 있으
므로8) 무산자운동, 즉 사회운동은 전연 없다"9)고 주장하였듯이 매우
미약하였으며, 구체적인 실상을 다음과 같이 말하였다.

---

5) 『조선일보』, 1926년 1월 25일(석간), 「無産者同盟 看板부터 不穩」.
6) 崔九韶의 증언, 1998년 8월 16일(경북 울진군 울진읍 읍내리 최구소씨 자
   택). 崔益來는 최익한의 막내 동생으로서 최익한이 사회운동에 활발하게 참
   여하면서 가정을 돌보지 않았기 때문에 형을 대신하여 집안의 재정을 관리
   하였다고 한다. 최구소는 울진지역의 운동 상황을 이해하는 데에 큰 도움을
   주신 분이다. 그는 최익한의 堂姪이며, 따라서 최학소, 최재소와는 6촌간이
   다. 그는 당시 활동하던 인물들의 사회경제적인 상황을 비교적 소상히 알고
   있었다. 그가 이와 같이 당시의 사회 실태를 소상히 알게 된 것은 그의 부모
   에게서 전해들은 사실과 자신 스스로가 지역사회의 역사에 관심을 가지면
   서 오래 전부터 사건 관계자의 증언을 청취하였기 때문이라 한다.
7) 『조선일보』, 1929년 10월 12일, 「青年會發起文謄寫를 出版違反으로 引致」.
8) 최학소의 주장대로 울진군 농민의 생활이 타지방에 비하여 대단히 안정되
   어 있다하더라도 울진군 농어민의 평균 부채는 농촌의 경우 1호당 평균 57
   원이며, 이를 다시 부채 호수에 대한 1호당 평균 부채로 계산하면 84원이다.
   어촌의 경우에는 1호당 평균 부채는 129원이며 부채호수에 대한 1호당 평균
   부채는 173원이다. 따라서 농촌보다는 어촌의 부채가 2배 이상된다. 또한 군
   내의 소작관행은 지세공과금은 물론 비료대까지 모두 소작인이 부담하고
   소작료는 5할 이상으로 타군보다 우심한 지주의 착취가 있었다(『동아일보』,
   1932년 11월 8일, 「蔚珍農漁村 負債 七萬圓/漁村은 農村의 二倍」). 이렇게
   볼 때 생활이 대단히 안정되었다는 것은 표면적인 현상일 뿐이며 울진지역
   농어민의 생활이 안정되었다는 것은 아닐 것이다. 이는 곧 울진지역의 지역
   적 특성이라 할 수 있는 산간지방민의 고립적, 분산적인 생활에서 오는 것
   이었다고 할 것이다.
9) 崔學韶, 「發芽期에 있는 울진프롤레타리아운동과 우리의 任務」, 蔚珍警察
   署, 『重要犯罪報告』.

겨우 청년회가 있었지만 그것도 창립총회 시에 몇 명이 모였을 뿐이며, 후에 회에는 2~3명밖에 오지 않았다. 또 新幹會 울진지회도 간판뿐인 것이며, 없어진 노동조합도 아무런 결과도 없었다.[10]

즉 울진지역의 청년운동은 1926년 1월의 혁신대회를 계기로 세대교체를 단행하고자 하였으나 운동의 활성화에는 실패한 것으로 생각된다. 왜냐하면 위의 인용문에서 보이듯이 청년운동은 활발하지 못했기 때문이다. 이와 같은 상황을 배경으로 1928년경에 蔚珍靑年同盟이 조직되었는데, 이는 강원청년연맹혁신대회와 영동기자대회에 참가했던 趙薰錫과 盧箕一이 방향전환론을 울진지역에 전파하였기 때문이라 생각된다.

한편 이와 같이 청년운동을 비롯한 민족운동이 저조하던 울진지역에서 민족운동이 발전한 것은 청년동맹의 조직과 1928년 12월 테제가 발표된 이래 신간회 울진지회 및 울진청년동맹에서 활동하던 李愚貞과 ML계 中韓靑年會와 中共系 中韓農民協會에서 활동하던 尹斗鉉의 만남이 계기가 된 듯 하다.[11] 그런데 여기에서 주목할만한 사실은 윤두현이 활동했다는 중한농민협회에 관한 것이다. 코민테른은 1929년 一國一黨主義의 원칙을 발표하였고, 조선인 공산주의자들 중의 일부는 이에 반발하기도 하였다. 그리고 ML파 계열의 공산주의자들은 1930년 간도폭동을 전후하여 조직을 중국공산당에 합류시키는 작업을 전개하였다. 그 과정에서 ML파는 자체의 무장조직인 '大韓鐵血團'을 해체시키고 조직을 중국공산당의 특무대로 합류시켰으며, 한편으로는 ML파의 농민조직인 '在滿農民同盟'을 '全滿韓中農民協會'의 성립을 전제로 조직의 해산을 特告형식으로 발표하였다.[12] 이는 곧 한인공산주의운동의 조직을 해산하고 중국공산당에 가입하는 1국

---

10) 蔚珍警察署, 앞의 글.
11) 蔚珍警察署, 앞의 글.
12) 黃敏湖, 『1920年代 在滿 韓人社會의 民族運動 硏究』, 숭실대학교 대학원 박사학위논문, 1997, 143~148쪽 참조.

1당주의의 원칙을 따르는 것이었다. 그러나 이 과정에서 일부 한인공산주의자들은 코민테른의 방침에 따르지 않고 귀국하였다. 만약 윤두현이 활동했다는 中韓農民協會가 ML파의 '在滿農民同盟'의 해체 이후 조직된 '全滿韓中農民協會'라면 이는 당시 1국 1당주의의 원칙을 인정하지 않고 귀국한 인물들이 국내에서 어떠한 활동을 했는가를 보여주는 좋은 예라 할 수 있을 것이다.

2. 조직과 활동

1) 조직

위에서 보았듯이 1920년대 울진지역에서는 민족운동이 활발하지 못하였다. 이러한 상황에서 1927년 강원청년연맹혁신대회는 이 지역에 청년동맹의 조직을 가능하게 하였고, 청년동맹은 곧 지역사회의 민족운동의 중심으로 자리잡게 되었다. 이 청년동맹의 핵심적인 인물인 이우정과 윤두현 등이 향후 울진지역 민족운동의 핵심적인 역할을 하였다. 즉 이우정과 윤두현은 먼저 朱鎭晃, 田永暻, 朱孟錫, 南日星, 朱秉淳 등과 회합하여 1931년 7월 15일 蔚珍勞農工作黨(이하 工作黨)을 결성하였다.13) 이우정은 공작당의 결성에 대하여 "과거의 조선운동은 합법운동이기 때문에 하등 얻은 바 없으며 자본주의 사회제도의 허용 범위 내에서의 운동으로서는 혁명의 실행은 불가능하기 때문에 장래의 운동은 반드시 비합법운동이 아니면 안 된다"14)는 취지의 발언을 하였는데, 이는 신간회 해소론과 일맥상통하는 것이었다. 그리고 工作黨은 '우리들은 사유재산제도를 부인하고 공산주의 사회의 건설을 촉진한다.'15)는 강령을 정하고 중앙책임에 이우정, 조

---

13) 蔚珍農民組合事件「판결문」,『思想彙報』 1-4, 1935년 10월 ; 蔚珍警察署, 앞의 글.
14) 蔚珍警察署, 앞의 글.

직부 책임에 윤두현, 선전부 책임에 주진황을 선임하였다.[16] 그리고
운동 방침으로 프로킬[17]기관으로서의 야학회를 설립하여 동지의 교
양 및 훈련을 할 것을 결정하였다.[18]

공작당은 만주로부터 브로우닝 권총 1정을 수입하고 蔚珍警察署
襲擊計劃을 수립하는[19] 한편, 1931년 8월 15일 제2회 총회에서 운동
의 적극화를 위하여 주맹석을 호월리 지구 책임, 주진황을 명도리 지
구 책임, 이우정을 읍내리 지구 책임, 윤두현을 근남면 · 원남면 지구
책임에 각각 선임하였다.[20] 그리고 본부의 집합은 중앙 책임과 각 지
구 책임자가 비밀 회합하기로 하였으며,[21] 1931년 9월 상순 제4회 총
회에서는 ① 표현단체인 울진노동조합을 혁명적으로 개조할 것, ②
강원도 동해안 각 군의 운동자와의 연락을 계획할 것, ③ 운동자금으
로 각 지구로부터 금 1원을 갹출할 것, ④ 협의한 운동은 점차 적극
화할 것 등을 결정하고 명칭을 '極東共産主義者同盟'(이하 同盟)으
로 변경하였다.[22]

그리고 주맹석 등은 호월리에 야체이카까지 확립하기도 하였다.[23]
그런데 운동의 전개 과정에서 동맹의 모든 중요 사항의 협의와 결정
은 오직 총회의 결정에 따르게 되어 있으므로 동맹원의 수가 점차 증

---

15) 蔚珍警察署, 앞의 글.
16) 蔚珍警察署, 앞의 글.
17) 무산자교육이라 번역되며 무산계급이 자기 계급의 방위, 진보를 위하여 계
   획, 실시하는 교육이다(朝鮮總督府警務局, 『高等警察用語辭典』 참조).
18) 蔚珍警察署, 앞의 글.
19) 蔚珍警察署, 앞의 글.
20) 울진경찰서, 앞의 글 ; 蔚珍農民組合事件 「판결문」에는 이와는 달리 井林
   里, 湖月里- 朱孟錫, 邑內里, 明道里, 古城里- 朱鎭晃, 根南面, 遠南面- 李
   愚貞을 각각 지구 책임으로 선임하였다고 한다.
21) 『조선일보』, 1935년 5월 5일(조간), 「江原道 最初의 秘社 蔚珍赤農 工作 全
   貌」.
22) 蔚珍警察署, 앞의 글 ; 『조선일보』, 1935년 5월 5일, 「江原道 最初의 秘社
   蔚珍赤農 工作 全貌」.
23) 『조선일보』, 1935년 5월 5일(조간), 「江原道 最初의 秘社 蔚珍赤農 工作 全
   貌」.

가함에 따라 비밀 누설의 염려가 있었기 때문에, 이우정·윤두현·남왈성·주진황을 위원으로 하는 '工作委員會'를 상부기관으로 설치하였다.[24]

한편 동맹은 공작당 시기의 제4회 총회에서 결의한 강원도 동해안 각 군의 운동자와의 연락을 위해 양양·강릉·삼척 방면에 남왈성을 파견하기로 하였다. 그러나 이는 이우정의 반대로 실현되지는 못하였다. 이우정이 반대한 이유는 아직 울진지역의 운동이 충실하지 못하며 이러한 때에 다른 지역과 연락하는 것은 위험하다는 것 때문이었다. 이리하여 운동은 오직 울진군을 중심으로 하여 확대하기로 하였다.[25] 즉 이우정은 울진지역의 운동 역량이 미약하기 때문에 우선 내적인 운동 역량의 강화에 주력할 것을 주장하였던 것이다.

그러나 동맹은 구체적인 활동에 들어가기도 전에 주유만을 중심으로 한 반간부파의 책동으로 1931년 12월 10일 해체되었다.[26] 주유만·남왈성 등 반간부파가 이우정을 옹호하는 간부파를 비난한 것은 "중앙간부의 활동이 미온적이며, 이우정의 전횡, 즉 동맹의 조직형태가 중앙집권 형태이기 때문에 세 있는 간부의 횡포가 극에 달해 도저히 발전을 기대하지 못한다. 또한 동맹 조직 전, 경찰서장을 방문하여 취직을 의뢰하는 등의 행적이 있는 이우정을 동맹의 중앙 책임으로 하는 것은 동맹 전체의 자살 행위"[27]라는 이유 때문이었다. 사태가 이와 같이 해결할 수 없을 정도로 전개되자 이우정은 대내적인 갈등은 비밀 누설의 위험이 있고, 더 나아가 장래의 발전 전망에 어려움이 있을 것을 깨달아 자파 동지들의 동의를 얻어 결국은 동맹을 해체하게 되었다.[28]

이와 같이 동맹이 해체된 이후 울진지역에서는 운동을 재개하기

24) 蔚珍警察署, 앞의 글.
25) 蔚珍警察署, 앞의 글.
26) 蔚珍警察署, 앞의 글.
27) 蔚珍警察署, 앞의 글.
28) 蔚珍警察署, 앞의 글.

위한 움직임이 있었다. 그런데 이러한 재건 움직임은 크게 양대 세력에 의하여 추진되었는데, 그것은 동맹의 주도세력이었던 이우정 일파와 그에 반대하였던 윤두현·남왈성·주맹석 일파였다. 그리고 이후 울진지역의 민족운동은 윤두현 일파에 의하여 주도되었다.

어쨌든 동맹의 해체 이후 윤두현 일파는 1932년 2월경부터 진기열과 제휴하여 활동하던 중 만주에서 돌아온 崔陽述의 지도로 讀書會를 조직하고 다시 이를 社會科學硏究會로 확대하였다.29) 이들이 사회과학연구회를 조직한 목적은 실천운동은 먼저 마르크스주의의 근본 이론을 討究함으로써 필요한 이론을 파악해야 한다는 데에 있었다.30) 그러나 사회과학연구회의 활동 기간은 2개월 여에 불과하였다. 지도자인 최양술이 1932년 6월 식민지 재분할론이라는 제목으로 강의한 후 다음 모임이 있는 7월에 경북 봉화지방에 柳且乙의 초청으로 여행을 떠났고, 여행 도중 최양술이 봉화지방에서 발생한 대구노동협의회사건에 연루되어 서울·원산 등지로 도피하다가 8월경에 울진으로 돌아와 渡滿 의사를 밝혔기 때문이었다.31) 이때 윤두현·진기열·남왈성 등은 최양술에게서 결사의 조직에 관한 지도를 받았는데, 그것은 기존의 사회과학연구회는 그 명칭과 같이 연구의 범위를 넘지 못하기 때문에 공산혁명의 실행에 실천투쟁으로 준비해야 할 결사를 조직해야 한다는 것이었다.32) 그리고 윤두현은 최양술로부터 적색농민조합의 조직에 대한 구체적인 방법을 지도받은 후 진기열·남왈성과 1932년 12월 적색농조의 조직에 관해 협의하였다.33) 이리하여 1933년 3월 29일 울진군 북면 덕구리 魚鳳三의 집에서 윤두현, 남왈성, 남석순, 주맹석, 전봉인, 남왈기, 최재소, 최학소, 진기열 등이 참석하여 '蔚珍赤色農民組合'을 결성하였다.34)

---

29) 蔚珍警察署, 앞의 글.
30) 蔚珍警察署, 앞의 글.
31) 蔚珍警察署, 앞의 글.
32) 蔚珍警察署, 앞의 글.
33) 蔚珍警察署, 앞의 글.

2) 활동

1933년 3월 29일 조직 시부터 1934년 3월초 체포될 때까지의 관계자를 살펴보면 다음 <표 8>과 같다.

<표 8> 울진농민조합운동사건 관련자 일람표(1934년)

이름	나이	직업	학력	관련단체	기타
李愚貞	29	신문기자, 교사,정미업	경성사립중앙보교4년중퇴	南滿靑年聯盟, 新幹會 蔚珍支會, 蔚珍靑年同盟, 江原靑年聯盟	일명 白骨
尹斗鉉	35		서당	中韓靑年會, 中韓農民協會, 咸興同志會	수감 4년만에 옥사
朱鎭晃	36	농업, 노동, 신문기자	소학교	上海臨時政府, 蔚珍靑年同盟	父 秉雄이 27결사대 사건에 관계되어 처형, 정태헌의 영향으로 민족주의에 공감
朱孟錫	28	농업	울진제동학교	蔚珍靑年會 蔚珍靑年同盟, 讀書會	일명 秉福
田永暻	39	농업, 노동, 인쇄업, 신문기자	서당	蔚珍靑年會, 蔚珍靑年同盟, 朝鮮衡平社蔚珍支社, 高麗革命黨, 讀書會	상해임정에 운동자금 35원 기부
南日星	28	농업	서당, 울진제동학교	蔚珍靑年會, 蔚珍靑年同盟, 新幹會 蔚珍支會	
黃澤龍	27	노동, 신문기자		蔚珍靑年會, 蔚珍勞動組合, 蔚珍靑年同盟	
陳基烈	23	농업, 신문기자	이리농림학교중퇴	재학중 社會科學硏究會에 가입, 퇴학당함	1924. 4. 치안유지법 위반으로 기소유예
崔在韶	21	농업	서당, 울진공보교		崔益翰의 子
崔學韶	19	농업	경성사립중동고보 1년 중퇴		崔益翰의 子
南日紀	25	농업	서당		일명 駿永
南石順	24	농업	서당	讀書會	일명 容麟, 수감 중 왼쪽팔이 불구됨
田鳳仁	28	농업	서당		일명 洪碩

34) 蔚珍警察署, 앞의 글 ; 蔚珍農民組合事件 「판결문」.

朱有萬	28	농업, 신문기자			고문에 의해 정신분열
田元江	21	농업, 행상			일명 範秀
田碩鳳	21	농업			일명 勗玄
南禹秊	21	농업, 행상			일명 相憙
朱秉禧	19	농업			
李永在	22	인쇄업	蔚珍勞動組合		
李春錫	27	노동			일명 正煥
張世均	21	농업			
南敬郎	23	농업			
朱永德	20	농업			일명 正德
南源壽	20	농업			
宋仁錫	22	농업			
朱有鉉	19	농업			일명 聖源
朱秉權	24	농업			
朱秉天	21	농업			일명 孟萬
田昌龍	25	노동			
李景雨	20	학생			
張祜明	20	농업			
朱夏源	23	농업			
崔景韶	20	농업			
朱亨悳	24	농업			
崔命韶	·	농업			
潘日出	29	농업			일명 振涓
田址五	44	농업			
朱秉淳	35				
姜淳馨	28	행상	咸興同志會		
金鳳×	21	세탁업			
安在中	21	상업			일명 致中
田光表	20	농업, 신문기자			
崔陽逃	24	·	無		일명 襄山
金泰星	25	잡화상			
崔論味	30	농업			일명 老味

* 자료 : 蔚珍警察署, 앞의 글 ; 蔚珍農民組合事件 「判決文」;『조선일보』;『동아일보』.

위의 <표 8>에서 우리는 울진농민조합사건 관계자들의 사회경제적인 위치를 대략 알 수 있다. 먼저 총 49명의 관계자 가운데에서 연령상으로 보면 40대가 1명, 30대가 6명, 20대가 37명, 10대가 3명, 미상 2명으로 20대가 압도적으로 많음을 알 수 있다. 그런데 20대를 20~25세의 20대 전반과 26~29세의 20대 후반으로 나누어 보면 각각 26명과 11명으로 20대 전반의 연령층이 많았음을 알 수 있다. 그러나 울진지역의 운동을 이끌던 지도급 인물들은 진기열을 제외하고는 모두 20대 후반 이상의 인물들이었다. 그리고 학력별로 나누어 보면 보통학교 이상이 6명, 서당이 5명, 소학교 1명으로 이들은 모두 울진지역 운동의 지도급 인물에 속하는 사람들이었다. 또한 이들을 직업별로 나누어 보면 농업 32명, 노동 6명, 신문기자 7명, 행상 3명, 인쇄업 1명, 정미업 1명, 세탁업 1명(중복되는 경우도 있음)으로 농업에 종사하는 사람이 압도적으로 많았다.

그런데 이들의 학력이나 직업은 위의 <표 10>에서 본 바와는 상당한 차이가 있다. 필자가 울진지역의 운동상황에 대한 증언[35]을 청취하는 과정에서 느낀 바로는 증언자들은 이들을 울진지역의 '인물'로 생각하고 있었다는 점이다. 다시 말하면 위의 인물들 대부분은 울진지역의 지식인이었다는 것이다. 예를 들어 소학교를 졸업한 주진황은 서당에서 한학을 공부하여 그 수준이 매우 높았고, 황택룡은 학력이 나와 있지 않으나 역시 서당에서 한학을 수학하였다고 한다. 또한 이들 가운데에는 蔚珍濟東學校를 졸업한 인물이 있는데 울진제동학교는 보통 소학교를 졸업하거나 서당에서 수학한 나이가 많은 사람들이 선진학문을 공부하는 곳이었다고 한다. 따라서 울진제동학교는 당시 울진지역의 인재들이 몰리는 곳이었다. 더욱이 위의 인물들은 대부분이 울진지역의 鄕班출신이었다. 즉 이들 가운데에는 江陵 崔氏·義寧 南氏·潭陽 田氏가 많은데 이들 성씨는 울진지역의 향반

---

35) 최구소, 앞의 증언.

으로서 울진지역에서 매우 큰 영향력을 행사하고 있었다. 그리고 이들은 또한 대부분이 지주 또는 부농층이었다. 위의 <표 10>에서 직업이 농업 또는 노동이라 되어있는 전영경 · 주진황 · 황택룡 등은 지주였으며, 이외에도 최재소 · 최학소의 아버지이며 제3차 조선공산당의 활동가인 최익한[36]은 천석꾼이었다. 그리고 남석순은 "일꾼을 고용하여 농사를 지었으며, 상농은 못되어도 중농 이상은 되었다"고 한다.[37] 장호명도 행곡리의 지주인 張植[38]의 아들이었다.

그리고 또한 울진농민조합사건 이후 1943년 울진에서 발생한 暢幽契事件의 관계자들은 바로 울진농민조합에 관계했던 인물들이 많았고 또 이들에 의하여 주도되었다고 생각되는데, 그 주도층 가운데에는 최익한의 사촌매부인 주영석, 고종사촌이며 윤씨 종손인 윤종수, 조카사위인 전남출, 사촌동생 최익성의 동서인 남정규 등과 같이 최익한과 직간접적으로 관련이 있는 인물들이 있다. 또한 울진농민조합의 지도자 가운데 한 사람인 남왈성은 최익한의 매부였는데 그는 최익한의 집을 출입하면서 사회주의에 심취하였고, 이를 지역사회에 전파하였다고 한다.[39] 이로 보아 최익한은 울진지역에서 직접 활동하지는 않았으나 지역사회에 심대한 영향력을 행사하고 있었음을 알 수 있다.

---

36) 최익한의 활동에 대해서는 송찬섭, 「최익한의 생애와 활동」, 『구로역사연구소회보』 창간호, 1989 ; 「일제 해방초기 최익한의 실학연구」, 趙東杰敎授停年記念論叢委員會, 『韓國史學史硏究』, 나남출판사, 1997이 참조된다.

37) 南重學의 증언(1998년 8월 16일. 울진군 울진읍 정림리 554. 남중학씨 자택). 남중학은 울진농민조합의 관련자인 남석순의 아들이며, 1998년 현재 울진군 광복회장이다.

38) 울진청년회의 회장을 역임하였으며, 22세까지 서당에서 한문을 공부하였고 청년을 대상으로 배일사상을 선전하였으며 1921년 출판법 위반으로 벌금 50원의 형을 받았다. 최익한, 노기일 등과 친교를 맺었다(『왜정시대 인물사료』 3, 35쪽). 張植은 崔益翰과 호형호제할 정도로 친한 사이였으며(최구소, 앞의 증언) 전영경, 노기일 등과 함께 울진강습소를 창립하였다고 한다.

39) 崔九韶, 앞의 증언 및 南重學, 앞의 증언. 南重學에 따르면 南日成이 처가에 다니면서 사회주의를 수용하였으며, 사회주의 서적을 구입했다고 한다.

그런데 직업이 중복되는 경우는 신문기자가 7명으로 가장 많았는데, 이들의 실질적인 직업으로 보기에는 무리가 있을 것으로 생각된다. 즉, 울진농민조합은 합법적인 공간을 보다 적절히 활용하고자 신문지국의 경영계획을 세우고, 진기열을 조선중앙일보에 기자로 입사40)시키는 등 신문지국 또는 신문기자라는 직업을 운동을 전개하는 과정에서 하나의 중요한 수단으로 간주하였던 것이다. 따라서 울진지역의 운동은 이우정, 윤두현, 최재소, 최학소, 진기열 등과 같이 (준)專業的인 활동가들에 의하여 이루어졌음을 알 수 있다. 한편 이들이 신문지국을 경영했을 때의 이점으로 생각한 것은 "독자 방문 또는 기사수집에 협력하는 등에서 지국의 발전을 기하는 동시에 농조의 자금을 조성하고, 배포신문에 비밀서신을 신문 사이에 끼워넣어 연락하는 한편 빈농계급의 생활상태를 조사하여 동정적 기사를 신문지상에 게재"하는41) 것이었다.

한편 울진농민조합은 1933년 4월 20일 제1회 간부회의에서 소년부를 설치한 후 최학소를 책임으로 선임하고, 진기열을 편집계로 하여 기관지의 발행을 결정하였다.42) 기관지는 1933년 5월 21일과 6월 20일 두 차례에 걸쳐 발행되었는데, 그 내용은 "모두 불온하고 矯激하여 日支事件(滿洲事變 - 인용자)을 계급적으로 논평해서 일본제국주의를 배격하고 프롤레타리아의 결속투쟁을 종용"43)한 것이었으며, 상당한 효과를 보았다고 한다. 또한 1933년 6월 20일 제3회 간부회의에서는 주맹석의 제안에 의하여 운동 자금의 안정적인 확보를 위하여 桑園을 조성하여 양잠업을 경영하기로 결정하고, 그 후보지로서 울진군과 경북 봉화군 경계의 화전지를 선정하였다.44) 그리하여 1933년 7월 상순 진기열·남왈성·주맹석·최재소 등이 후보지를 답사하

---

40) 蔚珍警察署, 앞의 글.
41) 蔚珍警察署, 앞의 글.
42) 蔚珍警察署, 앞의 글.
43) 蔚珍警察署, 앞의 글.
44) 蔚珍警察署, 앞의 글.

였으나 교통이 불편하고 양잠에는 기후가 부적당하다고 판단하여 일단 桑田을 시식하고 그 결과에 따라 桑園造成의 가부를 결정하기로 하였다.[45]

그리고 울진농민조합은 앞에서 보았듯이 독서회와 야학회를 조성하여 조합원의 교양, 훈련 및 획득을 꾀하였다. 그 결과 5개의 야학회와 4개의 독서회를 조직할 수 있었다. 이들 야학회와 독서회에서는 『社會主義大義』, 『勞動讀本』 등과 같은 좌익서적을 교재로 강의하거나 토론하였다.[46]

다른 한편, 동맹의 해체 이후 울진지역의 운동세력은 분열된 운동역량을 통일하기 위한 협의회를 조직하기도 하였다.[47] 일제는 이를 '蔚珍主義運動統一協議會'라 칭하였다. 이 협의회는 동맹의 해체 이후 운동의 주도권을 상실한 이우정 일파가 운동의 통일이라는 명분하에 자파세력의 회복을 꾀하기 위하여 소집했던 것이었다. 이리하여 이우정의 사회하에 윤두현, 황택룡, 진기열, 주유만, 이춘석, 이영재, 장세균, 주진황, 안재중 등이 회합하였다. 이 자리에서 이우정은 울진지역 운동 통일의 당위성을 세계정세, 조선내의 사회운동정세, 울진군내의 운동상황을 설명하면서 운동의 再興計劃과 분산적 운동은 발전과정에서 반드시 통일되어야 한다는 것에서 찾았다.[48] 그러나 이미 진기열 등은 적농을 조직한 이후였기 때문에 이우정의 제안에 반대하고, 다만 표현단체인 울진노동조합의 기금조성에만 찬성하여[49] 이우정의 계획은 실패하였다.

이와 같이 울진군내의 운동을 통일하기 위한 계획이 실패하자 이우정은 자력에 의해 동지를 양성하고, 윤두현 일파에 대항하기 위하여 적색노동조합의 조직에 나서게 되었다. 그리하여 이우정은 황택룡

---

45) 蔚珍警察署, 앞의 글.
46) 蔚珍警察署, 앞의 글.
47) 蔚珍警察署, 앞의 글.
48) 蔚珍警察署, 앞의 글.
49) 蔚珍警察署, 앞의 글.

을 매개로 하여 이영재 · 안재중을 포섭하는 한편, 1933년 4월 23일경
부터는 황택룡과 함께 古城里 사방공사장에 취로하여 이춘석 · 金舜
哲 등을 획득하였다.[50] 이와 같이 세력을 확장한 이우정은 1933년 5
월경 사방공사장에서 과잉 노동의 무익을 선전선동하여 태업을 선동
하고, 종래 1일 1인 평균 1,000板 내외의 공정을 400板으로 제한하기
로 합의하여 그것을 실행하였다. 그리고 또한 1933년 6월 22일에는
芝切人夫의 태업을 선동하였다. 이는 單價制인 運搬人夫의 임금이
격감하는 상황과 임금에 불만이 있는 운반부를 선동한 결과였다. 또
황택룡 · 이춘석 등은 사무소에 몰려가 요구를 관철하는 등 실천투쟁
을 통하여 동지를 획득 · 훈련하였다.[51] 그러나 이들의 적노 조직을
위한 활동은 실패하였다. 이러한 활동 외에도 이우정 일파는 친목을
도모하고 투쟁의식을 고취하기 위하여 6차례에 걸쳐 야외나 해안에
서 회합하였다. 그 중에서 1933년 4월 8일 메이데이(May-Day)기념
투쟁에 관하여 협의하였던 점은 주목되는 사실이다.

한편 윤두현은 제1회 간부회의의 결정에 따라 조선 내의 운동을
시찰하기 위해 함흥으로 떠났다.[52] 윤두현은 1933년 4월 24일 울진읍
을 출발하여 안동 · 서울 · 사리원 · 철원 등의 정세를 살핀 후, 함흥에
도착하였다.[53] 함흥에서 윤두현은 행상을 하면서 고향인 姜淳馨과
만난 이래 崔炳九의 집에 기거하면서 강순형과 함께 장래 운동의 전
개책을 협의하고, 1933년 12월 동지로 획득한 金鳳圭의 집에서 氏名
不詳者 3명과 강순형을 조직원으로 하는 '咸興同志會'를 결성하였는
데, 이들이 협의한 운동전개대책은 다음과 같다.

현하의 운동은 각지에 분산되어 있기 때문에 그 통일을 위하여 조

---

50) 蔚珍警察署, 앞의 글.
51) 蔚珍警察署, 앞의 글.
52) 蔚珍警察署, 앞의 글.
53) 『조선일보』, 1935년 5월 5일(조간), 「리더級 咸興에 潛入 同志會를 組織코
相互間 連絡을 圖謀」.

선공산당을 재건하여 국제당의 승인을 받기로 하고, 그것을 위하여 서울을 중심으로 본부를 두고, 동지를 각지에 파견하여 연락을 밀접하게 함54)

함흥동지회 결성 이후, 이들은 함흥동지회를 잠정적인 그룹으로 규정하는 한편, 당면목적으로 ① 동지를 획득, 양성할 것, ② 동지간의 친목을 도모할 것을 정하였다. 그러나 함흥동지회의 자금 조달에 곤란을 느낀 윤두현은 1934년 2월 일시 귀향하여 상황보고와 함께 자금조달에 분주하다가 검거되었다.55) 그리고 울진농민조합은 울진제동학교의 교원 임수강의 친일행적을 비판하는 맹휴를 독서회 학생반책임 남상덕을 통하여 1933년 6월 21일부터 결행시키기도 하였다.56) 이러한 울진농민조합의 활동상을 최학소는 다음과 같이 정리하였다.

울진면 중 가장 중심농촌인 호월리(湖月里), 정림리(井林里) 등 양대 동리에 전주력을 집중하여 맹활동하였던 결과 불과 1년이 되지 못하여 전부락, 전동리를 전적으로 조직화할 수 있을 만큼 대중을 획득하여 우리의 영향 아래 두게 되었던 것이다. 구장은 물론이고 금융조합 임원 등도 민주주의적 선거에 의해 선출함으로써 다른 곳과 같이 선거 때마다 따라다니는 악현상인 매수나 뇌물의 증여 등과 같이 아름답지 못한 일은 조금도 없었다. 농가의 일상생활 필수품도 공동구입하며, 신문, 잡지, 기타 출판물 등도 다량으로 공동구입하여 돌려가며 읽게 하였고, 심지어 농번기에 있어서 경작 같은 것도 전부락이 집합하여 일정한 일 분량과 순서를 정하여 오늘은 누구의 집, 내일은 누구의 집 이렇게 질서정연하게 운영되었던 것이다. 그러므로 울진지방에서는 이들 지역을 가리켜 소비에트부락, 적색부락, 주의자부락(물론 이것은 왜놈들이 지은 것이지만)이라고 하였던 것이다. 좌우간 이들 부락에 거주한다는 말만 듣는 사람이면 또는 그 부락의 젊은 사

---

54) 蔚珍警察署, 앞의 글.
55) 蔚珍警察署, 앞의 글.
56) 蔚珍警察署, 앞의 글.

람이면 누구를 물론하고 사상가 또는 주의자로 인정받게 되었던 것
이다. 그래서 이 주력적(注力的)지역의 영향은 비주력적(非注力的)
지역에 대하여 사반공배(事半功倍 : 일은 절반을 하면서도 성과는 배
로 냄)적 효과를 얻게 되었던 것이다.[57]

여기에서 잠시 暢幽契事件에 대하여 살펴보겠다.[58] 창유계는 1941
년 9월 5일 南源壽, 林大憲, 張世銓, 朱鎭晃, 尹大奎 등 5명이 울진
읍 호월리의 張氏陶谷亭에서 조국광복을 위하여 비밀리에 협의한 후
동지획득에 힘을 기울인 결과 1941년 9월 15일 崔孝大, 盧廈淳, 崔晃
淳, 南志學, 李斗淵, 朱永錫, 尹鍾洙, 張永俊, 南福伊, 田元江, 田萬
秀, 田炳瓚, 南石順(南容俊), 朱尙俊, 崔淵悳, 南精奎, 南容湜 등 17
명을 동지로 획득하고 조직하였다. 이들이 조직의 이름을 暢幽契라
한 것은 일제에 발각당하지 않기 위함이었다. 이들은 조직 당일 '우리
는 죽음으로써 투쟁하자'는 구호를 외쳤으며, 이후 계원을 102명까지
확장하였다. 이들은 조직을 완성 한 후 첫째, 국외로서는 상해임시정
부와 연락을 취할 것. 둘째, 국내 민족의식을 강화하며 또 이에 대한
삐라와 倭政末路의 비운 등등의 삐라를 산포하여 치안의 혼란을 도
모한다. 셋째, 국외 정보에 따라 각 도책임자까지 예정하고 남원수를
상해임시정부로 특파하여 연락을 긴밀히 할 것이라는 운동방침을 정
하였다.

그리고 조직을 南福伊를 계장으로 하는 暢幽契, 朱禮得을 계장으
로 하는 後蘭契(甲契), 崔孝大를 계장으로 하는 遵香契, 독서회 등으
로 정비하였다. 그리고 남원수를 上海臨時政府에 파견한 이후 다시
장세전을 임시정부에 파견하여 임시정부와 보조를 같이 하고자 하였
으나 장세전의 출발 전날인 1943년 3월 19일 일제에 발각되어 계원들

---

57) 崔學韶, 『농민조합조직론』, 돌베개, 1987, 53~54쪽.
58) 창유계사건에 대하여는 朱禮得, 『抗日鬪爭虐殺事件眞相』(手稿本)을 참조
   하여 작성하였다. 필자인 주예득은 창유계사건의 관련자로서 1년의 집행유
   예를 선고받았다.

은 검거되었으며, 상해임정에 파견되었던 남원수도 만주에서 검거되었던 것이다. 그리고 검거된 계원들은 일제 고문에 의하여 최황순, 남지학, 남원수, 이두연, 전원강, 전만수 등 6명이 사망하였고, 장세전, 윤대규, 전병찬, 남석순, 주영석, 윤종수, 장영준 등 7명은 예심 중에 사망하였으며, 노하순, 주진황, 남복이 등 3명은 복역 도중 사망하였다. 이외 생존한 창유계 관련자들은 林時憲, 최효대(崔忠淳), 張鳳塾, 南容湜, 張永仁, 남정규, 주상준, 최연덕, 朱禮得(朱尤熙), 田男出(田晋秀), 田燦國, 朱大中, 張相舜, 洪鍾琪, 全基舜, 張永昊, 李任璇, 韓允潭, 田士述, 陳炳宇, 崔淵學, 南敬郎, 田孝錫, 金仁輔, 李在鳳 등이다. 그리고 이상의 인물 이외에도 창유계사건에 관계된 인물은 尹銓, 崔學韶, 李在璇 등의 이름이 보인다. 창유계에 관계했던 인물들은 대부분 지역사회의 유지급의 인물들이었다.

그런데 여기에서 주목해야 할 점은 창유계에 관련된 인물들 가운데에는 임시헌, 최학소, 전원강, 남석순, 남경랑, 남원수 등 울진농민조합에 관련된 인물들이 상당수 있다는 점이다. 문제는 창유계사건에 대한 주예득의 주장처럼 창유계가 임시정부와 관계를 맺고 운동을 전개하고자 한 것이 사실이라면 울진농민조합의 일반 구성원은 사회주의자가 아니었음이 확인된다. 즉 울진농민조합과 창유계사건에 관련된 7명의 사상을 분석하면 오직 최학소만이 사회주의자로 보이며, 임정에 파견되었던 주진욱·남원수는 민족주의적인 성향의 인물로 생각된다. 이렇게 보면 우리는 여기에서 울진농민조합은 지도부와 일반 구성원 사이에 사상적인 간극이 존재했을 가능성이 보인다는 점에 주목할 필요가 있다고 생각된다.[59] 즉 울진농민조합의 지도부는

---

59) 농민조합운동의 전개과정에서 지도부와 일반구성원이 상호 사상적으로 동질성을 갖고 있었는가를 입증하는 것은 매우 어려운 일이다. 그러나 필자는 이러한 가능성이 충분히 있다고 생각한다. 필자는 이미 양산농민조합운동을 분석하는 과정에서 이와 같은 가능성을 언급한 바 있다(「日帝下 慶南 梁山 地域의 革命的 農民組合運動」, 『芝邨金甲周敎授華甲紀念史學論叢』, 1994 참조).

사회주의사상을 갖고 있었으나 일반구성원은 민족주의적인 성향을
갖고 있지 않았나 생각된다.

3. 운동방향

1) 조직방향

울진농민조합의 조직체계를 살펴보기 전에 울진지역의 사회운동을
본격화하였던 울진노농공작당의 조직체계를 도표화하면 <그림 6>과
같다.

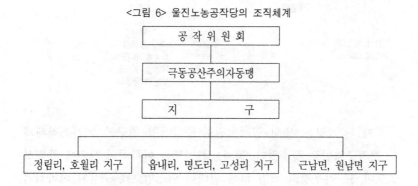

<그림 6> 울진노농공작당의 조직체계

공 작 위 원 회

극동공산주의자동맹

지　　　구

정림리, 호월리 지구　｜　읍내리, 명도리, 고성리 지구　｜　근남면, 원남면 지구

아울러 일제가 파악한 울진노농공작당의 조직체계는 다음 <그림
7>과 같다.

공작당의 조직체계는 먼저 상부구조를 조직하고 각 지구별로 하부
구조를 조직하는 하향식 조직방법을 채택하였다. 그리고 이러한 하향
식 조직방법은 울진농민조합의 경우에도 그대로 적용되었다. 이를 구
체적으로 보면 다음과 같다.

<그림 7> 일제가 파악한 울진노농공작당의 조직체계

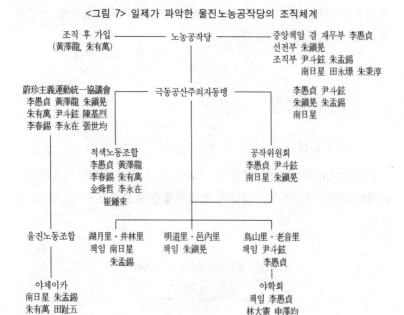

첫째, 공작당은 총회-공작위원회-중앙책임-지구의 기간조직체계
를 행정구역별로 갖추었다. 둘째, 각 지부는 야학회의 설치에 주력하
였으며, 또 이우정의 책임 하에 임대헌 외 5명으로 구성된 야학회가
설치되기도 하였다. 셋째, 지구의 하부단위로서 班의 조직은 확인되
지 않는다. 그러나 울진농민조합의 단계에 가면 행정구역 단위의 지
구와 계층조직인 학생반이 조직체계상 같은 선상에 놓여있음을 확인
할 수 있다. 넷째, 공작당은 지역전위 정치조직으로서의 성격을 갖는
다고 볼 수 있다. 즉, 공작당은 울진지역의 주요한 활동가들에 의하여
조직되었고, 또 이들 활동의 주요 목적이 활동방침에서 보이듯이 동
지 획득 및 교양에 있었다는 점에서 알 수 있다.

　다음으로 울진농민조합의 조직체계를 살펴보면 다음의 <그림 8>
과 같다.

<그림 8> 울진농민조합의 조직체계

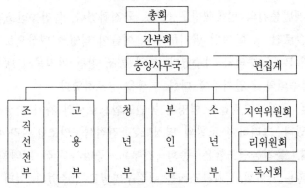

한편으로 일제가 파악한 울진농민조합의 조직체계는 다음 <그림 9>와 같다.

<그림 9> 일제가 파악한 울진농민조합 조직체계

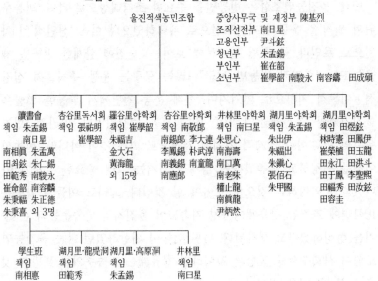

이 조직체계를 통해 볼 때 울진농민조합은 첫째, 조선혁명의 성격을 반제반봉건의 민족해방운동으로 규정하였다. 울진농민조합의 강령과 슬로건, 농조 창립 발기문에서, 이들이 혁명의 대상으로 지목한 것은 일본제국주의와 지주였다. 특히 농조 창립 발기문의 내용은 일본제국주의와 친일지주에 대한 투쟁을 강조하였다.

둘째, 울진농민조합은 혁명적 농민조합으로서의 자기 위상을 명확히 하였다. 그리하여 조합의 명칭도 '울진적색농민조합'이라 하였다.

셋째, 울진농민조합은 총회-간부회-중앙사무국-지역책임-독서회 혹은 야학회의 기간조직을 행정구역별로 갖추었다. 여타 농조의 경우와는 달리 집행위원회를 설치하지 않고 중앙사무국을 두어 울진지역의 운동을 중앙집권적으로 지도하였다. 이는 울진농민조합의 조직방침이 하향식 조직방침인 것과도 밀접한 관련이 있다고 할 수 있다.

넷째, 울진농민조합은 빈농민을 주요한 조직대상으로 하여 '빈농우위의 원칙'을 운동의 기본노선으로 채택하였으나 이는 '선언적'인 차원으로 보인다. 즉 창립 발기문에 보이는 "울진에 산재한 빈농민 제군" 또는 "혁명적 빈농민 제군"이라는 문구는 운동 주체들의 심정적·이론적 지향으로 여겨지며, 실제 운동 전면에서 활동한 인물은 울진지역의 '유산계급'인 지주 또는 부농 출신이었다. 따라서 '빈농우위의 원칙'이란 경제적 처지에 전적으로 따른 것이 아니라, 빈농의 이해를 인정하고 복종한다면 경제적 처지는 그리 중요한 요소가 아니었음을 의미하는 것으로 보아야 할 것이다. 그리고 이들의 활동은 1941년에 조직된 창유계에까지 지속되어 울진지역 민족운동의 큰 줄기를 형성하였다고 생각된다. 다만 이들이 지향하였던 바는 울진농민조합이 사회주의를 표방한 것이라면 창유계는 민족주의를 표방한 것으로 볼 수 있을 것이다.

다섯째, 울진농민조합은 참모기능에 계급, 계층별 성격을 강화하였다. 예를 들면 고용인부·소년부·부인부·청년부 등이 이에 해당한다. 그런데 이러한 계급·계층별 부서가 혁명적 농민조합에 설치된 것은 "신간회의 등장과 더불어 지역사회 내에 별로 많지 않았던 사회운동 역량이 신간회 지회조직으로 분산되고, 또 지역주민의 대부분을 차지하는 농민들의 문제가 소홀하게 다루어져 1920년대 중반기보다 침체"60)되는 현상에 대한 반성이 있었기 때문이다. 그리하여 혁명적 농민조합 내부에는 계급·계층별 조직이 하나의 독자적 부서로 종속하게 되었던 것이다. 그런데 울진지역의 경우에는 계급·계층별 조직의 해체 → 농민조합의 독자적 부서로의 종속의 단계로 직접 이행한 것이 아니라 계급·계층별 조직의 해소 → 공작당(동맹) → 농민조합의 독자적 부서의 단계로 이행하였다.

여섯째, 울진농민조합은 독서회나 야학회 그리고 기관지의 발행을 통하여 조합원을 교양·훈련 및 획득하고자 하였다. 이러한 문제에 관하여 당시 울진농민조합의 핵심인물이었던 최학소는 "독서회는 야학회와 밀접한 불가분의 관계를 가지고 있다. 그런데 독서회라 하면 무슨 특수한 전문적인 것을 연구하는 인텔리층의 모임이라는 착각에 빠져서는 안 된다. 그것은 어디까지나 순진한 농민들로 조직된 모임이라는 것을 생각한다면 그 성질과 본질을 이해할 수 있으리라 생각한다"61)고 하였다. 다시 말하면 독서회나 야학회는 전문적인 연구모임이 아니라 농민들의 현실적인 생활과 밀접히 결부되어 있다는 것이다. 그리하여 그는 독서회나 야학회의 필요성을 "농민대중은 불평불만을 그들의 투쟁과 실천을 통하여 또한 배우는데 있다."62)고 보았다. 그리고 야학회의 중요성을 다음과 같이 6가지로 정리하였다.

① 야학회는 동리사람들과 밀접한 우호관계를 맺을 수 있는 것
② 우리 조합의 근본 정신을 대외적으로 선양시킴으로써 모두가 신

---

60) 지수걸, 앞의 논문, 248쪽.
61) 최학소, 앞의 책, 68쪽.
62) 최학소, 앞의 책, 69쪽.

뢰하도록 하는 동시에 우리 조합의 권위를 한층 더 높게 고양시
킬 수 있는 것
③ 미조직대중을 조직화시킬 수 있는 중요한 계기가 되는 것
④ 조합원(교사)에 대한 신망과 신뢰를 집중시킬 수 있는 것(그 희
생적 태도에서)
⑤ 조합의 근본정책을 측면적으로나마 선전함으로써 미조직대중을
우리 조합의 영향 아래 둘 수 있게 되는 것
⑥ 우리는 야학회를 통하여 그들의 일상 생활에 대한 불평불만에
대한 지도, 계몽 및 상담자가 될 수 있다는 것63)

이러한 이유로 최학소는 야학회의 조직을 주장하였으며, 기관지의
중요성에 대하여 다음과 같이 말하였다.

(기관지는 - 인용자)우리의 투쟁과정상 절대 필요한 것이다. 우리
운동은 계급 대 계급의 전쟁이니 만치 전투에 있어 무기가 필요한 것
은 두말할 여지도 없다.64)

그리고 기관지의 기능에 대해서는 "기관지는 농촌에 있어서의 선
전자인 동시에 선동자로서의 역할을 하고 있을 뿐만이 아니라 집합
적 조직자로서의 임무를 하고 있는 것"65)이라고 주장하였다. 이러한
기관지에 대한 인식은 프로핀테른의 다음과 같은 지시와 연관이 있
을 것으로 생각된다.

(15) 좌익의 긴급한 임무의 하나는 노동자의 생활을 그려내고, 요구
를 표식화하며, 그리고 또한 프롤레타리아의 계급투쟁을 지도하기 위
한 노동조합신문 발간과 아울러 팜플렛·공장신문·통속적인 소책
자·삐라 등을 발행하는 일이다.66)

---

63) 최학소, 앞의 책, 70~71쪽.
64) 최학소, 앞의 책, 61쪽.
65) 최학소, 앞의 책, 61쪽.

이리하여 울진농민조합은 기관지를 두 차례에 걸쳐 발행함과 동시에 각종의 소책자·팜플렛·삐라를 발행하였다.[67]

일곱째, 울진농민조합은 勞農同盟의 원칙에 입각하여 운동을 전개하였다. 공작당시기에 이미 합법적인 노조인 울진노동조합을 혁명적으로 개조할 것을 결정했다든지, 또는 진기열 일파가 적농을 조직 중이던 시기에 이우정이 울진지역 社會運動統一協議會를 제안한 후 협의회 자리에서 유일하게 합의한 내용이 표현단체인 울진노동조합의 기금 조성에 관한 것이라든지, 혹은 당시 원산과 함께 노동운동의 중심지였던 함흥에 윤두현을 파견하고 함흥동지회의 결성 이후에는 상호연락을 취한 것이라든지, 그리고 울진농민조합에 고용인부를 설치한 것 등에서 알 수 있다.

2) 활동방향

앞장에서 보았듯이, 울진농조는 1933년 3월 29일에 결성되었는데, 운동방향은 창립발기문,[68] 강령, 슬로건, 규약 등에서 확인할 수 있

---

66) 한대희 편역, 『식민지시대 사회운동』, 한울림, 1986, 256쪽.
67) 우리가 현재 확인할 수 있는 것은 다음과 같다.
    기관지의 「卷頭言」, 「朝鮮農林의 狀況과 우리의 任務」, 「發芽期에 있는 울진 프롤레타리아運動과 우리의 任務」, 「帝國主義의 侵略과 彈壓政策」, 「蔚珍農民組合創立發起文」, 「私立學校 許可制 撤廢에 관한 件」, 「蔚珍公立普校宛」, 「社會相」, 「追悼文」, 「社會進化-偶然」, 「對農林無産階級」, 「風災民救済資金 2千圓 消費에 대해」, 「부르주아政治勢力과 無産階級政黨」, 「團體組織에 대한 注意」, 「朝鮮思想團體의 3大 綱領과 우리의 態度」, 제목미상의 팜플렛과 「不合理歌」, 「露國××(혁명)唱歌」 등의 노래가사, 소설 『社會主義者의 一生』(최학소)가 있다.
68) 蔚珍警察署, 앞의 글. 창립발기문은 다음과 같다.
    울진에 산재한 빈농민 제군!!
    전투적 대중 제군!!
    우리들은 적색농민조합을 조직할 것이다!! 창립할 것이다!!
    고로 목소리 높여 먼저 선언한다!!
    보라. 제군!!

다. 강령과 슬로건은 다음과 같다.

강령
1. 본 조합은 농민의 경제적, 정치적 의식을 촉진하여 봉건적 착취 제도를 부인한다.

국제적으로는 야수적 열강 제국주의의 중국 점령 통치로 인해 일어난 이해 투쟁은 반드시 세계 제2차 식민지 분할 전쟁으로밖에 해결될 수 없다는 국면에 이르렀다. 전 세계 무산계급의 조국인 러시아의 5개년 계획 성공을 공성하고 그 위용에 떨고 놀란 국제 열강은 장차 독일 공산당세력 및 중국 남북방의 공산군의 활발한 또 용감한 진전과 각국 프롤레타리아운동 및 식민지 피압박 대중의 맹렬한 발달은 제국주의 열강의 3대 위협이 됨과 동시에 현 자본주의사회를 지구상에서 완전히 소탕할 중요한 조건이다.

울진에 산재한 빈농민 제군!!

전투적 대중 제군!!

이들 자본주의의 일환인 일본제국주의자 놈들은 최후의 해악으로서 즉 단말마적 행위를 하고 있다.

보라!!

조선 내에서의 놈들의 일상적 과업을 보라. 혁명적 전투 노농대중 운동의 폭압, 전위 분자의 검거, 취조, 투옥 내지 사형은 얼마나 횡포무쌍한가? 놈들의 탄압이 심각하면 심각할수록 우리의 혼과 힘은 점차 강경하게 될 뿐이다!!

보라!! 우리의 희생자가 기만 기천을 헤아리나 의연한 우리의 운동은 가두에서, 공장에서, 학교에서 또는 어장에서 광장, 농장으로 그 어떤 것임을 묻지 않고 대중적으로, 조직적으로, 구체적으로 폭동화시키자!!

울진에 산재한 혁명적 빈농민 제군!!

이 폭동의 적풍을 울진의 산곡으로 불어 오게 한 것은 기왕에서부터이다. 우리는 전 조선 농민의 일부이다. 그러므로 전 조선 농민의 일부적 투쟁 임무와 역할을 수행하지 않으면 안 된다.

보라, 제군!!

울진에서도 착취기관인 금융조합과 소수의 선일인 지주 또는 고리대금융업자에게 착취당하고 노예가 되어 왔다.

아니다. 지금도 압박받고 있다. 그래서 우리들의 생활은 점점 비참한 생활에 처하고 있다. 그런데 우리는 무저항적 굴종적 태도만을 고집하였던 것은 아닌가? 오히려 우리는 단결에 의해 놈들에게 대항해야 한다. 그러한 까닭에 우리는 울진적색농민조합이라는 소조합의 조직을 전투적, 혁명적 제군 아래에 관성을 들어 발기한다. 아래의 표어를 높이 외치자.

강경히 제국주의의 아성을 총공격하자!!

1. 본 조합은 전 조선 농민과 악수하기까지 본 강령에 의해 투쟁한
다.

슬로건

1. 울진군 내에 산재한 정치적 압박 기관 및 경제적 착취 기관을 부
인한다.
1. 봉건주의를 타파하자.
1. 미신을 타파하자.
1. 일본제국주의 반대.69)

먼저 규약70)에서는 조합의 명칭을 '울진적색농민조합'이라 칭함으
로써, 혁명적 농조로서의 성격을 명확히 하였다. 그리고 조합원의 자
격을 "강령을 이해하고 비밀을 엄수하는 농민"이라 규정하여 비밀결
사로서의 성격도 명확히 하였다. 그런데 이와 같은 조합원의 자격 규
정에는 계급·계층적인 입장이 반영되어 있지 않다. 이는 농민조합운
동에 일반적으로 관철되고 있던 '빈농 우위의 원칙'을 유연하게 받아
들이고 있었던 것으로 생각된다. 즉 발기문에서 "울진에 산재한 빈농
민 제군" 또는 "전투적 대중 제군"이라 호칭함으로써 조합원의 자격
을 간접적으로 보여주고 있다. 다시 말하면 농민조합의 강령을 이해
하고 비밀을 엄수하는 농민이라면 경제적 처지를 막론하고 농민조합
원으로 받아들일 수 있다는 뜻으로 생각된다. 이는 울진농민조합운동
의 지도급 인물들이 지주 또는 부농 출신이었다는 점을 상기하면 더
욱 명확해진다고 생각된다. 그리고 또한 "조합비 5원 거출"과 조합원
의 제명 또는 권리 정지 등 조합원의 권리와 의무 등을 규정함으로써
조직체계를 강화하였다.
그리고 活動方針71)을 "각지에 독서회를 조직하고 야학을 실시해

---

69) 蔚珍警察署, 앞의 글.
70) 蔚珍農民組合事件「판결문」.
71) 蔚珍農民組合事件「판결문」.

서 청소년의 의식 교양 및 동지 획득에 주력할 것"이라 정하였다. 이러한 활동 방침 아래 이들은 각지에 독서회, 야학회를 건설하는 한편 계층조직으로서 학생반을 별도로 설치하였다.

한편 이 시기는 소위 '농촌진흥운동'이 발흥하던 때로서 이들은 농촌진흥운동이라는 합법 공간을 최대한 이용하고자 하였다.[72] 그리하여 전욱현을 책임자로 하였던 호월리 야학의 경우에는 농촌진흥야학을 최대한 이용하고자 하였고, 나곡리의 최학소도 농촌진흥야학의 교사로 활동하기도 하였다. 또한 이미 결성된 독서회나 야학회는 전취해서 울진농조 산하의 독서회로 개조하려는 움직임도 보였다.[73] 그리하여 일제의 조사에 따르면 울진지역에는 5개의 야학회(田馹鉉 책임 호월리 야학회, 朱孟錫 책임 호월리 야학회, 井林里 야학회, 杏谷里 야학회, 羅谷里 야학회)와 행곡리 독서회와 지구별 독서회(정림리 독서회, 호월리 高原洞 독서회, 호월리 龍堤洞 독서회, 학생반)가 4개가 있었음을 확인할 수 있다.[74]

그런데 독서회·야학회의 가입 자격 문제를 둘러싸고 농조 내부에서는 활발한 논의가 있었던 듯하다. 1933년 4월 29일 경 주맹석의 집에서 있었던 독서회 조직문제에 관한 회의에서 朱有萬은 "의식 불충분 청소년을 받아 독서회에 가입시키는 것은 불가하다"[75]는 반대론을 내세웠던 것이다. 이를 역으로 생각한다면 울진농조 지도부에서는 독서회의 가입 자격을 의식의 충분, 불충분의 문제로 본 것이 아니라 누구든지 독서회에 가입할 의사가 있으면 가입시키자는 것이었으리라 생각한다. 이는 울진농민조합의 지도부가 조합의 대중성을 확보하고자 하는 차원에서 대중조직을 최대한 확대하려 한 것으로 이해된다.

---

72) 蔚珍警察署, 앞의 글.
73) 蔚珍警察署, 앞의 글.
74) 蔚珍警察署, 앞의 글.
75) 蔚珍警察署, 앞의 글.

이리하여 이 자리에서는 독서회를 조직하지는 못하였으나, 1933년 5월 7일 남왈성·주맹석 등은 전봉인 외 12명과 꽃놀이를 가장한 야유회에서 독서회를 조직하였다. 이때 주맹석은 독서회의 취지를 다음과 같이 설명하였다.

> 농민계급은 전 세계에서 가장 중요한 산업적 역할을 결과하고 언뜻 사회제도의 결함으로 가장 비참한 생활을 하나 그것은 농민의 단결과 끊임없는 투쟁에 의해 해결할 수 있다.[76]

그리고 지구를 편성하고 정림리 책임에 남왈성, 호월리 고원동 책임에 주맹석, 호월리 용제동 책임에 전원강, 사립제동학교 학생반 책임에 남상덕을 선임하였다. 그리고 교재는 주로 백양사 출판사의 도서 등 좌익서적을 사용하였다.[77]

한편 이들은 독서회의 위상을 다음과 같이 말하였다.

> 좌익 출판물의 공동 구입 내지는 윤독 등에 의해 투사의 양성을 계획, 또는 독서회의 지도하에 야학회를 개설하는 등 적농 세력 확대의 전위적 임무를 수행하면서 정예분자는 그를 적농에 가입시키고 혹은 맹휴에 의해 무기정학 처분을 받은 학생을 포섭(?)해서 의식 교양을 실시한다.[78]

---

76) 蔚珍警察署, 앞의 글.
77) 蔚珍警察署, 앞의 글. 일제측에 압수당한 도서 목록은 다음과 같다. 『유물사관해설』, 『노동조합론』, 『파리코뮨의 경험』, 『변증법적 유물론이란 무엇인가』, 『天文地文』, 『고대 일본의 노예제도』, 『일본노동소사』, 『프롤레타리아문화』, 『인터내셔널』, 『노농자본』, 『사회주의대의』, 『비판』, 『신소년』, 『마르크스 사회학』, 『사회민주당의 농촌 강령』, 『참회록』, 『루소民約論』, 『이론투쟁』, 『조선지광』, 『아등』, 『부인필독』, 『계급의식론』, 『마르크스 자본론 대의해설』, 『조선농민』, 『농촌 청년의 활로』, 『계급투쟁의 필연성』, 『프롤레타리아의 사명』, 『신생명』, 『인생창조』.
78) 蔚珍警察署, 앞의 글.

위의 인용문에서도 보이듯이 울진농조는 독서회의 위상을 투사의 양성을 통한 적농세력의 확대에 두었다. 주요한 독서회와 야학회의 활동사항은 다음과 같다.

먼저 정림리 야학회는 농촌진흥야학을 가장하여 1933년 9월 중순 경부터 약 2개월 간 남지영의 집에서 있었다. 여기에는 윤병렬 외 5명이 참여하여『社會主義大意』등을 교재로 강연하는 한편, 부역부담반대, 농촌진흥운동의 기만성 등에 관한 의식교육을 실시하였다. 그 결과 농촌진흥운동은 정림리에서는 완전히 유명무실하게 되었다.79) 주맹석 책임의 호월리 야학회도 역시 1933년 12월말부터 약 2개월 간 주봉갑외 4명으로 야학회를 설립하고 문맹퇴치를 표방하며 계급의식을 주입하였다.80)

田勛鉉 책임의 호월리 야학회의 경우는, 전욱현이 독서회 학생반원으로서 맹휴사건을 계기로 사립제동학교를 퇴학한 후 1933년 12월경 농촌야학회(농촌진흥야학 - 인용자)가 설립된다는 소식을 듣고 강사가 되어 기회가 있을 때마다 주의의 교양에 힘쓰고 또 농진야학회는 농번기가 되면 開梡을 예상하고 開止 후에는 야학회원을 규합하여 독서회를 조직하여 좌익서적을 구입하였다고 한다.81) 羅谷里 야학회는 소년부책임 최학소가 농촌진흥회 서기 최봉암으로부터 야학회 교사로 취임해 줄 것을 제의받은 후 이를 기회로 1933년 12월경부터 김대석 외 20여 명을 대상으로 보통학을 교양하는 외에『노동독본』을 교재로 하여 좌익사상을 지도하였다. 그리고 소련을 예찬하는 강연을 한다든지 혹은 농촌의 피폐 원인을 자본주의제도에서 구하고, 농촌진흥운동이 진정으로 농촌의 경제적 갱생을 가져오지 못한다는 선전·선동을 하였다.82) 이상에서 보았듯이 독서회나 야학회는 농촌

---

79) 蔚珍警察署, 위의 글.
80) 蔚珍警察署, 위의 글.
81) 蔚珍警察署, 위의 글.
82) 蔚珍警察署, 위의 글.

진흥운동이라는 합법적인 공간을 최대한 활용하고자 하였던 것이다.

다른 한편, 울진농조는 발기문에서도 보이듯이 운동의 주요한 수단으로서 폭동을 상정하고 있었다. 그러나 폭동은 발기문에서 보이듯이 제2차 세계대전의 발발과 같은 혁명적 상황의 도래를 가정하면서 상정한 운동 수단이었다. 따라서 폭동을 운동의 주요한 수단으로 상정했다고 하여 울진농민조합운동이 좌편향적이었다고는 할 수 없다고 생각된다.

Ⅵ. 영동지방 농민조합운동의 구조와 성격

1. 청년운동의 발전

1) 1920년대 초기 청년회의 조직

1919년 3·1운동 직후 국내에서의 민족운동은 크게 두 방향으로 전개되었다. 하나는 1917년 러시아혁명이 성공한 이후 유입된 사회주의 진영의 활동이고, 다른 하나는 靑年會運動, 敎育振興運動, 物産奬勵運動 등의 운동을 전개한 민족주의 진영의 활동이다. 특히 청년회운동은 1920년대 초반에 이루어진 실력양성운동의 대표적인 활동이라 할 수 있다. 이 시기의 청년회운동은 주로 수양운동·풍속개량운동·농촌개량론을 주된 논리로 하고 있었다.[1] 실제로 高城의 邊城靑年會는 주로 토론회와 강연회를 통하여 회원의 수양과 일반의 각성을 촉진하고 남녀야학을 설치하기 위한 준비 활동, 향촌을 개선하고 풍속의 개량을 목적으로 한 극단의 조직 등의 활동을 하였고,[2] 金剛靑年會는 도서관의 설치[3]와 보통학교에 입학할 수 없었던 아동의

---

1) 이에 대하여는 다음의 논문이 참고된다.

趙芝薫,「韓國民族運動史」,『韓國文化史大系』1, 고려대학교 민족문화연구소, 1963 ; 趙機濬,「朝鮮物産奬勵運動의 展開過程과 그 歷史的 性格」,『歷史學報』41, 1969 ; 金鎬逸,「日帝下 民立大學設立運動에 對한 一考察」,『中央史論』1, 1972 ; 李炫熙,「1920년대초의 民族實力 養成運動-자작회·조선물산장려회의 활동」,『大邱史學』7·8호, 1973 ; 盧榮澤,「민립대학설립운동」,『국사관논총』11, 1990.

2)『동아일보』, 1922년 1월 25일,「邊城靑年會消息」.

교육을 위하여 고성보습학원을 설치[4]하는 등 주로 교육을 진흥하기 위한 활동에 주력하였다. 또한 양양의 물치노농동맹은 노동운동과 농민운동을 병행하고자 하였다. 이 시기 가장 선진적이었던 변성청년회와 금강청년회·물치노농동맹의 활동이 실력양성론에 입각해있었다면, 다른 청년회의 활동 역시 이와 크게 다르지 않았을 것으로 생각된다.

그리고 청년회는 1920년에 251개, 1921년에 446개, 1922년에는 488개로 급증하였고, 종교청년회의 경우도 1920년에 98개, 1921년에 226개, 1922년에 271개로 급증하였다. 강원도의 경우에는 1920년과 1921년에는 15개, 1922년에는 24개의 청년회가 조직되어 있었다.[5] 그러나 이 시기의 영동지방에 조직되어 있던 청년회가 몇 개나 되었는지는 확인할 수 없는 형편이다. 다만 필자가 확인한 바로는, 고성의 광성청년회(1923)·금강청년회(1922)·변성청년회(1921), 장전청년회(1922), 통천의 通川靑年會(1923)·翁谷靑年會(1922)·庫底靑年會(1921), 양양의 호산청년회·양양신청년회·물치노농동맹(1923) 등의 존재가 확인되었다. 이외에도 종교청년단체로는 고성엡윗청년회(1923)·통천엡윗청년회·강릉엡윗청년회가 있었다.

그런데 1920년대 전반기에 강원도지방의 사회운동을 지도하는 위치에 있었던 것은 고성과 양양지역이었던 것으로 보인다. 고성의 邊城靑年會와 金剛靑年會, 양양의 勿淄勞農同盟의 활동이 이를 뒷받침한다. 우선 변성청년회의 지도적 인물은 회장 朴泰善, 부회장 朱默, 총무 咸演皥, 교육부장 咸演應, 지육부장 全昌永, 체육부장 咸河珏, 경리부장 咸河璿, 사교부장 咸熙在 등인데,[6] 이 중 회장인 박태선과 총무인 함연호는 일찍부터 서울청년회에 가입하여 활동하였다.

---

3) 『동아일보』, 1922년 1월 2일, 「金剛靑年會消息」.
4) 『동아일보』, 1922년 9월 10일, 「高城補習學院設置」.
5) 『朝鮮治安狀況』, 542~547쪽(韓國史料硏究所, 『朝鮮統治史料』 제7권 재수록).
6) 『동아일보』, 1922년 1월 25일, 「邊城靑年會消息」.

그리고 양양의 물치노농동맹은 1923년 吳龍泳·金東煥·金大鳳·崔禹集 등에 의하여 조직되었는데,[7] 조선노농총동맹준비회의 발기단체로서[8] 趙仁淳과 김대봉을 1924년 창립된 朝鮮勞農總同盟에 대표로 파견하였다.[9] 그리고 高城農民會는 朝鮮勞農大會準備團體總會에 참가하였다.[10] 이를 조금 더 구체적으로 살펴보면, 고성의 박태선과 양양의 김대봉은 조선노농총동맹의 중앙집행위원으로 선출되었고,[11] 김대봉은 또한 화요회에서 주최한 全朝鮮民衆運動者大會의 준비위원이 되었다.[12] 또한 박태선은 朝鮮社會團體中央協議會의 창립준비위원,[13] 고성의 금강청년회의 張鳳翰과 朴吉守, 통천의 흡곡청년회의 南相琉는 1923년 3월 24일부터 30일까지 개최된 全朝鮮靑年黨大會에 참가하였다.[14] 또한 함연호는 朝鮮靑年總同盟의 중앙집행위원으로 선출되었다.[15] 그리고 고성의 한혁파·함연호·함연웅과 양양의 최우집은 전조선노농대회의 준비위원이 되었다.[16] 이상의 경력에서 보면, 1920년대 초반의 영동지방의 사회운동은 고성과 양양의 두 지역을 중심으로 이루어졌으며, 서울청년회계열의 영향권에 있었음을 알 수 있다. 한편 이러한 활동은 이 단체들이 영동지방의 다른 단체들보다는 운동역량이 우월하였다는 점을 보여주는 것이었다. 이렇

---

7) 『동아일보』, 1937년 7월 13일, 「農組關係者三名 滿期出獄歸還」.

8) 京城鐘路警察署, 鐘路警高秘 第10930號-2, 1923年 9月 14日, 「朝鮮勞農總同盟會發起의 件」, 情報綴, 1923, 344쪽.

9) 『시대일보』, 1925년 1월 22일, 「襄陽新靑年同盟創立」.

10) 『동아일보』, 1924년 1월 18일, 「勞農大會의 主催團體 總會를」.

11) 『동아일보』, 1924년 4월 21일, 「勞農總同盟完成」.

12) 『동아일보』, 1925년 2월 19일, 「大會準備委員會」.

13) 『동아일보』, 1926년 4월 22일, 「朝鮮社會團體中央協議會 創立準備를 進行 중」.

14) 京畿道警察部, 警高秘, 第5699號, 1923年 3月 31日, 「全朝鮮靑年黨大會集會禁止의 件」, 情報綴, 1923, 931~935쪽.

15) 『동아일보』, 1924년 4월 25일, 「靑年臨時大會」.

16) 『동아일보』, 1925년 4월 11일, 「勞總紛糾事件先後 全鮮勞總大會準備委員會」.

게 보면 영동지방에 실력양성론이 아닌 새로운 사상으로서 사회주의
가 소개되는 시기는 1924년 전후 시기로 생각된다.

2) 1920년대 중기 사회주의의 수용

윗 절에서 보았듯이 1920년대 초반 영동지방의 청년운동은 실력양
성론을 바탕으로 하였다. 그러나 실력양성론은 1923년 全朝鮮靑年黨
大會의 개최 이후 사회주의의 영향을 받아 쇠퇴하기 시작하였다.[17]
사회주의의 영향을 받았다고 볼 수 있는 최초의 단체로는 1921년에
조직된 고성의 변성청년회와 1924년에 조직된 양양의 양양신청년동
맹을 꼽을 수 있다. 물치노농동맹은 조선노농총동맹준비회에 참여하
였고, 핵심인물인 김대봉은 조선노농총동맹의 중앙위원에 선출되었
다. 1924년 해방운동의 신사조가 (양양지역에 - 인용자) 전파되면서
최우집·김대봉·박정양 등에 의하여 양양신청년동맹이 창립되었
다.[18] 그리고 고성의 변성청년회는 관동지방의 청년운동을 통일적으
로 조직하기 위하여 關東靑年大會를 개최하고자 하였다.[19] 이에 따
라 관동청년대회 준비위원회는 1925년 5월 22일 대회를 원만히 개최
하고자 3개 선전대를 파견하기도 하였다. 하지만 대회는 경찰의 금지
로 무산되고, 간담회로 대체되었다.[20] 그렇지만 강원도청년운동단체
의 總機關 설치 노력은 계속되어 1925년 11월 15일 부괴청년회, 변성
청년회, 철원청년회, 철원무산청년회, 감성청년회, 성우회, 진세회 등
이 발기하여 강원청년연맹이 조직되었다.[21] 그러나 江原靑年聯盟은

---

17) 이에 대하여 한 논자는 "식민지라는 조건에서 경제적, 정치적 불만을 갖게
   된 청년들이 식민지 정책의 고압과 경제적 궁박, 그리고 세계 신흥사조의
   조수와 같은 유입 등으로 인해 계급적으로 진출하는 것은 불가피한 것"(李
   江, 「朝鮮靑年運動史的考察」(上), 『現代評論』 1-9, 1927, 28~29쪽)이라 설
   명하였다.
18) 『시대일보』, 1925년 1월 22일, 「襄陽新靑年同盟創立」.
19) 『동아일보』, 1925년 5월 10일, 「全關東靑年에게 訴하노라(下)」.
20) 『동아일보』, 1925년 5월 24일, 「關東靑年大會 禁止되고 懇親會 開催」.

창립 때부터 위원의 절반 이상이 투옥 또는 병고로 인하여 활발한 활동을 할 수 없었고, 일부 단체의 국부적 연합체 수준에 불과하였다.

이에 따라 도내 청년단체의 통일을 도모하고 마르크스주의적인 중앙집권조직 하에 전민족청년운동으로 방향전환을 할 필요에서 혁신대회를 소집하게 되었다.[22] 이리하여 1927년 9월 28일부터 30일까지 강릉에서 江原靑年聯盟革新大會를 개최하였다. 이 혁신대회에서는 특히 조직문제에 대하여 미조직 지방에는 연맹의 세포단체가 책임을 지고 조직을 촉진하기로 하면서 노총과 농총의 규정에 따르기로 하였다.[23] 이에 따라 양양청년동맹은 1927년 10월 26일의 정기대회에서 隣郡靑年同盟의 조직을 촉성하기로 결정하였다고 생각된다. 이는 곧 청년단체의 확대, 강화를 통하여 지역사회의 운동을 활성화시키겠다는 것으로 이해된다.

한편 1925년 12월 2일에는 嶺東記者團이 조직되었다.[24] 사실 영동기자단은 제1회 영동기자대회를 준비하는 과정에서 상설 통일기관의 필요성에 의하여 탄생하였던 것[25]으로써, 이후 5차례의 정기총회를 개최하였으며 江原記者大會를 도출해 내었다. 그런데 영동기자대회는 단순한 신문기자 모임 이상의 의미를 가지는 것이었다. 즉 그것은 각 군의 사회운동자들이 주로 『동아일보』, 『조선일보』 등 신문 지국을 중심으로 활동하고 있던 상황에서 각 지방의 운동상황을 파악하

---

21) 『동아일보』, 1925년 10월 28일, 「江原靑年 鐵原서 發起大會」.
22) 『동아일보』, 1927년 8월 12일, 「江原靑聯革新 準備事項 決議」.
23) 『동아일보』, 1927년 10월 7일, 「禁止, 中止에 中 各代議員의 熱火」.
24) 『조선일보』, 1925년 12월 9일, 「嶺東記者團」. 영동기자단의 조직과 동시에 채택된 선언과 강령은 다음과 같다.
　선언
　我等은 힘있는 결속과 엄정한 筆鋒으로써 언론 권위의 신장을 기하기 위하여 2대 강령을 세우고 영동기자단을 조직하노라.
　강령
　1. 우리는 一致步調로써 언론의 권위를 발휘하기로 함.
　1. 우리는 상호 협조로써 同職者의 친선을 도모함.
25) 『조선일보』, 1925년 12월 8일, 「嶺東記者大會」.

고 운동방침을 논의하는 자리였다.26) 이는 곧 영동기자대회를 조직
하고 있던 인물들이 영동 6군의 조선문 각 신문, 잡지 기자27)였으며
동시에 각 군의 지도적인 활동가였기 때문에 가능한 일이었다. 이 영
동기자대회에 참여했던 대표적인 인물은 강릉의 崔燉瑾·金在珍·
鄭允時·金吉仁·李明儀, 양양의 崔容大·崔斗集·金炳煥·金達圭,
울진의 田永暻·田炳文(民)·趙薰錫, 삼척의 鄭健和·沈富潤 등이
었다.28) 그리고 이들은 강원청년연맹과 영동기자대회를 통해 새로운
사상을 빠르게 수용할 수 있었다. 특히 고성의 박태선과 함연호, 양양
의 김대봉과 최우집은 1920년대 초반에 이미 서울청년회 등 중앙의
사상 단체와 연계를 가지면서 운동을 전개하였기 때문에, 다른 지역
보다 사회주의사상이 빠르게 받아들여졌을 것으로 생각된다. 그리고
사회주의사상이 영동지방에서 보다 힘을 얻을 수 있었던 것은 1926
년 11월 정우회의 방향전환선언의 영향에 따른 것으로 보인다. 즉 양
양에서는 1927년 3월 20일 전양양사회운동단체연합간담회에서 운동
방향 전환에 관한 건을 결의하는데, 그 내용은 다음과 같다.

　가. 사상단체의 해산에 관하여는 이를 시인함.
　나. 정치운동에 대하여는 종래의 운동에서 비약하여 정치운동을 전
　　　환할 일
　다. 신간회에 대하여는 적극적으로 원조할 일29)

위의 결의에서는 군청년단체를 망라한 군연맹의 촉진을 결의하였

---

26) 김점숙, 「1920~1930년대 영동지역 사회운동」, 『역사와 현실』 9, 1993, 282
　　쪽.
27) 『동아일보』, 1927년 3월 30일, 「嶺東記者大會 諸般準備整然」.
28) 『동아일보』, 1925년 12월 9일, 「嶺東記者團」; 1926년 10월 12일, 「嶺東記者
　　團 第三回 定總」; 1927년 4월 18일, 「盛況裡에 끝마친 嶺東記者大會」;
　　1927년 10월 7일, 「嶺東記者大會 定期大會開催」; 『조선일보』, 1927년 10월
　　8일, 「嶺東記者團 第五回定期大會」.
29) 『조선일보』, 1927년 3월 31일(석간), 「盛況을 豫期하는 嶺東記者大會」.

는데, 이에 따라 양양에서는 사회주의에 입각한 청년운동이 발흥하게
되었다. 그리하여 양양군청년연맹이 조직되었고, 이 양양군청년연맹
은 1927년 8월 10일 양양청년동맹으로 발전적인 해소를 하였다.30) 양
양의 경우와 마찬가지로 영동지방의 다른 지역에서도 방향전환론의
영향은 보이고 있다. 1927년 9월 28일부터 3일 동안 강릉에서 개최된
강원청년연맹혁신대회는 "조선운동은 과거의 자연생장적 조합운동에
서 목적의식적 정치운동으로 방향을 전환하는 동시에 전선을 확대하
여 전민족의 총역량을 통일·집중"하고자 한 것이었다. 따라서 이 대
회는 '정우회선언'과 신간회를 지지하는 일종의 강원도 지지대회와
같은 성격을 지니는 것이었다. 이 혁신대회에 참가한 단체나 지역은
정우회의 방향전환론에 대하여 알았고, 그 영향을 받았을 가능성이
매우 높았다.

강릉의 경우, 1917년 조직 이래 활발한 활동을 전개하지 못하던 강
릉청년회는 1927년 7월 10일부터 부흥위원회를 설치하고 강릉청년동
맹에 가입하기로 결정하였다. 그리고 강원청년연맹 혁신대회에는 趙
瑾煥·정윤시·이명의가 위원으로 참여하였고, 삼척에서는 정건화,
울진에서는 조훈석과 노기일이 위원으로 참여하였다.31) 이로 보아
강릉·삼척·울진의 경우도 정우회선언의 영향을 받은 것으로 보아
야 할 것이다. 그런데 여기에서 한가지 유의하여야 할 점은 양양지역
과 함께 영동지방의 사회운동을 이끌었던 고성지역의 참가가 보이지
않는다는 점이다. 이 점은 아마도 고성지역의 핵심적인 활동가인 박
태선과 함연호가 일찍이 원산과 서울로 활동무대를 옮겼기 때문으로
추측된다.

이상에서 보았듯이 영동지방에 사회주의사상이 전파되기 시작한
것은 고성과 양양을 중심으로 한 청년단체를 통하여 이루어졌으며,
1926년 11월 정우회선언 이후 사회주의가 본격적으로 전파되었음을

---

30)『동아일보』, 1927년 8월 18일, 「襄陽靑年同盟 聯盟解體後 組織」.
31)『동아일보』, 1927년 8월 20일, 「江原靑聯革新大會」.

알 수 있다. 그리고 이 과정에서 각지 청년단체는 청년동맹으로 개편
되는 동시에, 운동 역량도 한층 강화되었을 것으로 생각된다.

3) 농민운동의 발전

1920년대 농민운동은 3·1운동을 분기점으로 하였다. 3·1운동을
거치면서 조선의 농민들은 부르주아민족주의의 실체에 대하여 알게
되었고 점차 그들의 영향에서 벗어나기 시작하였다. 따라서 민족의
독립과 계급해방을 위한 새로운 사상과 새로운 세력이 요구되었다.
이러한 시대적 요구에 부응한 새로운 사상으로서 사회주의가 수용되
었고, 민족독립운동의 새로운 세력으로서 노동자·농민 등 기층민중
세력이 등장하였다. 그러나 이 시기에 수용된 사회주의는 마르크스-
레닌주의의 본질을 이해하고 수용했다기보다는 민족의 독립을 위한
사상으로 받아들인 것으로 생각된다.[32] 따라서 사회주의가 급속히
보급되기는 하였지만 이는 새로운 사상적 대안을 모색하는 하나의
과정이었을 뿐 내재화된 사상은 아니었다. 그러나 사회주의는 지식인
층을 중심으로 급속히 보급되었다. 1920년대 초반 사회주의의 보급에
는 이른바 사상단체가 큰 역할을 하였다. 1920년 4월 최초의 전국적
규모의 대중적 노동단체를 표방한 朝鮮勞動共濟會가 조직되었고,
1924년 4월에는 조선노농총동맹이 창립되었다. 또 1925년에는 火曜
會를 중심으로 朝鮮共産黨이 조직되었다. 그리고 1927년에는 조선노
농총동맹이 조선노동총동맹과 조선농민총동맹으로 분립되어 노농운
동의 전기를 이루었다.

그러나 최소한 1922년 조선노동공제회가 「소작인이여 단결하라」라

---

32) 이 점에 대하여는 다음의 글이 참고가 될 만하다.
　　"일부 민족 인텔리들이 사회주의를 내향적으로 숭상하고 있었다 하더라도 그
　　것은 역시 소시민적 방황에 불과하며, 노동계급의 혁명적 사상의식으로서의
　　사회주의사상이라고는 말할 수가 없다."(김준엽·김창순, 『한국공산주의운동
　　사』 2, 청계연구소, 1986, 4쪽)

는 성명을 발표할 때까지는 노동문제와 농민문제를 정확히 이해하고 있지 못한 상태였다. 즉 1920년대 초중반까지 무산자와 농민층에 대한 엄밀한 개념이 확립되지 않아 '무산'이라는 개념은 농민에게도 무비판적으로 적용되었다. 다시 말하면 농민과 프롤레타리아트의 차이를 인식할 수 없었다. 그 이유는 농민이 몰락하는 상황에서 자작농·소작농·자작 겸 소작농·소작농 등은 모두 몰락하여 도시의 무산계급이 될 것이기 때문에 농민이 도시의 프롤레타리아트와 제휴하여야 한다는 것이었다.

한편 농민대중단체의 성장은 조직의 형태상의 변화를 통하여도 알수 있다. 즉 1920년대 초반에는 전국 각지에서 소작인조합·소작인상조회 등 소작인단체가 등장하였고 1926년 이후에는 무안농민연합회가 무안농민조합으로 변경하면서 농민조합으로 개편하였다. 농민조합으로의 개편은 조합에 소작인뿐만이 아니라 자작농까지도 참여하게 함으로써 조합의 역량을 강화하고자 하였던 것으로 이해된다. 이는 당시 제기되고 있던 민족협동전선운동의 일환이기도 하였다. 그리고 1930년대 초반에는 농민조합이 혁명적으로 전환되면서 운동은 한층 발전하였다. 이와 같은 농민단체의 성장과 발전, 그리고 사회주의 사상의 보급은 농민들의 대중적 투쟁을 확대시켰다. 1921년부터 1924년까지 소작쟁의의 연도별 상황은 다음의 <표 9>와 같다.

<표 9> 소작쟁의의 연도별 증감 현황

연도	발생건수	동원인원수	사건당인원수
1921	27	2,967	110
1922	24	3,539	148
1923	176	9,060	52
1924	164	6,929	42
합계	391	22,495	57

* 자료 : 朝鮮總督府警務局, 『最近朝鮮ニオケル治安狀況』(1938), 97~99쪽 ; 高等法院檢事局思想部, 『思想彙報』 第22號, 1940年 3月, 14~15쪽에서 작성.

<표 9>에서 볼 수 있듯이, 1921년부터 1923년까지 소작쟁의의 발생 건수와 동원 인원·사건당 인원수는 비약적으로 증가하였으나, 1924년에만 다소 감소하였다. 그러나 이 때에도 농민들의 대중적 투쟁은 그 발생 건수나 사건당 인원수가 결코 적은 것이 아니었다. 이는 1920년대 초반 농민들의 대중적 투쟁 열기가 매우 높았음을 보여준다고 할 수 있다. 이처럼 농민층의 투쟁은 투쟁과정에서 농민층을 단결시키는 한편 일본제국주의와 친일 지주의 본질을 알게되는 계기가 되었고, 또한 이를 바탕으로 조선노농총동맹·조선농민총동맹과 같은 단체들이 조직되었던 것으로 이해해야 할 것이다.

한편 영동지방에서는 농민운동의 발전이 어떠한 경로를 통해 이루어졌는가에 대해서는 자료상의 한계로 자세히 살필 수 없다. 하지만 앞 절에서 살핀 청년운동의 발전과정과 그 궤를 같이 하는 것으로 이해하여도 무방할 것으로 짐작된다. 이는 운동의 지도부가 청년층이었고, 이들은 지방사회에서 출생·성장한 인물들이었다. 따라서 지방사회에서의 청년은 곧 농민, 혹은 농민의 자식으로서 농업문제나 농민문제의 직접적인 당사자들이었기 때문이다. 더욱이 청년운동이 지역사회의 대중적 토대 위에서 전개되었다는 사실을 생각해 볼 때, 영동지방의 농민운동은 청년운동과 그 궤를 같이 하였다고 할 것이다.

2. 농민운동의 성격

1) 조직적 기반의 변화

일제하 농민운동의 조직적인 기반의 변화를 이해하기 위해서는, 이전 시기의 농민운동의 조직적 기반과 비교·검토하는 것이 유용하다고 생각된다. 일반적으로 조선후기 농민항쟁의 과정에서 분기를 이루는 시기는 1862년 농민항쟁이라 볼 수 있다. 이는 곧 조선후기 봉건체제의 파탄과 농민층의 몰락, 그리고 제국주의의 침탈과 상품화폐경

제의 변동 그리고 이에 따른 계급구성의 변동과 변혁 주체의 성장에
따라 봉건모순의 지역성이 국가 규모로 확대되었음을 의미한다. 따라
서 농민항쟁도 군현 단위의 지역성을 넘어 동학농민운동단계에 이르
면 중앙권력을 타도의 대상으로 삼는 반봉건항쟁으로 그 수준이 고
양되었다.[33] 동시에 동학농민운동은 서세동점 이후 열강의 침투와
위기로부터 보국안민, 서학에 대한 반발과 후천개벽에 의한 현실부정
적 성격[34]을 가지며 근대 민족의식의 형성에 기여하였다.

1862년 농민항쟁의 경우에는 동·리 단위로 존재하던 계·두레·
향호·초군 등과 같은 기존의 기층 농민 조직과 세금상납조직이 농
민을 농민항쟁에 동원하는 중요한 매개체가 되었다. 특히 1894년 동
학농민운동 당시 농민 동원의 역할을 담당하였던 것은 동학 조직과
함께 향촌 지배기구의 하부고리를 이루는 洞長, 里執綱 등 평민층이
었다. 이와 같이 조선후기 농민항쟁의 과정에서는 향촌사회의 말단층
이 기존의 지배질서에 반하여 농민항쟁에 참가하고 있는 사실을 확
인할 수 있다. 그리고 이와 같이 농민층이 변혁의 주체로 성장하는
과정은 구한말 의병의 항쟁과정에서도 볼 수 있다. 1905년 乙巳保護
條約이 체결된 이후 申乭石·洪範圖와 같은 평민 의병장이 출현함
으로써 양반출신의 의병장들이 갖는 한계를 극복할 수 있었다.

한편 1910년 일제의 강점 이후에는 국권을 회복하기 위한 농민층
의 움직임은 구체적으로는 없었다. 이 시기의 움직임은 자연발생적인
것이었고 노동자, 농민 등 기층 민중의 움직임은 1920년대를 기다려
야 했다. 즉 1919년 3·1운동의 전개과정에서 각 지방에서는 농민층
의 눈부신 활약이 있었다. 특히 양양의 경우에는 전국에서도 손꼽을
만큼 지속적이고 대규모적인 운동이 전개되었는데, 이는 1906년 南宮

---

33) 고석규, 「19세기 농민항쟁의 전개와 변혁 주체의 성장」, 한국역사연구회 지
음, 『1894년 농민전쟁연구』 1, 역사비평사, 1992. 참조.
34) 金昌洙, 「韓國民族主義의 形成과 東學農民革命」, 『韓國民族運動史硏究』,
범우사, 1995, 39쪽.

橧이 부사로 부임한 후 세운 岷山學校 출신의 애국적인 활동과 감리
교 계통의 기독교 조직, 李錫範을 비롯한 유생 세력이 농민을 동원하
여 3·1운동을 지도한 것 등에 기인하였다. 그리고 이 과정에서 오래
전부터 향촌 사회의 중심 인물이던 區長들이 농민을 동원하는 데 앞
장을 서는가 하면 集姓村의 일족이 모두 만세에 참여하기도 하였다.
결국 지방 사회에서 농민을 동원하는 과정에는 전래의 농촌 지배질
서가 큰 영향을 미쳤음을 알 수 있다. 그럼에도 불구하고 3·1운동은
학생층과 지식인층이 주도했다는 평가가 일반적이다. 이는 곧 3·1운
동 과정에서 농민층이 아직까지는 주도적으로 참여하고 있지 못하였
음을 나타내주는 것으로 이해할 수 있다.

　그러나 3·1운동 이후 노동자·농민 등 기층 민중이 민족해방운동
의 전면으로 부상하는 사실로 미루어 볼 때 3·1운동은 민중이 민족
해방운동에 적극적으로 참여하는 계기가 되었음은 부인할 수 없는
사실이었다. 그리하여 1920년대에는 조선노농총동맹(1924년)·조선
노동총동맹(1927년)·조선농민총동맹(1927년)·조선청년총동맹(1924
년)·신간회(1927년)와 같은 단체들이 조직되었고, 1925년에는 조선
공산당과 고려공산청년회와 같은 전위조직이 조직되었다. 그리고 이
들 단체는 노동자·농민운동에 상당한 영향을 행사하면서 운동을 전
개하였다. 그러나 1928년 코민테른은 12월테제에서 민족협동전선으
로 조직된 신간회만이 아니라 조선공산당까지도 소부르주아적인 성
격을 지닌다 하여 해산할 것을 지시하였다. 이후 조선의 사회주의운
동은 공산당을 재건하는 것을 일차적인 목적으로 하였고, 따라서 노
동자·농민·청년 등 각 부문운동은 조선공산당의 재건을 목표로 활
동하지 않으면 안 되었다. 이러한 과정에서 각 지방에서는 앞에서 본
바와 같이 청년을 중심으로 하는 운동 단체가 조직되어 지역 단위의
운동을 선도하였다. 그리고 그 결과 1920년대 중반 이후 전국 각지에
는 농민조합이 조직되어 지역 사회의 운동을 지도하게 되었다.

　이렇게 볼 때 1920년대 이후의 농민운동은 이전과 같은 공동체적

인 연대가 아니라 운동 조직을 중심으로 한 결사체적 연대 또는 계급
적 연대를 기반으로 하여 전개35)된 것으로 이해할 수 있다. 물론
1920년대 이후의 농민운동의 경우에도 전래의 공동체적인 요소가 완
전히 영향을 미치지 못한 것은 아니었다. 이 글에서 분석한 양양의
造山里, 삼척의 灘雲里, 울진의 井林里 등은 전래의 공동체적인 요
소 - 각각 江陵 崔氏, 延日 鄭氏, 義寧 南氏의 集姓村 - 가 여전히 강
력한 요인으로 작용하였다. 그리고 이들 중심지의 운동을 지도하였던
인물들은 전래의 공동체적인 요소의 핵심적인 인물이었다. 즉 지주
또는 종손으로서 동리 내에서 상당한 영향력을 행사할 수 있던 인물
들이었다. 그런데 한 연구에 따르면 이러한 경향은 1920년대 초기에
해당하는 것이고 1920년대 중반 이후에는 사회주의적인 강령을 내건
운동조직에 의하여 농민운동이 활발하게 전개되어 종전의 공동체적
인 관계가 운동을 방해하는 요소로 작용하는 경우도 나타났으며,
1920년대 말 이후에는 조직원을 충원하는 방법이 점차 핵심 활동가
를 중심으로 한 개인적 충원 방법으로 바뀜에 따라 공동체적인 관계
가 적극적으로 활용되었다고 한다.36)

  그러나 최소한 영동지방에서는 1920년대 중반에도 공동체적인 관
계가 농민운동을 방해하는 요소로 작용한 사례는 보이지 않는다. 오
히려 울진지역의 경우에는 1943년 창유계사건이 발생하였는데, 창유
계사건에는 지역 사회에 영향력이 강력했던 지주, 종손, 면서기, 금융
조합 서기 등이 주축을 이루었는데, 이들 가운데 상당수가 울진농민
조합에 가담했거나 그 영향을 받은 사람들이었다. 예를 들면 울진농
민조합에 참여했던 인물 가운데 창유계에 참여한 인물은 주진욱, 임
시헌, 최학소, 전원강, 남석순, 남경랑, 남원수 등이며, 주영석은 최익
한의 사촌 매부, 윤종수는 고종사촌이면서 종손이었고, 선남출은 조
카 사위, 남정규는 최익한의 사촌인 최익성의 동서였다. 그리고 농민

---

35) 이준식, 앞의 책, 420쪽.
36) 이준식, 위의 책, 421쪽.

조합의 최말단 조직인 班조직은 동리를 단위로 구성되었는데, 이 점 또한 전래의 공동체적인 요소가 여전히 농민운동에 영향력을 행사했다는 증거로 볼 수 있다. 이는 곧 영동지방에서는 1940년대에 이르기까지 농민운동에 지역의 유력자들이 큰 영향력을 행사했다는 추측을 가능하게 한다. 이렇게 볼 때 영동지방의 농민운동은 사회주의의 영향을 받은 인물들이 지역사회의 전래의 공동체적인 요소를 적극적으로 이용하였음을 확인할 수 있다.

2) 조직방향
(1) 1920년대 중기의 조직방향

영동지방의 농민운동은 1920년대 중반까지는 청년운동을 중심으로 이루어졌다. 이는 아직까지 농민운동이 독자적인 조직을 갖고 있지 못했던 점뿐만이 아니라 아직까지 농민운동이 하나의 부문운동으로 성립하지 못하고 있었기 때문이기도 하였다. 따라서 1920년대 중반의 농민운동은 청년운동단체나 노농운동단체가 지도하였다. 이 시기에 성립한 청년운동단체로는 조선청년총동맹이 있었고, 노농운동단체로는 조선노농총동맹이 있었다. 그리고 이 단체들은 지방에 산하 단체를 조직하거나 기존의 단체들을 산하단체로 흡수하면서 운동을 전개하였다. 영동지방에서는 1923년 9월 양양의 물치노농동맹이 조선노농총동맹준비회의 발기단체 중의 하나였고, 1924년 1월 高城農友會가 조선노농단체주최단체총회에 그 이름이 보인다. 그리고 앞에서 보았듯이 고성의 박태선과 양양의 김대봉은 조선노농총동맹의 중앙집행위원으로 선출되었으며, 고성의 한혁파·함연호·함연웅, 양양의 최우집은 전조선노농대회의 준비위원이 되었다. 또한 청년운동에서도 고성의 금강청년회, 통천의 흡곡청년회가 1923년 3월 전조선청년당대회에 참가하였고, 함연호는 조선청년총동맹의 중앙집행위원으로 선출되었다. 이와 같이 1920년대 중반 영동지방의 사회운동을 이끌던 지역은 고성과 양양이었고 서울청년회의 영향권 하에 있었다. 그런데 이 시기 청년동맹이 설치되지 않았던 지역에 청년동맹을 설치하는 데에는 양양청년동맹의 역할이 컸던 것으로 생각된다. 즉 양양청년동맹은 1927년 10월 26일 집행위원회에서 隣郡靑年同盟 조직 촉성의 건을 결의하는 것으로 보아 청년동맹이 조직되지 않았던 영동지방의 다른 지역의 청년동맹의 조직을 적극적으로 지원하였던 것으로 보인다.

이 시기 청년운동과 노농운동은 1군 1동맹의 원칙에 의하여 조직이 이루어졌다. 이와 같은 조직원칙은 1927년 6월 이후에 이루어지는데, 이를 조선청년총동맹의 신운동방침에서 찾아보자. 신운동방침이란 지역 내에 산재해 있는 청년단체를 계급적인 입장에서가 아니라 민족협동전선적인 입장에서 하나의 단일조직으로 통합하자는 것을 주요 내용으로 하며, 이들 각 부, 군의 단일청년동맹을 전국적 단일중앙집권적 조직으로 완성하자는 것이었다. 그리하여 '靑盟 → 道聯盟 → 靑總'의 중앙집권적인 조선청년총동맹이 조직되었다. 그런데 영동지방에서 이와 같은 발전과정을 전형적으로 보이는 곳은 양양지역이다. 양양에서는 앞장에서 보았듯이 각지에 산재한 청년회 → 청년연맹 → 청년동맹의 발전과정을 보이고 있는 것이다.

그러나 청년동맹으로의 질적인 변화는 이러한 전형적인 과정을 거치지 않는 경우도 있었다. 즉 강릉·삼척·울진의 경우에는 청년회 → 청년동맹의 과정만이 보이며, 통천의 경우에는 청년회 → 청년연맹의 과정만이 보일 뿐이다. 그러나 양양과 같은 전형적인 과정을 거치지 않고, 청년동맹으로의 발전도 보이지 않는 통천의 경우에도 청년연맹의 조직을 중앙집권적인 조직건설이라는 점을 강조하고 있다.[37] 이는 결국 1920년대 중반 이후의 영동지방의 청년운동은 중앙집권적인 조직체계를 가졌으며, 조선청년총동맹의 지도를 받고 있었

---

37) 『동아일보』, 1928년 6월 26일, 「通川靑聯委員長 金演浩家宅搜索」.

음을 알 수 있게 해준다. 한편 지역 단위의 청년동맹의 조직체계는
군 단위의 청년동맹 → 면 단위의 지부 또는 지회 → 리 단위의 반으
로 이어지는 중앙집권체제였다. 그런데 이와 같이 중앙집권적인 청년
운동 조직이 영동지방에 등장하게 된 것은 지역 내 운동세력의 주체
적인 성장을 반영하는 것이기도 하겠지만 1927년의 강원청년연맹혁
신대회의 영향도 매우 컸다.

즉 강원청년연맹혁신대회는 "청년운동도 과거의 자연생장적 조직
체계를 근본적으로 변혁하는 동시에 방향을 전환하여 모든 반제국적
요소를 포함한 민족적 청년운동"으로 발전시키기 위하여 "맑스주의
적 중앙집권제를 시인"하였다.[38] 이는 결국 1920년대 중반 영동지방
의 청년운동이 정우회의 방향전환론의 영향을 크게 받았음을 보여준
다. 그러나 영동지방 6개 군의 청년운동의 발전이 균등하게 이루어진
것은 아니었다. 양양은 강원청년연맹혁신대회가 있기 전인 1927년 8
월, 강릉은 이후인 1927년 11월에 각각 청년동맹으로의 전환이 이루
어졌고, 삼척은 1927년에 이루어졌으나 그 시기가 확실하지 않다. 한
편 양양에서는 1927년 12월 군농민조합이 조직되어 활동을 시작하였
다. 이로 보아 영동지방에서는 1927년 9월의 강원청년연맹혁신대회
를 전후한 시기에 운동이 비약적으로 성장하고 있음을 알 수 있다.
이 시기에 이루어진 영동지방 청년운동의 조직방침의 특징을 다음의
몇 가지로 요약할 수 있다.

첫째, 먼저 기존의 면 또는 리 단위의 청년회 또는 농민단체가 군
단위의 청년동맹을 조직한 후 청년동맹의 면 단위의 지부, 리 단위의
반으로 변경하는 상향식 조직방침이 채택되었다. 그리고 양양·강
릉·통천에서는 이러한 상향식 조직방침이 확인된다. 특히 통천의 경
우에는 통천청년연맹이 조직되면서 리 단위의 청년회가 연맹에 참가
하는 방법을 채택하였다. 그리고 삼척에서는 면 지부의 경우에도 집

---

38) 『동아일보』, 1927년 10월 3일, 「警察의 嚴戒裡에 大會遂開幕」.

행위원제를 채택하였다. 한편 양양·강릉·통천 등의 예로 보아 청년
동맹이 존재했던 삼척과 울진의 경우도 상향식 조직방침을 채택했을
것으로 생각된다.

둘째, 각 운동조직의 조직체계는 구체적으로 나와있지 않다. 다만
강릉청년동맹 강릉면지부의 경우는 서무조사부·교양부·체육부·
여자부·소년부가 설치되어 있었다.[39] 양양청년동맹 도천지부는 서
무부·교양부·선전부·소년부·여자부를 설치하였다.[40] 이로 보아
영동지방의 청년동맹은 참모조직과 계층조직의 이원적인 조직체계를
채택하였음을 확인할 수 있다. 우선 참모조직으로는 서무, 재정, 선
전, 교양, 체육 등의 부서를 설치하였으며, 여자, 소년부 등 계층조직
을 설치하였다. 특히 계층조직의 등장은 1929~1930년의 청년동맹의
해소 → 노·농조 청년부의 설치라는 운동방침의 변화와 때를 같이
하는 것이었다.

셋째, 이 당시의 운동조직은 민족통일전선적인 성격을 지닌다고 할
수 있다. 이는 각 지역의 다양한 성격의 세력들을 군 단위 청년동맹
의 틀 안에 통일한 것에서 알 수 있다. 다시 말하면 1927년 6월 순수
무산계급청년만을 본위로 했던 과거의 청년운동을 비판하고 민족주
의청년을 비롯한 각 계급계층의 청년대중에게 문호를 개방하고자 한
조선청년총동맹의 신운동방침 수립 이후 각 지방의 청년동맹은 다양
한 계급과 계층의 청년이 참가할 수 있었다. 그리하여 당시 영동지방
6개군 중에서 청년동맹이 설치된 사실이 확인된 양양·강릉·울진·
삼척의 4개군의 집행위원장을 역임했던 정윤시, 정건화, 최용대, 김두
선, 정건화, 심부윤 등은 부농 또는 지주 출신이었다. 이는 1928년 말
경부터 나타나고 있는 계급적 농민조직을 결성하려고 한 움직임과
비교할 때 주목할 만한 사실이다. 즉 당시 청년동맹은 지역의 운동을
지도하고 있는 핵심적인 조직체였고, 이 조직의 집행위원장이었던 이

---

39)『중외일보』, 1928년 8월 14일, 「江靑同盟 江陵支部設立」.
40)『중외일보』, 1930년 4월 5일, 「郡靑年同盟道川支部」

들이 계급적 농민조직을 결성하려고 했던 움직임을 몰랐을 리가 없었기 때문이다. 특히 이 시기는 일부 조선공산주의자 사이에서 지방의 청년동맹을 해소하고 노동조합과 농민조합의 청년부로 집중해야 한다는 논의가 시작된 시기였으며, 양양의 주요 활동가들인 김병환·오일영·최용대·김두선·김필선 등이 조선공산당 양양야체이카를 조직한 이후의 시기였으므로 양양의 주요활동가들은 이와 같은 논의를 사전에 알고 있었다고 보아야 할 것이다. 그럼에도 불구하고 부농 또는 지주 출신의 활동가들이 군청년동맹의 집행위원장이었다는 점은 아직까지는 민족통일전선에 의한 운동방침이 보편적인 것이었다는 점을 보여준다고 할 것이다.

(2) 1930년대 초기의 조직방향

이미 1928년 말경부터 기존의 운동조직을 계급적으로 재편하고자 하는 움직임이 있었고, 이러한 움직임이 본격화되는 시기는 1930년 말이라 할 수 있다. 이 시기에는 청년동맹·신간회 등 합법적인 단체들을 해소하고 반합법적이고 계급적인 대중조직을 건설하고자 하는 운동노선이 관철되어 각 지역에서 농민조합과 노동조합이 조직되었다. 따라서 각 지역 단위로 조직되어 있던 계급·계층조직은 농민조합의 하나의 부서로 통합되어 농민조합은 명실공히 지역 단위의 운동 지도부가 되었다. 삼척은 이와 같은 과정을 전형적으로 보여주는 지역이라 할 수 있다. 즉 청년동맹, 신간회의 해소 → 농민조합 청년부로의 과정을 잘 보여준다. 그리고 이러한 과정은 양양·삼척·강릉에서는 상향식 조직방법에 의하여 이루어졌으며 울진에서는 하향식 조직방법에 의하여 이루어졌다.

상향식 조직방법은 1920년대의 운동방식을 반성하는 가운데서 등장하였다. 즉 1920년대에는 소수의 활동가가 군 단위의 조직을 결성한 후 그 조직에 맞추어 조직원을 포섭하는 방식으로 조직이 이루어졌으나 이러한 조직방법은 운동을 대중화하는 데에는 한계가 있었다. 그리하여 이러한 한계를 반성하는 과정에서 밑으로부터 위로의 조직방침이 채택되어 운동의 기반을 먼저 구축하고 조직을 결성하는 상향식 조직방법이 등장하였던 것이다. 그런데 울진은 여전히 하향식 방법을 채택하였다. 울진지역의 운동의 특징 가운데 하나가 1931년 1월 K회가 조직된 이래 모든 조직의 조직방법으로서 하향식 조직방법을 채택하였다는 점이다. 그 이유는 울진의 활동가들은 농민조합을 대중조직으로서가 아니라 전위조직으로 이해하고 있었기 때문이 아닌가 한다. 즉 울진노농공작당이 '黨'이라는 이름으로 조직된 것이 바로 전위당의 건설을 목적으로 하는 것이 아닌가 하는 점이다.

1930년대 초반에는 먼저 혁명적 농조와 노조 등 대중조직을 건설하고 조선공산당을 재건하고자 하는 움직임이 일반적이었다. 그러나 울진지역의 경우는 먼저 전위조직을 건설하고자 했던 것은 어떠한 이유일까. 이는 울진지역의 활동가들이 아직까지 선진지역 또는 코민테른이나 여타의 조선공산당재건운동조직과 연계가 없었기 때문에 선진적인 이론을 수용하지 못한 것이 아닌가 생각해 볼 수 있다. 그런데 영동지방 혁명적 농민조합운동의 연구 중 한 논문은 강릉공작위원회가 울진, 통천, 삼척지역과 연계를 가지면서 운동을 전개했다고 보았다.[41] 그러나 필자는 이러한 견해에 대하여 보다 신중히 접근할 필요가 있다고 생각한다. 만약 영동지방의 6개군이 강릉공작위원회와 조직적인 연계를 가지고 운동을 전개했다면 이는 당시로서는 대단한 '사건'일 수밖에 없다. 흔히 1930년대 혁명적 농민조합운동의 한계로서 지적하는 것 중의 하나가 지역적으로 고립, 분산적이었다는 점이다. 그런데 운동이 여타 지역보다 발전하지 못했던 영동지방에서 운동선이 하나로 통일되었다는 사실은 상식적으로 뿐만이 아니라 실질적으로도 믿기 어려운 것이다. 특히 이러한 결론을 내린 근거들이

---

41) 최홍준, 앞의 논문, 395~396쪽.

모두 직접적인 자료가 아니라 간접적인 자료이기 때문에 그런 결론을 내리기에는 미흡하다는 생각이 드는 것이다. 다만 필자도 이 지역의 활동가들이 상호 연결하기 위하여 끊임없이 활동했다는 점은 부인하지 않는다.

3) 조직의 구성

(1) 지도층

영동지방 농민조합운동 지도층의 성격을 정리하면 대체로 <표 10>과 같다.

<표 10> 영동지방 농민조합의 지도층[42] 일람표

통천	오계윤(고저사립통명학교졸업), 박재순(경성사립중동학교 1년 중퇴, 경성사립휘문고등보통학교 3년 중퇴)
고성	黃昌甲(함흥고보 졸업)
강릉	姜益善(강릉농업학교, 수원농림학교), 姜德善(강릉농업학교 중퇴), 權麟甲(화북대학 중퇴), 曹圭弼, 崔善珪
양양	金炳煥, 吳龍泳, 崔禹集, 金東起, 崔容大, 姜煥植(강릉농업학교, 중동학교), 秋敎哲
삼척	鄭健和(배재고보 중퇴), 沈富潤(부산상업학교 중퇴, 평양숭신학교 중퇴), 金德煥(서당, 보통학교), 黃雲大(서당, 제동학교)
울진	李愚貞(중앙고보 중퇴), 尹斗鉉(서당), 朱鎭晃(소학교), 朱孟錫(제동학교), 田永暻(서당), 南日成(서당, 제동학교), 陳基烈(이리농림학교 중퇴), 崔在韶(서당, 보통학교), 崔學韶(중동고보 중퇴), 南日基(서당), 黃澤龍

위의 <표 10>에서 알 수 있듯이, 농민조합의 지도층은 지식인이었다. 그리하여 울진지역의 경우에는 농민조합에 참여하였던 인물들을 지역이 배출한 '인물'로 평가하였고, 삼척의 경우에는 '정건화는 온짝이요, 심부윤은 반짝'이라는 말이 전해오는 것이다. 그리고 양양의 경

---

42) 농민조합의 지도층이란 운동의 전개과정에서 농민조합의 집행위원장, 집행위원, 참모부서의 장을 역임한 인물들로 한정하였고, 중간지도층은 지부장과 그에 준하는 역할을 한 인물들로 한정하였다.

우에도 농민조합에 참여한 인물들은 지역 사회에서 엘리트라고 불리던 사람들이었다. 이렇게 볼 때 영동지방 농민조합의 지도층은 지역 사회를 대표하는 지식인이었음을 알 수 있다. 또한 농민조합의 지도층은 대부분 지주 또는 부농, 중농 출신이었다. 통천의 박재순은 서울에 유학할 만큼 재력이 있었고, 강릉의 강덕선은 무산서점의 주인이었으며,43) 그의 형인 강익선은 자산이 약 2만원 정도로 중산층 이상의 생활을 하였다.44) 또한 최선규는 부친이 천석꾼이라 불릴 정도로 부유한 생활을 하였다.45) 그리고 양양의 김병환·오용영·최우집은 중농, 추교철은 부농 출신이었고, 삼척의 정건화·심부윤은 지주, 울진의 이우정·윤두현·주진황·주맹석·전영경·남왈성·진기열·황택룡·최재소·최학소·남왈기는 지주 또는 부농 출신이었다.

이에 대하여 한 연구46)에서는 윤두현·주진황·전영경 등을 노동자 출신으로 서술하였다. 그러나 필자가 울진지역을 답사하면서 관련자들과의 면담에서 확인한 바로는 이들은 모두 지역의 유지 또는 鄕班으로서 지역 사회에 상당한 영향력을 행사하고 있던 인물들로 지주 출신이었다. 특히 전영경은 울진제동학교를 설립47)할만큼 재력이 있던 인물이었다. 그리고 이들은 대부분 중등학교 이상의 학력을 가진 사람들이었다. 비록 서당·제동학교 등의 학력이 최종 학력이라 하더라도 이들은 모두 지역 사회의 엘리트층이었다. 제동학교의 경우에는 서당, 또는 보통학교를 졸업한 사람들이 입학하였기 때문에 그들의 지식 수준은 매우 높았다고 한다.48) 그리고 통천의 오계윤은 고

---

43) 金天會, 「讀書會事件의 眞相」, 『江農五十年史』, 136~137쪽.
44) 「姜德善 판결문」(昭和 10年 刑控 第427號), 『假出獄關係書類』, 大韓民國政府, 檀紀 4273年 刊行, 甲種記錄 第214卷 第41-5號.
45) 최홍준, 앞의 글, 앞의 책, 375쪽 주) 49에서 재인용.
46) 이준식, 「세계 대공황기 혁명적 농민조합운동의 계급·계층적 성격」, 『역사와 현실』 11, 1994, 149쪽.
47) 최구소, 앞의 증언.
48) 최구소, 위의 증언.

저의 통명학교를 졸업하였다고 하는데, 이를 울진의 경우와 비교하면 오계윤도 어느 정도의 자산을 소유한 사람으로 볼 수 있다. 다만 삼척과 고성지역의 농민조합운동을 지도하였던 김덕환은 '매우 가난한 생활을 하던 가정' 출신[49]이었고, 강릉의 조규필은 자산이 3천원 정도의 궁핍한 생활[50]을 하였기 때문에 이채롭다고 할 것이다. 그리고 강릉의 조규필· 최돈근, 양양의 최용대· 최두집· 김병환· 김달규, 울진의 전영경· 진기열, 삼척의 정건화· 심부윤· 황운대, 통천의 오계윤 등은 동아일보, 조선일보의 기자를 역임한 인물이었다.

이렇게 볼 때 농민조합운동을 전개하던 인물들은 울진의 진기열의 예에서 보는 바와 같이 기자의 신분을 가졌거나 가지고 있음으로써 신문기자라는 합법적인 신분을 운동을 전개하는 중요한 수단으로 간주하였던 것이다. 그리고 농민조합운동의 핵심적인 인물들은 만주, 일본 등지에서 활동하거나 서울· 수원· 평양· 부산 등지에 유학을 한 경험이 있었다는 공통점이 있다. 이는 결국 선진적인 이론의 수입과 풍부한 운동 경험을 소유한 인물들이 지역사회에서 농민운동을 주도했다는 사실을 말해준다. 따라서 이들 농민조합의 지도부는 풍부한 운동 경험과 높은 이론 수준을 보유하고 있었다고 할 것이다. 다른 한편으로 이들 가운데 일부는 전업적인 운동가였다고 볼 수 있다. 필자가 현지 답사를 통하여 확인한 바로는 양양의 오용영· 최우집, 울진의 이우정· 윤두현· 최재소· 최학소, 삼척의 정건화· 심부윤· 황운대· 김덕환 등을 그 예로 들 수 있다. 따라서 이들은 지역의 사회운동에 지대한 영향력을 행사하였다.

이상에서 영동지방 농민조합운동의 지도층은 이른바 '유산계급' 출신의 지식층이 대부분이었음을 확인할 수 있었다. 이는 결국 영동지

---

49) 「金德煥 등 16명에 대한 치안유지법위반사건 판결문」(昭和 10年 刑控 第 79, 80, 81號),『假出獄關係書類』, 大韓民國政府, 檀紀 4272年 刊行, 甲種記錄 第45-14號.

50) 최홍준, 앞의 글, 앞의 책, 375쪽 주) 50에서 재인용.

방의 농민운동이 '유산계급' 출신들에 의하여 지도되었음을 의미한다. 그런데 기존의 대부분의 연구에서는 농민조합운동의 초기에는 이들 '유산계급' 출신들에 의하여 운동이 지도되다가 1920년대 말 이후에 는 농민 출신의 인물들이 운동의 지도부로 점차 성장하여 가고 있다 고 하였다.51) 그러나 영동지방의 농민조합운동의 전개과정에서는 농 민출신의 활동가가 운동의 최고 지도층으로 성장한 사례는 거의 찾 아볼 수 없었다. 운동이 일제에 발각되어 검거될 당시 농민조합의 지 도부가 위의 <표 10>과 크게 다르지 않다는 사실에서 이 점을 확인 할 수 있을 것이다. 단지 김덕환의 경우를 예로 들 수 있겠으나 이는 극히 예외적인 일이었다. 그럼에도 불구하고 이들은 농민조합의 기본 원칙으로서 '빈농우위의 원칙'을 채택하였다. '빈농우위의 원칙'이란 "종래 농민운동의 주도권을 장악하고 있던 지주나 부농층을 대신해 빈농층이나 노동자계급이 농민운동의 주도권을 장악하고 나아가 이 들 새로운 지도층이 빈농적 이해관계(궁극적으로는 토지혁명)를 중 심으로 농민대중의 이해관계를 실현하기 위해 농민들을 조직하고 투 쟁한다는 원칙"52)이다. 일제시기 명천농민조합에서 발표한 한 문건 에 따르면 부농층에서는 지도자를 선출해서는 안 된다고 하였다.53)

그런데 영동지방 농민조합의 지도자들은 위에서 보았듯이 대부분 이 지주나 부농층이었다. 이는 곧 '빈농우위의 원칙'이 영동지방에서 지켜지지 않았다는 것을 의미한다. 그러나 그럼에도 불구하고 영동지 방 농민조합운동의 주체들은 왜 빈농 우위의 원칙을 표방하였을까? 그 이유는 '빈농우위의 원칙'이 곧 非빈농(부농)을 배제하는 원칙은 아니었기 때문이다. 즉 1930년대 초반에는 부농배제의 원칙이 일반적

---

51) 이준식, 앞의 책, 436~437쪽 ; 「세계대공황기 혁명적 농민조합운동의 계 급·계층적 성격」, 『역사와 현실』 11, 1994, 148~150쪽 참조.
52) 이준식, 「세계대공황기 혁명적 농민조합운동의 계급·계층적 성격」, 『역사 와 현실』 11, 1994, 155쪽.
53) 농조[명천]좌익출판부, 「농민조합 재건운동과 농민문제」, 신주백편저, 『1930 년대 민족해방운동론연구』 Ⅰ, 새길, 1989, 266쪽.

이었으나 1930년대 중반이 되면 부농을 포섭하고자 하는 노선이 대두하고 있는 것으로 보아 영동지방 농민조합운동의 주체들은 부농에 대하여 상당히 유연하게 접근했음을 알 수 있다. 그리고 이는 결국 '빈농우위의 원칙'이 배제하고자 한 것은 곧 합법주의적 지도부나 개량주의적 노선이었지, 비빈농 전체를 의미하는 것은 아니었다[54]고 생각한다. 따라서 영동지방 농민조합운동의 주체들은 지주 혹은 부농 출신이라는 계급적인 한계를 내포하고 있었지만 그러한 한계를 사상적으로 극복하기 위하여 노력했다고 생각된다. 결국 운동의 주도권을 행사하였던 측면에서 보면 영동지방 농민조합운동의 주체들은 빈농우위의 원칙을 '선언적'인 차원에서 이해하고 있었다고 할 것이다.

(2) 일반 구성원

농민조합운동의 지도부가 아닌 일반 참여자의 성격을 도출한다는 것은 매우 어려운 일이다. 그 이유는 이들에 대한 기록이 매우 빈약하여 그 성격을 찾기가 어렵기 때문이다. 따라서 이 부분에 관하여는 기존의 연구 결과를 참고하겠다.

먼저 농민조합에 가입한 조합원의 수는 정확히 파악되지 않는다. 다만 신문이나 일제의 관헌문서에 대략적으로 나타나 있는 것을 살펴보면 양양은 검거된 인원만 300여 명, 울진은 일제의 관헌문서에 나타난 것만 최소한 80여 명에 이르고 있음을 확인할 수 있었다. 그리고 삼척이나 강릉은 그 숫자를 대략적으로도 파악하기가 불가능하다. 다만 삼척의 경우에는 리 단위의 농민조합이 조직되었으므로 해당 리에 거주하는 성인 남자의 대부분이 농민조합에 가입하였거나 그 영향을 받았을 것으로 추측되며,[55] 또한 근덕면사무소습격사건에

---

54) 이준식, 「세계대공황기 혁명적 농민조합운동의 계급·계층적 성격」, 『역사와 현실』 11, 1994, 138쪽.
55) 정의국·정의학 형제, 앞의 증언.

1,000여 명의 농민이 동원되고 있는 것으로 보아 조합원의 수가 비교
적 많았을 것이라고 생각된다. 강릉의 경우도 1933년 2월 12일 가마
니 판매문제로 인하여 농민 300여 명을 가마니 검사소에 집합시켜 군
청으로 몰려가 시위한 것으로 보아 어느 정도 대중 동원력이 있었다
고 보아야 할 것이다. 그리고 高城과 通川의 경우에는 농민조합이 조
직되는 과정에서 검거되었기 때문에 조직원의 수가 얼마나 되는지
파악하기가 어렵다. 따라서 농민조합에 참여한 농민의 수는 대략적으
로 볼 때 보통 수백 명, 양양의 경우에는 천 명 이상이 되었을 것으로
보인다.

다음으로 농민조합에 참가한 일반 구성원들의 성격에 대하여 살펴
보겠다. 일제 관련 문서와 신문보도를 통해 알 수 있는 영동지방 농
민조합원의 직업별 구성을 보면 양양은 농업에 종사하는 인물이 36
명, 이발소 경영 1명, 면서기 1명, 승려 1명이며, 삼척은 농업 14명, 노
동 7명, 어업 4명, 그 외에 回漕店 사무원, 약국점원, 사진업 등이 1
명, 울진은 농업 29명, 노동 3명, 상업 2명, 인쇄업, 학생, 행상, 세탁업
이 각 1명이다. 이를 통하여 볼 때 농업에 종사하는 인물이 가장 많
았으며, 다음으로 노동에 종사하는 사람이 10명인데, 이 점은 특히 삼
척의 경우 鰮油肥工場을 기본 단위로 하는 노동조합운동이 활발히
전개되었기 때문에 노동에 종사하는 인물이 비교적 많았던 것으로
생각할 수 있다.

한편 농민조합원의 경제적인 형편을 보면 양양지역의 경우에는 지
부장인 김동신, 김사만, 박용구와 김동환은 빈농, 최용운, 장용국은
중농, 김종형, 노병례는 부농으로 볼 수 있으며, 삼척의 경우에는 박
래빈, 최윤달, 최춘희, 최동외, 이봉경은 빈농, 정석대, 오원모는 부농
으로 확인된다. 그리고 울진의 경우는 농민조합에 참여한 대부분의
사람들이 지주, 또는 부농 출신이었다고 한다. 이렇게 볼 때 영동지방
농민조합운동에 참여하였던 일반 구성원들은 빈농, 중농, 부농, 지주
에 이르기까지 망라한 것으로 볼 수 있다. 이는 혁명적 농민조합운동

이 추구하였던 빈농 우위의 원칙이 부농을 배제하는 것이 아니라는 것을 의미한다. 즉, 부농이라 하더라도 농민조합의 노선을 반대하지만 않는다면 경제력이 조합원의 자격을 규정하는 절대적인 요소가 아니었음을 말해준다.

다른 한편 농민조합운동이 발전하는 과정에서 중간 지도층의 경우에는 중농 또는 빈농출신의 인물이 부상하였다고 할 수 있다. 양양의 김동신, 김사만, 박용구와 삼척의 박래빈, 정의찬, 최윤달 등이 대표적인 예라 할 수 있다. 이는 곧 중·빈농의 최고 지도층으로의 성장 가능성을 보여주는 것이기는 하였으나 영동지방에서 이와 같은 예는 찾아볼 수 없었다.

그런데 농민조합운동의 전개과정에서 지도부와 일반 구성원 사이에는 사상적인 간극이 존재하였던 것으로 생각된다. 울진지역에서는 울진농민조합운동이 일제에 검거된 후 1941년 창유계가 조직되어 민족해방운동을 전개하였는데, 창유계는 상해임정과 관계를 맺고 운동을 전개하려고 하였다. 그리고 이 창유계에는 주진욱, 임시헌, 남경랑, 남원수, 최학소, 전원강, 남석순 등 울진농민조합사건의 관련자들이 관계하고 있었다. 그런데 이 중에서 사회주의자로 생각되는 인물은 최학소 뿐이며, 주진욱과 남원수는 민족주의적인 성향의 인물로 생각된다. 이는 곧 운동의 지도부에서 활동하던 최학소와 일반구성원으로 울진농민조합에 참여하고 있던 주진욱·남원수와는 사상적으로 차이가 있을 수 있다는 것을 시사한다고 할 수 있을 것이다.[56]

---

56) 이와 같이 농민조합운동의 지도부와 일반 구성원 사이의 사상적인 간극이 존재할 가능성에 관한 예로는 경남 양산지역을 들 수 있다. 양산농민조합의 소년부원이었던 金外得은 1932년 3월 12일 소년부장인 김장호와 모의를 한 후 양산경찰서를 습격하였는데, 그에 따르면 자신은 당시에 사회주의가 무엇인지 조차 몰랐다고 한다. 다만 그의 주장에 따르면 金章浩는 친형인 농민조합 간부 金龍浩를 통하여 사회주의를 접했을지 모르지만 자신은 그렇지 않았다고 하며, 경찰서습격사건도 순수한 애국적인 정열에 의한 것이었지 사회주의 활동에 의한 것은 아니었다고 한다(拙稿, 「日帝下 慶南 梁山 地域의 革命的 農民組合運動」, 『芝邨金甲周敎授華甲紀念史學論叢』, 1994

3. 운동방향 및 활동

1) 1920년대의 활동

일반적으로 1920년대 초기의 청년회운동은 實力養成論에 따라 주로 계몽활동에 주력하였다. 그리하여 영동지방에는 각지에 사립학교와 야학·강습회·토론회 등이 설치되거나 개최되었다. 즉 이러한 활동은 1920년대 초반 영동지방에서 가장 선진적이었다고 볼 수 있는 고성의 변성청년회와 금강청년회, 그리고 양양의 물치노농동맹 등의 구체적인 운동방식이었다. 따라서 이 시기의 운동은 농민의 입장에서 이루어진 것이 아니었다. 뿐만 아니라 농민을 단순히 계몽의 대상으로만 파악하였고, 농민의 요구에 의하여 또는 농민의 일상이익을 획득하기 위한 운동이 되지 못했기 때문에 농민층은 주체적으로 참여하지 못하였다.

이와 같은 초기의 청년운동의 한계는 1920년대 중반 이후 극복되기 시작하였다. 양양에서 물치노농동맹이 조직되고, 양양신청년동맹이 성립되는 1924년 이후 영동지방의 농민운동은 급속히 발전을 하였다. 즉 양양신청년동맹은 '해방운동의 신사조가 전파되면서' 창립되었는데(강조 - 인용자), 이 신사조는 곧 사회주의였다고 할 수 있다. 그리하여 양양신청년동맹은 '무산계급의 계급의식을 각성하게 할만한 수양기관의 설치, 무산계급운동에 필요한 언론기관을 설치하는 동시에 강연, 강습, 운동, 토론, 연극 등을 개최'하기로 하였다. 이는 곧 양양신청년동맹이 사회주의사상을 조직운영의 공식적인 사상으로 채택하였다는 것을 의미한다. 더욱이 1925년부터 매년 영동기자대회가 소집되고, 1927년에는 상원청년연맹혁신대회가 개최되면서 정우회선언은 영동지방 사회운동에 직접적인 영향을 행사하기 시작하였다. 그리하여 이 시기 이후 영동지방에는 사회주의가 보다 더 큰 영향력을

참고).

행사하게 되었고, 따라서 지역사회의 운동도 농민적인 입장이 강조되기 시작하였다.

(1) 일상이익 획득운동

기본적으로 지역사회에서 전개된 어떠한 운동이라 할지라도 농민의 일상이익을 획득하기 위한 노력을 하지 않으면 지역사회에 기반을 구축할 수 없는 것이다. 1920년대 초반 지역사회의 유지층에 의하여 주도되었던 청년회운동이 쉽게 운동의 주도권을 상실한 것이 농민층에 기반하지 않았기 때문이었음을 설명해주고 있다. 따라서 1920년대 중반 이후 운동의 주도권을 장악한 사회주의자들은 농민층의 일상이익 획득을 위한 운동을 전개하였다. 예를 들면 영동의 각 지역에서는 농민야학 또는 노동야학의 설치를 통하여 농민층의 문맹을 타파하기 위한 노력들이 있었다. 첫째, 삼척의 삼운수성회가 운영하던 야학만 6개였고, 양양에서도 야학이 없는 동리는 거의 없었으며, 강릉에서는 1929년까지 30여 개의 야학이 있었으며, 울진, 통천과 고성에서도 각지에 야학이 조직되어 있었다.57) 그런데 야학의 경우에는 이미 1920년대 초반에도 각지에서 설립되고 있는데, 이 양자 사이에는 교육의 질적인 차이가 있었다고 생각된다. 즉 1920년대 초반의 야학은 실력양성론에 입각하여 농민을 계몽하고자 하는 의미가 강했다면, 1920년대 중반 이후 특히 1927년 이후 야학은 사회주의에 입각하여 프로컬운동의 차원에서 전개되었던 것으로 생각된다.58) 더욱이

---

57) 그런데 한 증언에 따르면 양양의 경우에는 농촌진흥운동기에 각 리마다 농촌진흥회 주최의 야학이 조직되었는데, 여기에서는 한문, 일어 등을 배웠다고 한다. 그리고 정치운동(독립운동 - 필자)에는 관여하지 말라는 교육을 받았다고 한다(南海源[1912년생, 경북 울진군 읍내면 정림리에 거주]의 증언, 1998년 8월 16일. 울진군 읍내면 정림리 남중학씨 자택).

58) 그러나 교과과정에는 큰 차이가 없었던 것으로 보인다. 일반적으로 야학에서 가르친 과목은 한글, 일어, 산수 등 일상 생활에 꼭 필요한 과목이었다(남해원, 앞의 증언). 다만 양자의 질적인 차이는 교육의 과정 중에 어떠한

영동지방은 유교적인 전통이 매우 강했던 지역이기 때문에 이러한 유교적 전통을 어떻게 극복하느냐 하는 문제는 운동의 발전이라는 측면에서 매우 중요하였다. 둘째, 미신타파운동을 전개하였다. 특히 삼척의 경우에는 이 운동의 성격이 매우 강하게 나타나고 있다. 즉 삼운수성회를 조직하여 아이코노클라즘(Iconoclasm)을 표방, 성황당을 파괴하여 목재를 공회당 건축에 사용하려 했던 것은 매우 특징적이었다고 할 수 있다. 그런데 이 점은 농민들의 생활을 보다 과학적인 방향으로 이끌고자 했던 삼척지역의 활동가들의 의도가 반영되어 있던 것으로 생각된다. 다시 말하면 농민층 사이에 광범위하게 유포되어 있던 미신을 타파하는 것은 유교적 전통에서 벗어나려 했던 것과 함께 전통적인 미신에서 벗어나려 한 움직임이었다고 생각된다. 셋째, 소작운동에 관한 내용은 찾아보기 어려운 점도 1920년대 중반 영동지방 농민운동의 한 특징이다. 1924년에 양양신청년동맹 제2회 정기대회에서 소작운동에 관한 건을 결의하기는 하였으나 구체적인 활동내용을 확인할 수 없다. 다만 통천과 강릉을 중심으로 소작쟁의[59]가 확인되는 것으로 보아 이 지역의 청년단체나 농민단체가 이에 관하여 논의하였거나 투쟁하였으리라는 점을 생각할 수 있다. 이 외에도 조혼 및 강제결혼에 대한 반대, 문고 설치 등과 같은 내용도 찾아볼 수 있다.

(2) 정치투쟁

측면을 강조하는가에 있었다고 보여진다. 이 점은 농촌진흥야학의 경우도 역시 마찬가지였다.

59) 『동아일보』, 1924년 12월 27일, 「惡德地主 무리한 짓하다 작인에게 피소」; 1927년 6월 10일, 「몃個人에게 國有林拂下로 七千住民生活無路」; 1927년 5월 24일, 「新舊小作人三百餘가 亂鬪」; 1927년 5월 31일, 「作人끼리 訴訟 舊作人이 新作人을 걸어」; 1928년 3월 30일, 「三十餘作人의 作權을 沒奪」 참조.

1926년 11월의 정우회선언의 결과 영동지방의 6개 군은 모두 방향전환론을 승인하였던 것으로 보인다. 즉 양양지역에서 1927년 3월에 정우회의 방향전환론을 승인한 후 강릉·삼척·울진지역에도 정우회의 방향전환론이 전파되었음은 확인되었다. 다만 고성과 통천지역의 경우에는 확인되고 있지 않다. 그러나 당시 영동지방의 정황으로 보아 이 지역에도 방향전환론이 전파되었을 것으로 생각된다. 특히 통천의 경우에는 통천청년연맹이 조직되고 있는 것으로 보아 그 가능성은 더욱 크다고 할 것이다. 이에 따라 양양에서는 사상단체의 해체를 선언하였으며, 노동·농민·어민·청년·형평 등 각 운동부문에서 경제투쟁에서 정치투쟁으로의 방향전환을 선언하였다. 그리고 강릉·삼척·울진에서도 1927년 9월에 있었던 강원청년연맹혁신대회에서 방향전환론이 승인됨에 따라 양양에서와 마찬가지의 변화가 일어났을 것으로 보인다. 그리고 이는 각 지역에서 청년연맹 또는 청년동맹이나 신간회 등 민족협동전선운동이 조직되고 있는 것으로 보아 확인할 수 있다. 그리고 이는 각 군에서 결의된 내용들을 통하여 알수 있는데, 그 내용은 대개 三總 및 신간회의 해금, 在滿同胞救濟, 언론·출판·집회·결사의 자유 획득, 일본이민반대, 조선인 본위의 교육제도 확립, 민족협동전선 지지, 지방주의 박멸, 소년운동 후원, 일본노동농민당해산에 관한 건, 그리고 원산총파업에 동정금을 보내거나 지지성명을 발표하는 것 등이었다.

그러나 이상의 내용들은 지방차원에서 거론되고 실천에 옮겨질 성질의 것이 아니었다. 따라서 이들은 전략적인 차원에서 이루어진 선전선동의 작업이었을 것이고, 지역사회에서는 농민의 일상이익을 획득하기 위한 활동이 주가 되었을 것으로 보인다. 다만 양양에서는 청년동맹집행위원장을 역임하였던 김동기가 원산총파업에 참가하기 위하여 원산으로 떠난 사실이 확인된다. 이로 보아 영동지방 농민운동을 주도했던 활동가들은 비교적 현실에 기반하여 운동을 전개한 것으로 보인다.

하지만 이러한 활동은 곧 한계를 노출하였다. 첫째, 1920년대 말 세계경제대공황이 시작되면서 일제는 공황의 여파를 식민지 조선과 조선의 민중에게 전가시킴으로써 공황을 극복하고자 하였다. 그에 따라 일제는 조선 내에서 이루어지는 모든 합법적인 운동에 대해서도 탄압을 가하였고, 조선의 민족운동은 점차 지하화하거나 보다 격렬한 투쟁을 전개하지 않을 수 없었다. 둘째, 지금까지의 합법적인 활동의 결과 두드러진 성과가 나오지 않았다는 점이다. 청년회·청년동맹·신간회·농민조합 등 각지에서 우후죽순처럼 조직되었던 합법조직이 일제의 기만과 탄압에 의하여 제 기능을 하지 못하고 그 활동이 지지부진하였기 때문에 이 상황을 극복해야만 하는 상황이었다는 점이다. 셋째, 밑으로부터의 변화 욕구를 기존의 운동조직들이 수용하지 못했다는 점이다. 1930년대 초반의 조선 농민들의 상태는 매우 곤궁하였을 뿐만이 아니라 더욱 더 몰락하는 상황이었다. 그럼에도 불구하고 기존의 운동조직들은 기층 민중의 상태를 호전시킬 수 있는 전망을 제시하지 못했고, 또한 실천할 수 있는 능력이 없었다는 점이다. 앞에서도 보았듯이 농민의 일상이익을 획득하기 위한 활동도 그리 활발히 이루어지지 않았던 것이다. 따라서 기존의 농민조합은 보다 혁명적으로 개편되어야만 하였다.

2) 1930년대의 활동

(1) 혁명적 농민조합으로의 전환

1920년대 중반 이후 국내의 농민운동은 몇 가지 한계를 노출하면서 운동을 질적으로 변화시키지 않으면 안 되었다. 이러한 상황에서 코민테른은 '12월테제'와 '9월테제'를 통하여 기존의 운동을 검토하고 앞으로의 운동방향에 대하여 지시하였다. 특히 '12월테제'는 기존의 조선공산주의운동이 소부르주아지의 운동이었다고 비판하고 앞으로는 노동자와 빈농에 근거한 운동을 전개할 것을 지시하였다. 따라서

‘12월테제’의 발표 이후 한국공산주의운동은 보다 계급적인 성격을 띠게 되었다. 이와 같이 국내의 객관적인 조건과 코민테른의 지시는 농민운동에도 영향을 주어 1930년대 초반에는 합법적 농민운동이 혁명적 농민운동으로 전환되었다. 일제가 작성한 한 문서60)에 따르면 1930년대 초반의 혁명적 농민조합이 대개 당재건운동의 관련자, 사회운동의 방향전환에 영향을 받은 지방의 토박이 공산주의자, 기존의 합법농민조합운동의 주체 등 세 가지 유형의 활동가들에 의하여 이루어졌다고 한다.

영동지방에서는 양양이 합법적 농민조합에서 혁명적으로 전환한 경우이고, 강릉이 조선공산당의 재건을 위한 활동 과정에서 농민조합이 건설된 경우이며, 삼척과 울진은 토착 공산주의자에 의하여 이루어진 것으로 볼 수 있다. 그런데 이러한 구분은 유효성이 그리 크지 않을 것으로 생각된다. 왜냐하면 혁명적 농민조합의 활동은 어느 하나의 유형으로 판단할 만큼 그 활동이 단순한 것이 아니었기 때문이며, 어떠한 경우라 하더라도 조선공산당의 재건을 위한 움직임이 없지 않았기 때문이다. 따라서 크게 보면 1930년대 초반에 이루어지는 혁명적 농민조합운동은 조선공산당을 재건하기 위한 것으로 보아야 할 것이다.

일반적으로 합법적 농민조합에서 혁명적 농민조합으로 전환하는 과정에서 보이는 특징은 토지혁명, 노농소비에트건설, 소비에트러시아 사수 등 혁명적 강령 또는 슬로건의 표방 여부, 청년부(위원회), 농업노동자 등 계급·계층별 독자부서의 설치 여부, 혁명적 반대파(농조 내부의 좌익들을 중심으로 한 독서회 등 핵심그룹의 조직)의 결성 여부, 全朝鮮農民社 및 朝鮮農民社의 박멸 혹은 비판 여부, 신간회 및 청총의 결의 여부를 기준으로 한다.61) 양양의 경우에는 1931년 3월 30일 제5회 정기대회에서 채택한 슬로건이 이 기준에 부합되

---

60) 朝鮮總督府警務局編, 『最近に於ける朝鮮治安狀況』(1933년판), 47~48쪽.
61) 지수걸, 앞의 책, 155~156쪽.

었다. 그리하여 양양농민조합은 이러한 슬로건에 기초하여 운동을 보
다 혁명적으로 전개시키고자 하였다. 일반적으로 혁명적으로 전환한
후 농민조합의 운동 방향이 삼림조합·일선행정기관·경찰서·면사
무소 등에 대한 폭력 행사의 방식으로 표현되거나 운동의 지도층이
그러한 과정에서 분열되는 경향이 있었고 운동이 빈농적 성격을 띤
다고 한다.

그런데 양양에서는 혁명적으로 전환하기 전과 그 후의 활동이 주
로 농민대중에 대한 교양활동이 주가 되었기 때문에 표면적으로 볼
때는 운동의 성격 차가 전혀 나지 않는다. 다만 교양의 내용적인 면
에서 볼 때는 혁명적으로 전환하기 전에는 무산농민의 일상이익을
획득하는 것을 목적으로 하였으나 전환 이후에는 정치문제에 보다
많은 관심을 기울이면서 경제문제에 대하여는 보다 소홀해졌다. 그리
하여 '당면의 이익인 소작조건의 유지, 개선을 목적'으로 하는 운동은
'박멸운동'을 하여야 한다고 주장하였던 것이다. 그러나 양양에서는
이러한 운동노선의 변화의 결과 농민대중을 동원한 시위나 폭동형태
의 운동은 찾아볼 수 없다. 이는 당시 양양지역의 활동가들이 운동을
상당히 유연하게 접근하였던 것으로 판단되는 근거이다. 왜냐하면 이
웃인 삼척이나 통천[62]·강릉 등지에서 대중적인 시위운동이나 폭동
형태의 운동이 오히려 일제의 탄압을 초래했다는 점에서 볼 때 이들
이 운동에 매우 신중히 접근했음을 말해준다. 그러나 삼척에서 있었
던 근덕면사무소습격사건은 농민조합의 대중성 확보에 악영향을 미
쳐 이후 운동의 전개과정에서 질곡으로 작용하기도 하였으며, 울진의
경우에도 공작당 시기에 울진경찰서습격계획을 수립한 것이라든지
농조창립발기문에서 '폭동'을 운동의 주요한 수단으로 상정한 것은
운동의 좌편향성이라 지적할 수 있지 않을까 한다.

한편 사회운동의 방향전환에 영향받은 토착 공산주의자들이 조직

---

62) 통천의 경우에는 이른바 금란보를 둘러싼 수리조합문제가 매우 크게 제기
되었다.

한 삼척과 울진농민조합은 신간회와 청년동맹의 해소와 동시에 조직
되었다. 이 지역은 양양이나 강릉보다 산간지역과 해안지역 사이에
班常의 차별이라는 전통적인 사고가 강했다고 한다.[63] 그리하여 양
양과는 달리 농민조합운동의 근거지가 해안지역이 아닌 내륙산간지
역이었다. 그리고 이들 운동을 지도하였던 인물들도 지역 사회의 전
통적인 鄕班들이었다. 삼척의 정건화와 심부윤, 울진농민조합의 지도
자 대부분은 향반출신으로서 어느 정도의 경제력을 가진 사람들이었
다. 그리고 이 지역은 1920년대 중반까지만 하더라도 운동이 그리 활
발하던 지역은 아니었다. 그럼에도 불구하고 이들 지역에서도 1930년
대 초반에 농민조합이 조직되어 지역사회의 운동을 이끌어가고 있다.
　이와 같이 민족운동이 부진하던 삼척과 울진지역에 농민조합이 조
직된 것은 신간회와 청년동맹의 해소 과정과 동시적으로 이루어졌다.
그리고 이 과정은 울진에 비하여 운동 역량이 강했던 삼척에서는 리
단위의 농민조합을 조직하여 이를 군 단위로 발전시키고자 하였던
움직임과 정라항을 중심으로 하는 노동조합을 조직하고자 하였던 두
개의 큰 흐름으로 나타나며, 울진에서는 공작당이나 농민조합의 지도
부를 먼저 조직하고 지도부의 활동을 기반으로 각지에 지부 또는 반
을 조직하고자 하였다. 1930년대 초반 영동지방 농민운동의 특징을
다음의 몇 가지로 정리할 수 있다.
　첫째, 영동지방 농민조합운동의 전개과정에서 합법적 농민조합 →
혁명적 농민조합의 과정을 거치는 것은 양양지역 뿐이며, 강릉에서는
조선공산당강릉공작위원회와 신리노농협의회, 삼척에서는 K회와 삼
척적색노농공작위원회, 울진에서는 울진노농공작당이라는 지역전위
정치조직이 매개가 되어 농민조합을 조직하였다. 1931년에는 고성에
서는 원산·삼척에서 활동하던 김덕환이 고성으로 피신하여 高城社
會運動者協議會·독서회 등을 조직하여 농민조합을 결성하기 위한

---

63) 최구소, 앞의 증언.

활동이 실패하였다. 그리고 이후 운동 조직을 결성하기 위한 노력이
지속되다가 김덕환과 함께 활동했던 金雲基·韓鳳鉉 등이 1933년
10월 안변과 통천지역의 활동가들과 연계를 가지면서 高城農民組合
을 결성하였다. 한편 통천에서도 고성·안변지역의 활동가들과 연계
하에 농민조합을 조직하려는 움직임이 있었으나 일제에 발각됨으로
써 실패하였다. 그런데 조직과정에서 이러한 차이가 나타나는 것은
아마도 운동의 대중적 기반이 존재했었는가의 여부라고 생각된다. 양
양은 이미 1920년대 초부터 운동의 대중성이 확보되어 있었던 지역
이었고, 다른 지역은 운동의 대중성이 확보되지 못한 지역이었다. 다
만 양양과 함께 1920년대 초반 영동지방 사회운동을 이끌었던 고성
지역은 박태선, 함연호 등 운동의 지도자가 원산과 서울 등지로 활동
무대를 옮기면서 운동의 중심을 잃었기 때문에 운동의 대중성을 상
실한 것으로 보인다. 따라서 운동의 대중성이 확보되어 있던 지역에
서는 농민조합운동이 합법 → 혁명적으로 이행했다고 보여지지만 그
렇지 못한 지역에서는 지역전위 정치조직이 이를 견인해냈다고 생각
된다. 바로 이러한 점들이 영동지방 농민조합운동의 조직과 활동의
차이를 가져왔던 것으로 보인다.

둘째, 운동의 전개과정에서 농민층의 자발적인 투쟁을 목적의식적
으로 지도하지 못하였다. 金蘭洑를 둘러싼 통천지역의 문제나 소작
쟁의, 강릉의 소작쟁의와 고성의 소작쟁의 과정에 각 지역의 농민조
합 또는 농민조직이 주체적으로 문제해결에 나서지 못하고 있거나
그 영향력이 매우 미미한 편이었다. 이는 결국 운동의 지도력이 비교
적 확고하지 못했다는 것을 의미한다.

셋째, 농민소합운동의 주체들의 성격에 관한 것으로서 운동의 전개
과정에서 농민출신의 지도층이 배출되지 못한 것이 영동지방 농민조
합운동의 한 특징이다. 앞에서도 서술했듯이 고성의 경우 박태선과
함연호가 원산과 서울로 활동무대를 옮긴 이후 새로운 지도층이 등
장하지 못하였고, 양양에서는 운동이 발전함에 따라 강환식·추교철

등과 같은 지도층이 등장하였지만 이들이 농민출신은 아니었다. 그리고 강릉·삼척·울진의 지도층은 1920년대부터 지역사회의 운동을 실질적으로 지도했던 인물들이 여전히 혁명적 농민조합운동의 과정에서도 영향력을 행사하고 있었다. 따라서 영동지방에서는 뚜렷하게 농민출신의 지도층이 성장하지 못한 채 여전히 지주 혹은 부농출신의 지도자들에 의하여 운동이 전개되었다는 특징이 있다.

(2) 경제투쟁과 정치투쟁의 결합

영동지방 농민조합운동에서는 먼저 강릉적농은 "1. 군농회와, 2. 산림조합을 반대하는 동시에, 3. 소작료는 5할로, 4. 감의 공동판매 절대반대, 5. 야학에 자유를 줄 일" 등 15개 항목의 슬로건을 결정하였다.64) 그리고 삼척에서 있었던 근덕면사무소습격사건이나 삼척노농공작위원회가 농민·노동자의 정세·불평조건을 조사한 일 그리고 化學鰮油肥勞動組合準備委員會에서 제기했던 21개의 슬로건 가운데 절반 이상이 일상이익의 획득과 관련이 있는 것이었다는 점과 양양의 일체의 채무계약 무효 주장, 잡세 철폐 등과 같은 슬로건은 곧 영동지방 농민조합운동의 주체들이 운동의 일차적인 목표를 농민층의 경제적 이익 획득에 두었음을 의미한다. 그러나 혁명적 농민조합의 경제투쟁은 단순한 농민층의 일상이익 획득 투쟁이 아니라, 경제투쟁을 통하여 농민층의 의식을 각성시키고 운동의 전개과정을 통하여 그들의 투쟁성을 고양시키기 위한 것이었다고 생각된다. 즉 영동지방의 활동가들은 이러한 경제투쟁을 정치투쟁으로 전환시키기 위하여 노력하였던 것이다. 그리하여 삼척노농공작위원회는 "전삼척의 노동자, 농민(피압박민족)의 이익을 대표하며 또 정치적·경제적 해방을 기함을 목표로 함"을 선언하였고, 양양농민조합에서는 "우리가

---

64) 『조선일보』, 1935년 8월 24일(호외), 「"農振" 夜學機關紙 利用 演劇 講演삐라로 猛宣傳」.

버려야 할 것은 철쇄이며 우리가 얻어야 할 것은 (해방된 - 인용자)사회이다"고 하였다. 또 울진농민조합은 "농민의 정치적, 경제적 의식을 촉진하여 봉건적 착취제도를 부인한다"고 하였다. 따라서 이 시기의 활동가들은 경제투쟁을 통하여 농민층의 일상이익을 획득하는 과정에서 농민층에 대중성을 확보하고, 이를 통하여 민족해방이라는 정치적 요구를 실현한다는 생각을 하고 있었다고 볼 수 있다.

　그러나 이와 같은 영동지방 농민조합의 운동방침에 대하여 운동의 실천과정에서는 현실과 괴리되는 현상이 나타났다는 점에 주목해야 한다. 다시 말하면 운동방침 상으로는 일상이익 획득운동에 기초하여 정치투쟁을 전개할 것을 표방했지만 실제로는 정치투쟁의 기반이 되는 경제투쟁조차도 전개할 수 없는 상황이 되었던 것이다. 이러한 현상이 나타나는 원인은 1930년대 이후 일제의 통치정책이 이른바 민족말살정책으로 변하면서 합법공간이 극도로 축소되면서 통상적인 민주주의적 요구마저도 부정당했던 당시의 시대적 배경 때문이라 할 수 있다. 그리하여 1930년대 중반 이후에는 운동의 대중적 기초가 붕괴되고, 혁명적 농민조합운동은 사실상 종말을 고하게 되었던 것이다. 그런데 혁명적 농민조합운동의 주체들이 정치투쟁을 강조한 이유는 이들의 정세인식에 그 원인이 있다고 생각된다. 즉 운동의 주체들은 당시를 자본주의의 제3기로 보아 자본주의의 위기가 그 어느 때보다도 고조되었다고 판단하였고, 투쟁 자체의 목적의식성이 결여됨으로써 적들의 조그마한 회유 선심정책에도 곧바로 개량화되는 것이 보통이었기 때문이다.[65]

(3) 합법투쟁과 비합법투쟁의 결합

　1930년대 혁명적 농민조합운동의 주체들은 합법적인 방법을 최대한 이용하고자 하였다. 그러나 일제의 식민지 통치정책이 1930년대에

---

65) 지수걸, 앞의 책, 340쪽.

민족말살정책으로 변하면서 합법적인 운동공간이 극도로 협소해졌다. 그 결과 운동의 주체들은 운동의 전개과정에서 민주적인 제권리를 확보하기 위한 투쟁에 남다른 관심을 기울였다는 사실, 농촌진흥회를 이용하고자 했던 사실, 대중단체인 체육회를 획득하고자 했던 사실 등 합법적인 운동을 전개하고자 했던 사실을 보여준다. 그러나 이러한 노력이 실패하였을 때에는 비합법적인 활동을 전개하기도 하였다. 따라서 혁명적 농민조합의 주체들은 합법투쟁과 비합법투쟁을 올바르게 배합하는 것을 주요한 과제로 하게 되었다. 특히 양양농민조합의 경우는 혁명적 농민조합으로의 전환도 1931년 5월의 제5회 정기대회를 통하여 이루어졌다. 이는 단적으로 혁명적 농민조합의 주체들이 운동을 최대한 합법적인 방법을 통하여 전개하고자 노력하였음을 알려준다. 그러나 이와 같은 노력이 일제의 탄압으로 인하여 현실적으로 불가능할 때를 대비하여 농민조합의 지도자들은 농민에 대한 계급적 의식의 고취 및 훈련을 강조하는 프로컬운동을 강화하였다. 이는 곧 비합법적인 상황의 도래를 대비한 농민대중에 대한 교양 및 훈련이었다. 예를 들면 울진농민조합이 강령에서 '농민의 경제적, 정치적 의식을 촉진하여 봉건적 착취제도를 부인한다.'고 한 것이나 울진공작당과 삼척의 K會가 '비합법 운동'이나 '비합법적 수단'을 통하여 운동을 전개한다고 밝힌 것에서도 알 수 있듯이 영동지방의 농민조합은 프로컬운동에 주력하면서, 이를 통하여 계급혁명의 전위분자를 양성하려고 하였던 것으로 생각된다. 즉 양양농조의 주된 활동이 농민대중에 대한 교양활동이었던 점, 삼척의 각 운동조직들이 노동자, 농민의 획득을 위하여 전력을 경주했던 일, 특히 정건화가 조직했던 삼운수성회의 활동, 울진농조의 주된 활동이 야학이나 독서회를 통한 농민대중의 의식 고취였다는 점은 바로 이 점을 시사한다고 할 것이다. 둘째, 이와 관련하여 삼척의 근덕면사무소습격사건이나 울진의 경찰서습격계획에서 보이듯이 영동지방의 일부 농민운동의 지도자들은 시위운동이나 폭동을 운동의 주요한 수단으로 상정하였다. 그리고 강릉에서는 실제로 1932년 1월 薪炭판매에 대한 면사무소의 수수료 징수를 문제삼아 농민 300여 명을 선동, 시위하여 수수료 징수를 철회하도록 하기도 하였다.[66] 그러나 양양·통천 등지에서는 이와 같은 시위운동이나 폭동과 같은 형태의 투쟁을 계획하지는 않았던 것으로 생각된다.

(4) 조선공산당재건활동

1928년 코민테른은 '12월테제'에서 조선공산당의 해산을 지시하면서 노동자와 빈농에 기반한 당의 재건을 지시하였다. 그리하여 1920년대 말 이후 당재건을 위한 운동을 전개하였는데, 특히 혁명적 농민조합운동과 노동조합운동은 당재건운동과 밀접한 관련을 갖고 전개되었다.

영동지방의 경우에도 농민조합운동이 발생하여 조선공산당을 재건하기 위한 활동이 전개되었다고 볼 수 있다. 특히 조선공산당재건강릉공작위원회[67]는 영동지방에서 전개되었던 조공재건운동의 대표적인 예라 할 수 있다. 강릉공작위원회는 1931년 11월 10일 강릉공산청년동맹준비위원회를 결성하였고, 강릉공산청년동맹준비위원회는1932년 江陵赤色農民組合結成準備委員會를 조직하였다. 그리고 1932년 4월 초 강릉적농의 구성원 중에서 일부를 선발하여 공산당의 조직을 계획하고 1932년 4월 10일 강릉공산청년동맹준비위원회와 강릉적색농민조합결성준비위원회를 지도, 통제하는 조선공산당재건강릉공작위원회를 조직하였다.[68] 강릉공작위원회는 최고중앙집행위원회의 하부조직으로 部委員會를 설치하였고, 부위원회는 中央部·南部·北

---

66)『조선일보』, 1935년 8월 24일(호외),「"農振"夜學機關紙 利用 演劇 講演 삐라로 猛宣傳」.

67) 조선공산당재건강릉공작위원회에 대하여는 최홍준, 앞의 논문 참조.

68) 朝鮮總督府高等法院檢事局思想部,「朝鮮共産黨再建江陵工委員會事件 판결문」,『思想彙報』第4號, 1935, 26쪽.

部로 나누어 중앙부에는 강릉읍, 남부에는 삼척·울진, 북부에는 회양·양양·고성이 포함되었다고 한다.[69] 또한 강릉지역의 조공재건운동은 영동지방에서는 그 규모라든지 지속성이라든지 모든 면에서 대표적인 것이었다. 또한 양양에서는 조선공산당 양양야체이카사건이 1928년 9월경에 조직되었고, 삼척에서는 1931년 10월 K회가 조직되어 노농운동이 본격화하였는데, K회의 최종 목적은 조선공산당의 재건이었음이 밝혀졌다. 그리고 울진에서도 함흥동지회가 조공재건을 꾀하였다. 한편 삼척에서는 조공재건을 위한 방법으로서 '먼저 과도적 조직으로서 郡을 단위로 하는 지도기관을 조직해서 실천을 통하여 道的기관으로 다시 全鮮的 기관으로 진전'시키고자 하였다. 이와 같은 삼척지역의 조직방침은 1931년 4월 모스크바공산대학을 졸업한 후 8월경 입국한 韓思斌이 이종희에게 주장한 조공재건방침과 상당히 유사하다고 할 수 있다.

　　과거의 공산당, 공산청년회 등의 조직은 실패가 많았으므로 그러한
　　조직을 하지 말고 농촌에는 적색농민조합, 도시에는 적색노동조합을
　　조직하고 순차적으로 지방협의회, 전선동맹, 전선적색노동조합협동
　　위원회 등을 조직, 결성하여 공산혁명에 매진하고(하략)[70](강조 - 인
　　용자)

그러나 삼척지역의 농민조합운동이 이들과 연계를 갖고 있지는 않았다. 양양·삼척·회양·울진 등지의 어떠한 자료에도 이와 관련된 언급이 없기 때문이다. 또한 위의 인용문에서도 알 수 있듯이, 이들은 강릉지역 활동가들의 조공재건방침인 강릉공청·강릉공작위원회의 건설을 통한 조공의 재건이라는 방침과는 일정한 거리가 있었다. 이

---

69) 최홍준, 앞의 글, 379~380쪽.
70) 「李文洪 등 25명에 대한 판결문」, 昭和8年 刑控 第99號, 大韓民國政府, 『假出獄關係書類』, 記錄 第38-5號.

로 보아 영동지방의 농민조합운동을 강릉지역의 공작위원회가 지도
하였다는 주장은 재고되어야 할 것으로 생각된다. 다만 여기에서 한
가지 지적할 것은 이러한 주장이 가능한 근거는 있다고 볼 것이다.
그것은 양양에서는 김병환·오용영·최우집 등이 주도했던 양양농
민조합이 검거된 직후, 강환식이 운동을 주도하는데 이 때 강릉지역
과의 조직적인 연계가 보인다는 점이다. 따라서 강릉공작위원회와 여
타 지역과 조직적인 연계가 이루어졌다는 주장이 성립되기 위하여는
양양농민조합사건이 발생, 검거되는 1932년 이후에야 가능했을 것이
라는 단서가 있어야 할 것이다.

이상과 같이 1930년대 영동지방의 농민운동의 과정에서도 조선공
산당을 재건하기 위한 움직임이 있었으며, 이러한 활동은 결국은 이
시기에 전개되었던 농민조합운동이 조선공산당의 재건을 위한 한 활
동이었음을 의미한다고 할 수 있다. 다만 조공재건운동이라 하더라도
결국은 민족의 독립이 선행되지 않고서는 그들이 원하는 국가체제가
이루어질 수 없는 것이었기 때문에 이를 민족운동의 범주에 포함시
켜야 한다고 생각한다.

(5) 기타 활동

이외에 영동지방의 혁명적 농민조합은 출판 활동·독서회 활동·
야학 활동·기념투쟁위원회의 조직 등의 활동을 전개하였다. 이러한
활동들의 특징을 프로컬운동·기념일투쟁·기관지 발행의 활동으로
나누어 요약하면 다음과 같다.

첫째, 영동지방 농민조합운동의 특징은 기관지 및 팜플렛 등 출판
물을 통하여, 또는 독서회와 야학의 활동을 통히어 조직원의 교양과
비조직원에 대한 선전선동활동에 주력하였다. 특히 고성의 경우에는
야학을 비롯한 학원이 1931년 12월 현재 40여 곳이었는데, 전국 어느
군과 비교해도 최고 수치였으며,71) 양양에는 각 리마다 야학이 조직

되었고, 삼척·울진에서도 야학이 매우 활발히 전개되었다. 그리고 교과과정은 일제의 농촌진흥야학과 크게 다르지 않았다. 다만 교수과 정에서 무엇을 강조하였는가 하는 점에서 질적인 차이가 나타나고 있다.

둘째, 삼척과 울진에서는 기념일 투쟁이 주요한 운동 수단이었다. 울진에서는 메이데이(May-Day)기념투쟁을 계획하였고, 삼척에서는 3월기념일 공동투쟁위원회를 조직하여 3·1기념일, 3·6기념일(실업 반대의 날), 3·8기념일(국제무산부인의 날), 3·15기념일(제2차 일본 공산당검거기념일), 3·18기념일(파리코뮨기념일) 등을 기념하였다. 이들은 기념일투쟁을 통하여 반제동맹, 모플 및 농민조합을 조직하고 자 하였다.

셋째, 강릉과 울진에서는 기관지의 발행을 통하여 운동을 지도하고 자 하였다. 울진에서는 "기관지는 선전자인 동시에 집중적 선동자로 서의 역할을 하고 있다"고 의미를 높게 평가하였으며, 2차례에 걸쳐 기관지를 발행하였다. 그리고 강릉에서는 '정치교육뉴스'라는 기관지 를 발행하여 자신들의 정세인식을 대중에게 알리고 있다. 이에 관하 여 태평양노동조합비서부는 "전쟁위험과의 反抗鬪爭을 전개하며 계 속적으로 現時의 국제노동운동을 소개하며 또 항상 태평양비서부의 활동과 임무를 소개하는 동시에 변절성을 가진 민족부르주아와 개량 주의 영수들의 발걸음을 무자비하게 폭로"하며, "세계노동운동의 이 론과 실지문제를 강구하여 각국 노동운동의 경험을 교환하면서 조선 노동계급을 도와 협소한 민족적 편견을 제거하는 동시에 노동군중에 게 굳은 계급적 의식을 교양하며 건전한 산업조합에 노동군중을 결 합"[72]시킬 것을 기관지 발행의 목적으로 보았다. 이는 기관지가 주객 관적인 조건과 정세를 소개하여 동요하는 층들을 대중에게 폭로하고 이론을 보급하여 대중의 계급적 의식을 고취하는 데에 그 목적이 있

---

71)『조선일보』, 1931년 12월 7일,「高城郡內에 學院이 四十餘」.
72) 태평양노동조합비서부,『태평양노동자』창간호, 1930, 2쪽.

다는 것이다.

넷째, 모플은 國際赤色救援會를 일컫는 말인데, 1922년 코민테른 제4회 대회에서 설립된 것으로, 이 조직의 목적은 혁명운동 과정에서 투옥되거나 희생당한 사람들에게 물질적, 정신적 원조를 제공하기 위한 것이었다. 朝鮮赤色救援會는 1925년에 조직되었으나 파벌간의 갈등과 적색구원회에 대한 일반의 이해가 부족했기 때문에 그다지 활발하지 못하였다. 그러나 1927년 조선적색구원회는 조선공산당(CP)과 고려공산청년회(CY)의 근간에 따라 전국적 조직체계를 구축하였고 국제적색구원회의 지부로 인정을 받았다.[73] 삼척지역에서는 특히 모플 활동이 활발하여 이미 K회시기부터 모플 활동을 강조하였고, 楸洞金鑛襲擊事件을 실천에 옮겼다. 그리하여 삼척지역의 활동가들은 이 자금을 바탕으로 무기를 구입하여 폭동을 일으키고자 하였던 것으로 추정된다.

---

73) 「조선적색구원회 약사」, 1930년 7월 12일(Historical Sketch Of The Korean Red Aid, 1930. 7. 12). 이 자료는 코민테른이 발행한 자료로서 조선적색구원회의 성립과정에 대하여 비교적 자세히 설명하고 있다.

Ⅶ. 결 론

　지금까지 우리는 양양, 삼척, 울진의 3개 군을 사례분석의 대상지역으로 하고 그 외에 통천, 고성, 강릉 지역의 농민운동의 자료와 기존의 연구성과를 포괄하여 영동지방의 농민운동을 분석하였다. 그리고 그 과정에서 기존의 연구 결과를 다시 한번 확인하는 결과를 도출할 수 있었고, 또 한편으로는 기존의 연구와는 다른 몇 가지 새로운 사실을 확인할 수 있었다. 그리고 이러한 과정에서 우리는 다음의 몇 가지 사실을 짚어볼 수 있었다.

　첫째, 1930년대 영동지방 농민운동의 발생 배경에 관한 문제이다. 일반적으로 일제하 우리나라의 민족운동은 3·1운동을 계기로 민족주의운동이 쇠퇴하면서 청년운동, 학생운동, 노동운동, 농민운동, 민족협동전선운동 등 다양한 형태로 전개되었다고 한다. 그리고 1923년을 전후한 시기에 국내에서 이루어진 민족운동은 사회주의의 영향을 받기 시작하였다. 영동지방에서도 이와 같은 일반적인 상황은 크게 다르지 않았다. 다만 영동지방 민족운동의 특징이 다른 지방과 다르다면 그것은 영동지방의 지역적인 특성과 전통에 기인하는 것으로 이해할 수 있을 것이다. 즉 영동지방은 남부지방과는 달리 지주소작 관계가 발달하지 못하였기 때문에 농민운동이 발달할 수 있는 객관적인 조건이 미약하였으며, 1930년대 농민운동이 가장 활발하였던 함경도지방과도 달리 농민운동이 성장할 수 있었던 사상적인 조건도 미약하였다. 이와 같은 조건 속에서 영동지방에서 농민운동이 성장할

수 있었던 이유는 함경도와 접경하고 있었고, 일본과 연해주를 잇는
연안 항로의 발달, 1930년대 북선개발정책의 추진에 따른 도로 교통
의 발달로 인하여 외부와의 접촉이 보다 활발해졌던 점, 그리고 집성
촌과 유교 등의 전통적인 사회질서를 들 수 있다. 이상과 같은 객관
적인 조건의 성숙과 함께 영동지방의 농민운동이 성장할 수 있었던
또 다른 이유로서는 운동 주체세력의 성장을 들 수 있다. 즉 1920년
대 초반 영동지방의 민족운동을 이끌던 지역은 고성과 양양지역을
들 수 있는데, 이 지역에서는 금강청년회, 변성청년회, 물치노농동맹
등 실력양성론에 입각한 청년운동이 비교적 이른 시기에 발전하였다.
그러나 이 청년조직은 이후 사회주의의 영향을 적극 수용하였고, 조
직을 사회주의적으로 발전시키면서 지역사회운동의 주도세력으로 성
장하였다. 특히 1925년부터 매년 개최되었던 영동기자대회는 영동지
역의 활동가들이 한자리에 모여서 지역사회운동의 상황과 정보를 교
환하는 자리로서의 역할을 하였던 것으로 생각되며, 1927년에 개최되
었던 강원청년연맹혁신대회는 1926년의 정우회선언을 승인하고 영동
지방에 전파하는 과정에서 결정적인 역할을 하였던 것으로 보인다.
이러한 과정은 결국 영동지방에 사회주의가 본격적으로 전파되는 경
로를 보여주는 것으로 이해된다. 그런데 이와 같이 영동지방에 사회
주의가 전파되는 과정에서, 특히 양양지역은 양양청년동맹이 인근 지
역의 청년동맹의 조직을 지원하는 활동도 하였으며, 정우회의 방향전
환론도 영동지방에서 가장 먼저 수용하고 있는 것처럼 가장 적극적
인 활동을 전개하였던 지역으로 볼 수 있다. 즉 양양지역은 영동지방
의 다른 지역과는 달리 정우회의 방향전환론을 강원청년연맹혁신대
회가 개최되기 전에 수용하고 있는 것이다. 그 결과 청년연맹→청년
동맹의 과정이 영동지방에서 가장 먼저 이루어지고 있는 것이다. 이
는 곧 양양지역의 청년운동이 1920년대 중반 이후 영동지방의 민족
운동의 전개과정에서 선도적인 역할을 하였다는 것으로 이해할 수
있다. 이와 같이 양양지역의 청년운동이 선도적인 역할을 할 수 있었

던 것은 아마도 양양지역의 청년활동가들이 초기부터 중앙의 사회주의조직과 연락을 하고 중앙의 사회주의조직에 조직원을 파견하는 등 유기적인 관계를 맺은 것에서 그 이유를 찾을 수 있다.

둘째, 영동지방에서는 1927년 12월 양양에서 농민조합이 최초로 조직된 이래 1931년을 전후하여 농민조합을 조직하려는 움직임이 각 군에서 발생하였다. 그리하여 각 군에서는 농민조합을 결성하기 위한 조직들이 조직되었으며, 그 조직들에 의하여 농민조합이 조직되었다. 이는 곧 영동지방 농민조합의 조직 과정에서 이른바 지역전위 정치조직의 역할이 매우 컸다는 것을 의미한다. 즉 통천의 3인조 B(볼세비키의 약자), 고성의 고성사회운동자협의회, 삼척의 K회, 삼척적색노농조합공작위원회, 울진의 울진공작당, 강릉의 신리노농협의회 등의 지역전위 정치조직의 활동의 결과 농민조합이 조직되었다.

셋째, 영동지방 농민조합운동은 주로 농민에 대한 교양활동에 그 초점을 맞추었다. 양양농민조합과 울진농민조합의 활동은 특히 농민에 대한 교양을 중요한 사업으로 생각하여 각지에 야학, 독서회를 조직하였으며, 또한 강연이나 토론회를 개최하여 운동의 발전을 꾀하였다. 이는 영동지방의 농민조합이 프로컬운동을 주요한 운동 수단으로 상정하였음을 의미한다. 더욱이 울진에서는 농민조합의 독서회, 야학에서 학습한 인물들 중의 상당수가 1943년에 발생한 창유계사건에 관계되어 운동의 확대, 재생산이라는 측면에서 긍정적인 모습을 찾을 수 있다.

넷째, 모플활동을 매우 중시했다는 점이다. 모플이란 혁명운동의 과정에서 희생당한 활동가나 그 가족에 대한 구원의 의미를 지니는 것인네, 심척에서 특히 매우 활발히 전개되었다. 그리하여 추동광산 습격사건에서처럼 금을 탈취하여 운동자금으로 사용하였다고 한다. 그런데 이 과정에서 문제가 되는 점은 삼척지역의 최고 지도자인 정건화가 이 자금을 무기를 사들이는데 사용했다는 증언이 있기 때문이다. 이 증언에 따르면 정건화는 무기를 사들여 자신의 집 장롱 밑에 숨겨두었다는데, 만약 이 증언이 사실이라면 당시 삼척지역의 활동가들은 폭동 내지는 무장투쟁을 운동 방법으로 여겼다고 생각할 수 있다. 그리고 이러한 생각은 함경도지방 농민조합운동의 경우와 매우 흡사한 것으로 보인다.

다섯째, 1929년을 전후하여 코민테른은 1국 1당주의의 원칙에 입각하여 중국에서 활동하던 한인 공산주의자들이 중국공산당에 입당할 것을 지시하였다. 그러나 많은 한인공산주의자들은 코민테른의 이와 같은 지시를 어기고 귀국하였다. 이러한 인물 가운데 윤두현은 울진지역에서 농민조합운동을 전개하였는데, 이는 이렇게 귀국한 인물이 귀국 이후 어떠한 활동을 하였는가를 보여주는 중요한 사례가 될 수 있다고 본다.

여섯째, 일반적으로 1930년대 혁명적 농민조합운동은 계급·계층별 조직원칙을 채택하였다고 한다. 군 단위의 청년동맹과 신간회의 해소 → 농민조합 청년부로의 전환은 이 원칙이 실천되었다는 대표적인 사례라 할 수 있다. 그리고 동시에 부녀부, 농업노동자부의 설치도 역시 이와 맥을 같이 하는 것이었다. 이와 관련하여 혁명적 농민조합이 채택한 것이 '빈농우위의 원칙'이다. '빈농우위의 원칙'이란 빈농의 이익을 관철시키는 방향으로 운동을 전개하는 원칙이었고, 또한 운동의 주도권도 그러한 의미에서 빈농에게 있는 것으로 이해할 수 있다. 그리고 명천농민조합에서는 운동의 지도부에 부농을 선출하지 않아야 한다는 원칙을 제기하기도 하였다. 이러한 주장은 운동의 헤게모니를 분명하게 빈농이 행사하여야 한다는 것을 의미한다. 그리하여 부농은 빈농의 이해를 승인하고 그것에 종사할 때에야 만이 농민조합에 참여할 수 있는 것이었다. 그러나 영동지방에서는 이러한 '빈농우위의 원칙'을 강조하면서 조직과 투쟁을 전개하였다고는 하지만 실제로 그 운동의 주체는 빈농이 아니라 지주 혹은 부농 출신의 지식인이었다. 또한 일정한 시기가 되면 농민출신의 지도자가 등장한다고 하나 영동지방에서 이와 같은 경우는 삼척에서 농민조합 재건운동을 전개한 최윤달과 정의찬의 경우를 제외하고는 거의 찾아볼 수 없었다. 이러한 측면에서 볼 때 1930년대 영동지방 농민조합운동은 '빈농우위의 원칙'을 '선언적'인 차원에서 이해하고 있었다고 보아야 할 것이다. 이러한 결과는 주로 필자가 현지 답사 및 관계자들과의 면담을 통하여 얻은 결론이었다. 그리고 이 과정에서 필자는 일제의 관변 문서나 당시의 신문기사와 면담 결과 사이에 상당한 차이가 존재하고 있음을 확인할 수 있었다. 그것은 울진의 경우에서 가장 극명하게 나타났다. 관변 문서에 노동자라 분류되어 있던 전영경, 주진황, 황택룡 등은 실제로는 지주 혹은 부농이었다는 사실은 필자의 작업이 어느 정도 신빙성을 확보할 수 있는 근거라 생각된다.

일곱째, 영동지방의 농민운동에서는 아래로부터 위로의 조직원칙이 지켜졌다. 이미 1920년대 중반 경부터 양양이나 고성지역의 청년단체들은 아래로부터 위로의 조직원칙을 실천하였으며, 1930년대 농민조합운동이 전개되는 과정에서도 이 원칙은 지켜졌다. 다만 울진의 경우에는 위로부터 아래로의 조직원칙이 적용되었는데, 이는 아마도 울진지역의 활동가들이 농민조합을 대중조직보다는 전위조직으로써 이해하고 있었기 때문이 아니었나 생각한다. 이와 같이 아래로부터 위로의 조직관은 야학, 독서회, 강연회, 연극 등을 통하여 조직의 대중적 기반을 확보하고자 한 것이었다. 그리하여 삼척지역의 근덕면사무소습격사건과 추동금광습격사건, 울진지역의 경찰서습격계획 등은 조직의 대중적 기반을 확보하고자 하였던 '투쟁을 통한 조직관'의 실천투쟁이었다. 하지만 실질적으로 이러한 활동을 통하여 이들이 조직의 대중적 기반을 확대하지는 못하였다. 오히려 삼척의 심부윤이 지적하였듯이 대중이 자신을 멀리하는 결과를 초래하였던 것이다. 결국 이와 같은 활동은 농민조합운동이 좌편향적인 활동이었다는 평가를 가능하게 한다고 생각된다.

여덟째, 영동지방의 농민조합운동의 전개과정에서 또 하나 주목할 점은 1930년대 농민조합운동이 고립분산적이었다는 기존의 평가와는 달리 함경남도의 안변과 영동지방의 통천, 고성을 유기적으로 연결하여 운동을 전개하고자 했던 점, 그리고 강릉의 조선공산당재건강릉공작위원회가 영동지방을 중부, 남부, 북부로 나누어 지역간에 통일적인 운동을 전개하고자 한 점 등은 영동지방 농민조합운동의 주체들이 운동 공간뿐만이 아니라 운동의 내적인 통일을 지향한 것으로 이해된다. 따라서 고립분산적이라는 기존의 평가는 이를 극복하고자 했다는 점을 강조하는 방향으로 이해되어야 할 것으로 보인다.

참고문헌

1. 基本 史料

『동아일보』,『조선일보』,『시대일보』,『중외일보』,『조선중앙일보』
『朝鮮農民』,『農民』,『朝鮮之光』,『批判』,『彗星』
金奉雨 編,『地方別 記事 모음, 日帝下 社會運動史資料集』(江原道 篇),
　　　　한울아카데미, 1989.
江原道,『江原道道勢要覽』, 1924.
三陟警察署,『重要犯罪報告』, 江保司 第357號.
蔚珍警察署,『重要犯罪報告』, 江保司 第393號.
朝鮮總督府 編,『朝鮮産米增殖計劃要領』, 1922.
朝鮮總督府土地改良部,『昭和8年度 朝鮮土地改良事業要覽』, 1934.
朝鮮總督府,『朝鮮ノ小作慣行』(下), 1932.
朝鮮總督府農林局,『朝鮮農地年報』(제1집), 1940.
江原道,『小作慣行調査』, 1932.
朝鮮總督府,『昭和5年 朝鮮國勢調査報告』11, 江原道篇, 1938.
京畿道警察部,『治安狀況』, 1931.
高等法院檢事局思想部,『思想月報』
高等法院檢事局思想部,『思想彙報』
柳川勉,『朝鮮ノ交通及運輸』, 1924.
尾村秀樹・姜德相 編,『現代史資料』29, みすず書房, 1972.
朱禮得,『抗日鬪爭虐殺事件眞相』(手稿本)
金正明,『朝鮮獨立運動』(Ⅳ~Ⅴ), 原書房, 1966.
朴慶植 編,『1930年代朝鮮革命運動論』(『朝鮮問題資料叢書』第7卷), ア
　　　　ジア問題研究所, 1982.
한홍구・이재화 편,『韓國民族解放運動史資料叢書』, 경원문화사, 1988.

최학소,『농민조합조직론』, 돌베개, 1987.

배성찬 편역,『식민지시대 사회운동론연구』, 돌베개, 1987.

신주백 편저,『1930년대 민족해방운동론연구』Ⅰ, 새길, 1990.

池中世 編,『朝鮮思想犯檢擧實話集』, 돌베개, 1984.

「李鶴圭에 관한 判決文」(昭和8年 刑控 第88號), 獨立運動史編纂委員會,
　　　『獨立運動史資料集』14, 1984.

「金德煥 등 16명에 대한 判決文」(昭和10年 刑控 第79, 80, 81號), 大韓民
　　　國政府,『假出獄關係書類』, 檀紀 4272年 刊行, 甲種記錄 第
　　　45-14號

朝鮮總督府警務局保安課,『高等警察報』2, 1984.

「金始鎔 등 7명에 대한 判決文」(昭和7年 刑控 第132號), 獨立運動史編纂
　　　委員會,『獨立運動史資料集』14, 1984.

「黃雲大 등 5명에 대한 判決文」(昭和10年 刑控 第562, 563號).

「權麟甲에 대한 判決文」(昭和10年 刑控 第427號), 大韓民國政府,『假出
　　　獄關係書類』, 檀紀 4273年 刊行, 甲種記錄 第214卷 第41-5號

朝鮮總督府警務局 編,『最近における朝鮮治安狀況』(1933年版)

「李文弘 등 25명에 대한 判決文」(昭和8年 刑控 第99號), 大韓民國政府,
　　　『假出獄關係類』, 檀紀 4269年 刊行, 甲種記錄 第38-5號

「朝鮮赤色救援會略史」, 1930년 7월 12일(「Historical Sketch Of The
　　　Korean Red Aid」, 1930년 7월 12일)

태평양노동조합비서부,『태평양노동자』

金元錄,『元山要覽』, 1937.

全國經濟調查機關聯合會朝鮮支部 編,『朝鮮經濟年報』(1940年版), 改造
　　　社, 1940.

朝鮮總督府鐵道局,『朝鮮鐵道ノ事業槪要』, 1939.

2. 證言 資料

鄭慶子의 證言, 江原道 東海市 泉谷洞 現代아파트 자택, 1993년 8월 20
　　　일.

鄭義國·鄭義學 兄弟의 證言, 江原道 三陟郡 灑雲里 자택, 1993년 8월
　　　21일.

金鎔基의 證言, 江原道 束草市 校洞 자택, 1998년 5월 1일.

南重學의 證言, 慶北 蔚珍郡 蔚珍邑 井林里 자택, 1998년 8월 16일.

南海源의 證言, 慶北 蔚珍郡 蔚珍邑 井林里 南重學의 집, 1998년 8월 16
      일.

崔九韶의 證言, 慶北 蔚珍郡 蔚珍邑 邑內里 자택, 1998년 8월 16일.

金永起의 證言, 江原道 東海市 松亭洞 847 자택, 1998년 10월 11일.

3. 編著 및 著書

姜萬吉, 『日帝時代貧民生活史硏究』, 창작사, 1987.

江原道, 『江原道史』(歷史篇), 1995.

강원사회연구회엮음, 『강원사회의 이해』, 한울아카데미, 1997.

吉田敬市, 『朝鮮水産開發史』, 朝水會, 1954.

金炅一 編, 『북한학계의 1920·30년대 노농운동연구』, 창작과 비평사,
      1989.

김경일, 『이재유연구』, 창작과 비평사, 1993.

김영준 편역, 『적색노동조합인터내셔널의 역사』, 거름, 1988.

김인걸, 『1920년대 맑스-레닌주의 보급과 노동운동의 발전』, 조선노동당출
      판사, 1964.

金仁德, 『植民地時代在日朝鮮人運動 硏究』, 국학자료원, 1996.

金駬起, 『三陟郡誌』, 1985.

김준엽·김창순, 『한국공산주의운동사』(1~5), 청계연구소, 1986.

金昌洙, 『韓國民族運動史硏究』, 범우사, 1995.

文定昌, 『朝鮮ノ市場』, 日本評論社, 1941.

朴慶植, 『日本帝國主義의 韓國支配』, 청아출판사, 1986.

박찬승, 『한국근대정치사상사연구』, 역사비평사, 1992.

스칼라피노·이정식 공저, 한홍구 옮김, 『한국공산주의운동사』(1~3), 돌베
      개, 1986.

襄陽郡, 『襄州誌』, 1990.

역사문제연구소 민족해방운동사연구반, 『쟁점과 과제 민족해방운동사』, 역
      사비평사, 1990.

역사문제연구소, 『한국근현대지역운동사』(Ⅰ, Ⅱ), 여강, 1993.

염인호, 『김원봉연구』, 창작과 비평사, 1993.

鈴木敬夫, 『法을 통한 朝鮮植民地 支配에 관한 硏究』, 高麗大學校 民族

文化硏究所, 1989.

옥한석, 『향촌의 문화와 사회변동』, 한울아카데미, 1994.

蔚珍郡誌編纂委員會, 『蔚珍郡誌』, 1984.

李起夏, 『韓國共産主義運動史』 1, 國土統一院, 1976.

이반송·김정명 편저, 『식민지시대 사회운동』, 한울림, 1986.

이병천 편, 『북한학계의 한국근대사논쟁』, 창작과 비평사, 1989.

이상근, 『한인노령이주사연구』, 탐구당.

李榮薰 외, 『近代朝鮮水利組合硏究』, 일조각, 1992.

이준식, 『농촌사회변동과 농민운동』, 민영사, 1993.

印貞植, 『朝鮮農業經濟論』, 박문출판사, 1949.

장시원 외, 『한국 근대 농촌사회와 농민운동』, 열음사, 1988.

鄭慶子, 『묻어둔 恨을 바람에 날려 보내며』, 선명, 1996.

趙東杰, 『日帝下 韓國農民運動史』, 한길사, 1979.

趙東杰, 『太白抗日運動史』, 江原日報社, 1977.

池秀傑, 『日帝下 農民組合運動史』 1, 역사비평사, 1993.

지중세 역편, 『조선사상범검거실화집』, 돌베개, 1984.

通川郡民會, 『通川郡誌』, 1995.

한국근현대사연구회 1930년대 연구반, 『일제말 조선사회와 민족해방운동』,
　　　　일송정, 1991.

한국역사연구회 1930년대 연구반, 『일제하 사회주의운동사』, 한길사, 1991.

한국역사연구회 역사문제연구소 엮음, 『3·1민족해방운동연구』, 청년사,
　　　　1989.

한국역사연구회 근현대청년운동사연구반, 『한국근현대청년운동사』, 풀빛,
　　　　1995.

허장만, 『1920년대 농민운동의 발전』, 조선노동당출판사, 1962(안병욱 편,
　　　　『한국사회의 새로운 인식』 1, 대동, 1992에 소수)

4. 논문

강동진, 「일제 지배하의 노동야학」, 『역사학보』 46, 1970.

강정숙, 「일제하 안동지방의 농민운동에 관한 연구」, 『한국 근대 농촌사회
　　　　와 농민운동』, 열음사, 1988.

강효출, 「식민지시대 충북 영동지역 농민운동 연구」, 『사총』 39, 1992.

姜薰德,「日帝下 小作爭議의 性格에 관한 고찰」,『한국사논총』4, 1981.

고정수,「1920년대 말~1930년대 초 반일농민운동의 새로운 앙양(1929~
    1932)」,『역사과학』1958년 2호(김경일 편,『북한학계의 1920, 30
    년대 노농운동연구』, 창작과 비평사, 1989에 소수)

고정수,「위대한 사회주의 10월 혁명과 조선에서의 농민운동의 새로운 앙
    양(1930년대 후반 첫 시기까지)」,『역사과학』1958년 6호(김경일
    편, 위의 책에 소수)

고정수,「항일무장투쟁의 영향하에 일제와 봉건주의를 반대하여 일어난
    노동자·농민들의 투쟁(1932~1945)」,『근로자』1960년 7호(김경
    일 편, 위의 책에 소수)

김남식,「한국공산주의운동사연구를 위한 전제」,『역사비평』1, 1987.

김도형,「1920년대 경북지역의 농민운동」,『한국근현대지역운동사(영남
    편)』, 여강, 1993.

김도형,「김천지방의 사회주의운동과 조선공산당 재건운동 - '김천그룹'을
    중심으로」,『북악사론』3, 1993.

김석근,『1930년대 한국농촌사회와 공산주의운동 : '적색농민조합운동' 연
    구』, 한국정신문화연구원 박사학위논문, 1991.

김영숙·김희일,「논문 '1934~1937년 명천지방 농민들의 혁명적 진출'에
    대한 몇가지 비판적 의견」,『역사과학』1959년 3호(김경일 편, 위
    의 책에 소수)

김용달,「日帝下 龍川地方의 農民運動에 관한 硏究」,『北岳史論』2,
    1991.

金翼漢,『植民地期朝鮮における地方支配體制の構築過程と農村社會の
    變動』, 東京大學 박사학위논문, 1996.

김일수,「1930년대 경북지역의 조공재건운동과 혁명적 대중조직운동」,『한
    국근현대지역운동사(영남편)』, 여강, 1993.

김섬숙,「1920~30년대 영동지역 사회운동」,『역사와 현실』9, 1993.

김점숙,「1920년대 전남지방 농민운동 연구 - 농민운동의 조직적 발전과정
    을 중심으로」,『한국근현대지역운동사(호남편)』, 여강, 1993.

김점숙,「1930년대 전남지방 혁명적 농민조합운동 연구」,『선남사회운동사
    연구』, 한울, 1992.

김정숙,「1934~1937년 명천농민들의 혁명적 진출」,『역사과학』1958년 3
    호(김경일 편, 위의 책에 소수)

朴慶植,「한국민족운동과 민족통일전선」,『신간회연구』, 동녘, 1983.

박명규,「일제시대 농민운동의 계층적 성격」,『현대자본주의와 공동체 이론』, 한길사, 1987.

박찬승,「일제하 나주지역의 민족운동과 사회운동 - 1920~30년대를 중심으로」,『한국근현대지역운동사(호남편)』, 여강, 1993.

박천우,「일제하 지주제와 농민운동」,『동촌주종환박사화갑기념논문집 - 한국자본주의론』, 1989.

박 환,「1920년대 수원고등농림학교 학생비밀결사 - 건아단과 조선개척사를 중심으로」,『길현익교수정년기념사학논총』, 1996.

並木眞人,「植民地下朝鮮における地方民衆運動の展開 - 咸鏡南道洪原郡の事例を中心に」,『朝鮮史硏究論文集』20, 1983.

飛田雄一,「永興農民組合の展開 - 1930年代の赤色農民組合の一事例」,『朝鮮1930年代硏究』, 三一書房, 1982.

飛田雄一,「金海農民組合の展開 - 1930年代の赤色農民組合の一事例」,『朝鮮民族運動史硏究』1, 1984

飛田雄一,「日帝下の朝鮮小作爭議のをめぐって」,『朝鮮民族運動史硏究』10, 1994.

飛田雄一,「定平農民組合の展開 - 1930年代の赤色農民組合の一事例」,『朝鮮史叢』5・6合輯, 1982.

水野直樹,「コミンテルンと朝鮮」,『朝鮮民族運動事硏究』1, 1984.

신기욱,「농민과 농민운동 - 일제하 농민투쟁을 보는 시각에 대하여」,『연세사회학』10・11, 1990.

신종원,「강원도지방사 연구에 대한 반성」,『강원문화연구』11, 1992.

신주백,「1930年代 咸鏡道地方 革命的 農民組合運動에 관한 一 硏究」,『成大史林』5, 1989.

신주백,「1930년대 혁명적 노농운동의 조직문제에 관한 연구」,『역사비평』, 1989 겨울호.

廉仁鎬,「農村振興運動期 濟州地方의 革命的 農民運動 硏究」,『제주도사연구』창간호, 1991.

柳世熙,「韓國農民運動史」,『韓國現代文化史大系』4, 고려대학교 민족문화연구소, 1978.

李均永,『新幹會硏究』, 한양대학교 박사학위논문, 1990.

이종민,「1930년대 초반 농민조합의 성격 연구」,『연세사회학』10・11,

1990.

李鍾範, 「1920・30年代 珍島地方의 農村事情과 農民組合運動」, 『歷史學報』 109, 1986.

李鍾範, 「日帝下 全南地方에서의 農民運動의 發展과 長興地域」, 『역사와 현장』 창간호, 1990.

이준식, 「세계대공황기 혁명적 농민조합운동의 계급 계층적 성격」, 『역사와 현실』 11, 1994.

이준식, 「일제 침략기 김해지방의 농민운동」, 『역사와 현실』 7, 1992.

이준식, 「일제 침략기 정평지방의 농민조합운동에 대한 연구」, 『일제하의 사회운동과 농촌사회』(한국사회사연구회), 문학과 지성사, 1990.

이준식, 「일제하 단천지방의 농민운동에 대한 연구 - 농민운동의 조직적 측면을 중심으로」, 연세대학교 석사학위논문, 1984.

이철휘, 「양양지방 3・1만세운동연구」, 『영동문화』 4, 관동대학교 영동문화연구소, 1992.

장승순, 「일제하 서산지방의 지역사회운동 연구」, 『창해박병국교수정년기념 사학논총』, 1994.

정연태, 「日帝의 植民農政과 農業의 變化」, 『한국역사입문』 3, 풀빛, 1996.

鄭泰憲, 「최근의 식민지시대 사회구성체론에 대한 연구사적 검토」, 『역사비평』 창간호, 1988.

조동걸, 「3・1운동 때 지방민의 참여 문제」, 춘천교육대학, 『논문집』 9, 1990.

조동걸, 「조선농민사의 농민운동과 농민야학」, 『한국사상』 16, 1978.

趙成雲, 「日帝下 江原道 三陟地域의 革命的 勞農運動」, 『한국민족운동사연구』 15, 1997.

趙成雲, 「日帝下 江原道 襄陽地域의 農民組合運動」, 『한국민족운동사연구』 18, 1998.

趙成雲, 「日帝下 江原道 蔚珍地域의 革命的 農民組合運動」, 『素軒南都泳博士 古稀紀念史學論叢』, 1993.

趙成雲, 「日帝下 慶南 梁山地域의 革命的 農民組合運動」, 『芝邨金甲周教授 華甲紀念史學論叢』, 1994.

趙成雲, 「日帝下 水原高農의 學生運動과 常綠樹運動」, 『慶州史學』 14, 1995.

趙成雲, 「日帝下 水原地域의 農民組合運動」, 『東國歷史教育』 5, 1997.

趙成雲,「日帝下 梁山地方의 農民組合運動에 대한 研究」, 동국대학교 석사학위논문, 1989.

趙成雲,「日帝下 蔚珍農民組合의 結成過程 및 그 活動」,『東國歷史敎育』2, 1990.

주봉규,「일제하 소작쟁의의 성격에 관한 연구」,『경제논집』14-4, 1975.

지수걸,「식민지 농민운동」,『북한의 한국사인식』2, 한길사, 1990.

지수걸,「일제하 완도·해남지역의 농민조합운동연구 - '전남운동협의회'의 활동을 중심으로」,『역사교육』49, 1991.

지수걸,「일제하 함남 정평지역의 혁명적 농민조합운동연구」,『일제말 조선사회와 민족해방운동』(한국근현대사연구회 1930년대 연구반 편), 일송정, 1991.

지수걸,「일제하 함안지역의 민중운동」,『민족지평』1990 가을호.

지수걸,「조선농민사의 단체 성격에 관한 연구」,『역사학보』106, 1985.

지수걸,「충남 예산공립농업학교 학생비밀결사사건에 대한 일고찰」,『창해 박병국교수정년기념사학논총』, 1994.

지수걸,「함북 명천지역의 혁명적 농민조합운동(1934~37)」,『일제하 사회주의운동사』(한국역사연구회 1930년대 연구반 편), 한길사, 1991.

최근식,「일제시대 야학의 규모와 성격」, 고려대학교 석사학위논문, 1992.

崔洪俊,「1930年代 江陵地域 朝鮮共産黨 再建運動 研究」,『北岳史論』3, 1993.

한도현,「반제반봉건투쟁의 전개와 농민조합 - 명천군 농민조합운동을 중심으로」,『일제하의 사회운동』(한국사회사연구회), 문학과 지성사, 1987.

黃敏湖,『1920年代 在滿 韓人社會의 民族運動 研究』, 숭실대학교 박사학위논문, 1997.

ABSTRACT

A Study of Peasantry Union
under the Japanese Imperialism

Cho Seong-Woon

The purpose of this dissertation is to historically analyze and evaluate the social movements, in particular, peasantry union's activities in Young-dong(嶺東) region such as Tong-chon(通川), Ko-song(高城), Kang-neung(江陵), Yang-yang(襄陽), Samchok(三陟), and Uljin(蔚珍) since 3·1 Independence Movement. For this study, I have reviewed the cases in Yang-yang, Sam-chok, and Uljin region, concerning peasantry union's movements. The results are as follows :

First, the main reasons why the nationalists' movement(民族主義運動) occurred in Young-dong region where Korean traditional feudal system(land owner-tenant relationship : 地主小作關係) was not fully developed, are these : 1. this area is contingent with Ham-gyoung Province(咸鏡道) in which agrarian movements were prevalent ; 2. the development of sea route to Japan and Siberia ; 3. the strong influence of the traditional ruling system such as confucianism and traditional clan system, which can be proved easily by pointing out the fact that the leaders of those movements were usually land-owners or rich farmers. For these very reasons, agrarian movements could be developed in Ko-song and Yang-yang of Young-dong region. The activities of Keumgang Youth Association(金剛靑年會), Byonsung Youth Association(邊城靑年會), and Mulchi Labor-Peasant Union(沕淄勞農同盟) were best examples. These groups, however, began to be affected by socialism by 1923. And right after Young-dong Reporter's Conference(嶺東記者大會) in 1925 and "Manifesto of Jungwoo Hoi(正友會 宣言)" in 1926, socialism began to wailed its influential power all over Young-dong region. Especially, Kangwon Youth Reform Conference(江原靑年革新大會) held in 1927 accepted "Manifesto of Jungwoo Hoi", and played crucial role in spreading the socialism.

Second, the outstanding feature in organizing peasantry unions in Young-dong region was the essential role played by small-sized politial groups, such as "Trio(三人組) B" of Tong-chon, "Ko-song Socialists Committee", "K", and "Red Labor-Peasantry Union Trial Committee(赤色勞農組合工作委員會)" in Sam-chok, Uljin Trial Party(蔚珍工作黨) in Uljin, Sinri Labor-Peasantry Council(新里勞農協議會) in Kang-neung. Without theses small political groups, it could not be possible to organize Peasantry Union.

Third, the activities of Peasantry Union in Young-dong region focused on the enlightenment of peasantry, like night schools, lecture meetings, reading meetings, and performing dramas. In particular, in Changyu-Kye Event(暢幽契 事件) which happened in Uljin, many people educated in Peasnatry Unions' programs took part, which could be interpreted in positive way because Peasantry Union's activities made social movements spread and reproduced.

Fourth, Peasantry Union's activities emphasized MOPR activity(Red Aid : 모플活動). MOPR is meant to help activists who were victimized in the movement and their bereaved families. This activity was wide-spread in Sam-chok, where some partisan despoiled Chudong(楸洞) gold-mine in order to raise the fund for MOPR. Here what was problematic was a testimony which insisted that Keon-wha Jeong(鄭健和), the chief leader in Sam-chok, appropriated the fund to buy some weapons, which he hid in wardrobe. If we accept this testimony as true, it means that activists in Sam-chok had an idea that armed revolt or struggle could be best way to fight against Japan. And this idea was the same with that of Peasantry Union's activists in Ham-gyoung Province.

Fifth, we can see an unusual case in Young-dong region. In those days Comintern's doctrine of 'one nation-one party'(一國一黨主義) was prevalent. In such a situation, one of the activists who worked in China, breaking the doctrine, came back to Korea and began to play an active part in Peasantry Union. Doo-hyun Yoon was examplary person in this case.

Sixth, generally, 1930s-Peasantry Union would employ a policy which gave priority to lower class and poor farmers. That is, all activities of Peasantry Unions had to reflect the lower class' benefit. On account of this, Myoung-chon(明川) Peasantry Union did not appoint rich farmers as their leaders. Ironically, although they emphasized the priority of the poor farmer, the subject of most of the social movements was, in reality, the intelligentsia from higher class or rich farmers, except Yoon-dal Choi(崔潤達) and Ui-chan Jeong(鄭義粲) in Sam-chok. In this respect, Young-dong Peasantry Unions' policy of priority of lower class was nothing more than a declaration.

Seventh, what has been pointed out as one of fatal limitations was that activities of Peasantry Unions were little concentrated and systemized. Of course, in Young-dong region it was not overcome, but they endeavor to do constantly. Thus, their efforts should be appreciated in itself.

Lastly, I would try to understand the agrarian movement as part of Nationalism movements. In doing so, we could overcome the narrow-minded insistence that agrarian movement of colonial age was little more than socialists' movements or class struggle, and thus we can have more positive vision our history of nationalists' movements.

| 보론 |

일제하 농민운동의 성격

농민조합운동과 개량적 농민운동을 중심으로

1. 머리말

1930년대 이후 국내에서 전개된 농민운동은 크게 농민조합운동과 천도교의 조선농민사운동, 그리고 기독교회를 중심으로 전개된 농촌사업 등으로 나누어 볼 수 있다. 이들 운동은 운동의 지향점이 달랐기 때문에 그 운동 방법도 역시 다를 수밖에 없었다. 이는 곧 1930년대 이후 농민운동은 다양한 운동노선과 다양한 방법으로 전개되었다는 것을 의미한다. 그러나 최근의 연구 경향을 보면 이 시기 농민운동은 농민조합운동에 대한 연구가 주류를 이루었다.[1] 따라서 이 시기 농민운동의 성격을 종합적으로 이해하기 위해서는 천도교의 조선농민사운동[2]이나 기독교회의 농촌사업[3]과 같은 개량적인 농민운동

---

1) 농민조합운동에 대한 대표적인 연구는 지수걸, 『일제하 농민조합운동연구』, 역사비평사, 1993 ; 이준식, 『농촌사회 변동과 농민운동』, 민영사, 1993 ; 조성운, 『일제하 영동지방 농민운동연구』, 동국대학교 대학원 박사학위논문, 1998 ; 강정숙, 「일제하 인동지방의 농민운동에 대한 연구」, 『한국 근대 농촌사회와 농민운동』, 열음사, 1988 ; 김점숙, 「1920~30년내 영동지역 사회운동」, 『역사와 현실』 9, 1993 등이 있다.

2) 조선농민사에 대한 대표적인 연구로는 오익제, 「한국농협운동의 선구-조선농민사와 농민공생조합운동 -」, 『한국사상』 5, 1962 ; 조동걸, 『일제하 한국농민운동사』, 한길사, 1979 ; 지수걸, 「조선농민사의 단체성격에 관한 연구」,

도 살펴보는 것이 중요하다 할 수 있다.

이렇게 함으로써 농민조합운동을 제외한 조선농민사운동과 기독교회의 농촌사업의 내용에 대해 구체적이고 객관적인 평가가 이루어질 수 있고, 그에 따라 '민족주의계열'의 농민운동의 실체를 확인함으로써 개량적인 농민운동의 공과를 확인할 수 있고, 더 나아가 사회주의계열의 농민운동에 대한 평가를 더욱 뚜렷하게 할 수 있을 것이다.

이러한 목적 하에서 본고에서는 1930년대 이후의 농민운동을 사회주의계열의 농민조합운동과 개량적인 농민운동으로서 종교계통(민족주의 우파)인 천도교의 조선농민사운동, 기독교회의 농촌사업을 중심으로 살펴보고자 한다. 이를 위해 1930년대 조선사회의 사회경제적인 조건을 살펴봄으로써 이러한 조건이 농민운동에 어떠한 영향을 끼쳤는가를 확인하고자 한다. 그리고 이러한 조건하에서 여러 형태로 전개되는 농민운동의 구체적인 양상을 살펴보려고 한다. 다만 1930년대 중반 이후의 농민운동에 대해서는 간략하게 서술할 수밖에 없다는 점을 미리 밝혀두고자 한다. 왜냐하면 이 시기 농민운동에 대한 연구는 거의 이루어지지 않았을 뿐만이 아니라 실제로 이 시기에는 농민운동을 비롯한 민족운동 혹은 사회운동이 거의 이루어지지 못했기 때문이다. 즉 일제는 1931년의 만주침략, 1937년의 중일전쟁, 1941년 태평양전쟁으로 전선을 확대하였고 이 과정에서 국내에서의 민족운동은 일제의 철저한 탄압 속에서 이루어질 수가 없었던 것이다.

그러나 그렇다고 해서 이에 시기 농민운동이 전혀 이루어지지 못했다는 것은 아니다. 1943년에 발각된 울진의 창유계 사건에서 보이

『역사학보』 106, 1985 ; 박지태, 「조선농민사의 조직과 활동」, 『한국민족운동사연구』 19, 1998 등이 있다.

3) 기독교회의 농촌사업에 관한 대표적인 연구로는 민경배, 「한국기독교의 농촌사회운동」, 『동방학지』 38, 1983 ; 장규식, 「1920~30년대 YMCA 농촌사업의 전개와 그 성격」, 『한국기독교와 역사』 4, 한국기독교역사연구소, 1995 ; 한규무, 『일제하 한국기독교 농촌운동』, 한국기독교역사연구소, 1997 등이 있다.

듯이 농민조합운동에 참여했던 인물들에 의하여 민족운동은 꾸준히
전개되고 있기 때문이다.

2. 1930년대 초반 농촌사회의 변화

1) 식민지 지배정책과 농촌사회의 변동

1929년 세계적인 규모의 경제공황이 발생하자 제국주의 열강은 심
각한 체제의 위기에 직면하게 되었다. 특히 부존 자원이 부족하고 식
민지도 많지 않던 후발 제국주의 일본은 이러한 체제의 위기를 쉽게
타개할 수 없었다. 그리하여 일본제국주의는 공황의 피해를 식민지
조선에 전가하는 한편 군국주의를 채택하여 한반도를 병참기지화하
기 위한 시책을 실시하였다. 즉 '제2의 內地' 혹은 '內地의 大陸分
身'[4]으로서의 조선에 1929년 부전강 발전소의 송전을 시초로 개시되
었던 소위 '근대산업'은 만주사변을 일으키고, 중일전쟁, 태평양전쟁
으로 확대되면서 군수품 보급 기지로서 조선의 역할은 더욱 증대하
였다. 그리하여 도로의 개수, 철도의 부설과 같은 교통로를 정비하였
으며 연안 항로 및 항만을 정비하였다. 특히 조선에 대한 일제의 이
와 같은 정책의 변화는 단순히 조선을 '병참기지'에 국한하는 것이 아
니라 "朝鮮半島 그 자체가 日滿支블럭을 연결하는 紐帶인 것으로서
소위 '대륙루트' 그 자체라는 인식에 기반"[5]하는 것이었다.

이와 같이 일제의 식민지 조선에 대한 지배정책이 변화하게 된 원
인은 첫째, 일본 독점자본은 국내의 과잉자본의 투자지를 필요로 했
는데 당시 조선에서는 어떠한 제약도 없이 저렴한 식민지 노동력을
무제한적으로 착취할 수 있었다. 둘째, 조선에는 일본 공업의 군사적

---

4) 全國經濟調査機關聯合會朝鮮支部編, 『朝鮮經濟年報』, 改造社, 1940, 107
쪽.
5) 위와 같음.

재편성을 위한 공업원료와 군수원료 자원이 풍부하였다. 셋째, 지리적으로 보아 대륙병참기지로서의 중요성을 가지므로 그에 따른 공업화의 필요성이 높아졌다. 넷째, 조선에는 중요산업통제법이 적용되지 않아 경제통제에 대한 자본의 도피처로 조선이 인식되었다.6) 이러한 결과 일제는 조선에 대한 공업화정책을 추진하였고 그에 따라 1930년 흥남조선질소비료공장이 설립되었다. 이로 인하여 조선의 기존의 산업구조는 심각한 타격을 입었으며, 이후 1933년부터는 새로운 산업구조로의 변화를 보였다.7) 이와 같은 새로운 산업구조로의 변화 즉 광산의 개발, 발전소의 건설, 도로와 철도의 부설, 항만의 개수 등은 새로운 일자리를 창출하여 한반도의 북부지방에 타 지방민의 유입을 초래하여 농촌사회의 변화를 초래하였다. 그러나 이러한 '근대화'는 농촌과 농민의 철저한 희생을 바탕으로 하는 것이었다. 이미 농촌으로부터 구축 당한 농민층은 생존을 위하여 한반도의 북부지방과 북만주를 향해 이동하고 있기 때문이다.

한편 일제는 ① 조선 내의 수요 증가에 대비하고 ② 농가 경제의 성장으로 반도 경제의 향상을 도모하고 ③ 아울러 제국의 식량 문제를 해결할 목적8)으로 산미증식계획을 실시하였다. 그러나 산미증식계획의 궁극적인 목적은 일본제국주의의 지속적인 성장을 위한 저임금 구조를 유지하기 위해 만성적인 식량 부족 문제를 해결하는 데 있었다고 보아야 할 것이다. 이를 위해 일제는 종래의 우량 품종의 보급, 자급 비료의 증시, 경종법의 개선에만 그치지 않고 대규모의 관개 개선 등의 토지 개량을 통하여 그 목적을 달성하고자 하였다.

그리하여 일제는 일부 지주층을 이용하여 수리조합을 설치하여 쌀을 증산하고자 하였다. 이에 대하여 한 보고서는 "토지 개량에 관한

---

6) 小林英夫, 「1930年代 朝鮮'工業化'政策의 展開過程」, 『朝鮮史硏究會論文集』 3, 1967(사계절편집부편, 『한국근대경제사연구』, 사계절, 1984에 수록)
7) 허수열, 「일제하 조선의 산업구조」, 『국사관논총』 제36집, 1992, 278쪽.
8) 朝鮮總督府編, 『朝鮮産米增殖計劃要領』, 1922, 5쪽.

주요 사업은 수리시설을 하는 것이기 때문에 산미증식계획은 바로 수리조합의 확충계획이었다."[9]고 하였다. 예를 들면 1926년부터 1934년까지 설치된 수리조합은 192개였는데, 그 결과 자작농과 중소지주의 토지 상실과 함께 소작료의 고율화 현상이 더욱 가속화하였고 수리조합반대운동은 이런 이유에서 비롯되었다는 것이 통설이다.[10]

2) 농촌사회 내부의 계급관계의 변화

일제의 식민지 지배정책의 결과 조선의 농촌사회는 많은 변화를 겪게 되었다. 그 중에서 농민들의 현실 생활에 가장 큰 영향을 끼친 것이라 하면 농민층의 경제생활이 매우 악화되었다는 점이라 할 수 있다. 이는 곧 농민층이 일제와 지주를 상대로 투쟁할 수 있는 조건이 성숙되었음을 의미한다. 따라서 1930년대 농민운동은 이러한 농민들의 경제 상태를 근간으로 하는 것이었다.

이미 대공황기에 조선의 농촌과 농민의 상태는 이전 시기에 비하여 극도로 악화되어 있었다. 즉 1930년 현재 춘궁 상태에 있는 농가 호수는 자작농 18%, 자작 겸 소작농 38%, 소작농 68%[11]로서 당시 농민층은 이미 기아 상태에 처해 있었다. 이를 다음의 <표 11>을 통해서도 확인할 수 있다.

<표 11>에서 보면 자작, 자작겸 소작, 소작을 불문하고 모든 농가는 적자를 내고 있다. 이는 모든 농민층이 확대재생산이 불가능한 상태에서 몰락하고 있음을 보여준다.

---

9) 清水健二郎, 『朝鮮ノ農業卜水利組合ニオケル』, 1938, 21쪽.

10) 西條晃, 「1920年代朝鮮における水利組合反對運動」, 『朝鮮史研究會論文集』8, 1971 ; 박수현, 「식민지시대 수리조합반대운동 -1920~1934년을 중심으로」, 『중앙사론』7, 1991 ; 서승갑, 「일제하 수리조합 구역내 증수량의 분배와 농민운동 -임익·익옥수리조합을 중심으로」, 『사학연구』41, 한국사학회, 1990. 참조.

11) 朝鮮總督府, 『朝鮮ノ小作慣行』下(續編), 1932, 120~121쪽.

<표 11> 조선농회 조사 농가 수지 상황(1932) (단위 원)

종 별	농가총소득	가계비	부족액
자 작	679.819	701.689	21.870
자 소 작	392.987	473.077	80.090
소 작	297.999	327.607	29.608
평 균	456.935	500.790	43.855

* 자료 :『동아일보』, 1932년 11월 27일(김현숙,「일제하 민간협동조합운
동에 관한 연구」,『일제하의 사회운동』, 문학과 지성사, 1987, 203쪽에
서 재인용)

그리하여 다음의 <표 12>에서 확인하듯이 농민층은 하강분해하고
있는 것이다.

<표 12> 농민층의 분해상황(%)

연도	지주	자작	자작겸소작	소작
1926	3.8	19.1	32.5	43.3
1928	3.7	18.3	32.0	44.9
1930	3.6	17.6	31.0	46.5
1931	3.6	17.0	29.6	47.4
1932	3.6	16.3	25.3	52.8
1933	-	17.1	24.7	51.9
1934	-	17.0	24.0	51.9

* 자료 : 朝鮮農會,『朝鮮農業發達史』發達編, 1944, 부록 제3표에서 작성

이와 같은 사실에 대하여 당시의 한 신문은 다음과 같이 지적하고
있다.

일본인과 조선인의 비례로 보면 조선인은 매년 지주는 자작으로 화
하고 자작은 자작겸 소작으로 화하고 자작겸 소작은 순소작으로 화
하는 반면에 일본인은 매년 소작은 자작으로 화하고 자작은 지주로
화하여 매년 농가호수가 증가하는 까닭에 조선인의 생활상태는 나날
이 퇴보하여 살 수 없어 남부여대(男負女戴)로 정든 고향을 등지고
북만주로 향하게 되었다.12)

또한 농산물 가격은 농업공황의 여파로 폭락하였다. 이를 다음의
<표 13>에서 확인할 수 있다.

<표 13> 주요 농산물의 가격표

	1926년	1931년
멥쌀(1석)	31.59	14.74
콩(1석)	16.95	9.47
고치(10관)	84.23	18.37

* 자료 : 朝鮮農會, 『朝鮮農業發達史』 發達編, 1944, 부록.

이와 같은 상황을 극복하기 위하여 농민은 각종의 부업품을 시장
에 내다 팔아야 하는 지경에까지 이르렀으나 일제는 이미 공동판매,
미가 조절 등의 독점 가격정책으로 시장을 장악하고 있었다. 이리하
여 농민의 몰락은 더욱 가속화되었다. 이에 따라 농민층은 급격하게
빈농층 및 농업노동자로 전락할 수밖에 없었다. 이는 농촌사회의 경
제적 모순이 극에 달했다는 사실을 증명한다.

이상과 같은 농민층의 분해 현상은 전래의 농촌사회에서의 관습이
붕괴되는 계기가 된다. 즉 전래의 농촌사회는 지주와 씨족 집단을 비
롯한 공동체적인 조직이 지배적이었음에 비하여 이제는 일제와 친일
화한 지주층에 대한 농민층의 대결구도가 한층 명확해진 것이다.

3) 소작쟁의의 격증

윗 절에서 살펴본 바와 같이 1930년대 초반 조선의 농촌사회는 지
주소작관계를 중심으로 급속히 변화하였다. 그리하여 농민층의 몰락
은 더욱 가속화하였고 이에 따라 농민층의 일제와 지주에 대한 투쟁
의식은 더욱 강화되었다. 이러한 결과 농민층의 소작쟁의는 급증하였
다. 이 시기 소작쟁의의 연도별 증감 현황은 다음 <표 14>와 같고,

---

12) 『동아일보』, 1928년 8월 1일.

이를 다시 원인별로 보면 다음의 <표 15>와 같다.

<표 14> 소작쟁의의 연도별 증감 현황(1921~1939)

연 도	발생건수	동원인원수	사건당인원수
1921	27	2,967	110
1922	24	3,539	148
1923	176	9,060	52
1924	164	6,929	42
1925	11	2,646	241
1926	17	2,118	125
1927	22	3,285	149
1928	30	3,572	119
1929	36	2,620	73
1930	92	10,037	108
1931	57	5,486	96
1932	51	2,910	57
1933	66	2,492	38
1934	106	4,113	39
1935	71	2,795	39
1936	56	3,462	62
1937	24	2,234	93
1938	30	1,338	45
1939	24	969	40
합 계	1,085	72,572	

* 자료 : 조선총독부경무국편, 『최근 조선의 치안상황』(1938년판), 97~99
쪽 : 「1940년도 조선내 노동쟁의 및 소작쟁의에 관한 조사」, 『사상휘
보』 제22호, 1940. 3. 14~15쪽(지수걸, 『일제하 농민조합운동연구』,
역사비평사, 1993, 44쪽에서 재인용)

<표 14>와 <표 15>를 통해 볼 때 1930년을 고비로 소작쟁의가 증
가하고 있음을 알 수 있고 그 원인은 주로 소작권의 이동과 소작료의
인상에 있음을 확인할 수 있다. 이러한 농민층의 요구는 그들의 생존
권과 직결되는 것이었다. 따라서 이와 같은 농민층의 투쟁은 자연발
생적인 성격이 강하였다. 그리하여 일제의 분석에서도 쟁의의 수단이
종래(1920년대 중반경까지-인용자)에는 대개 온건했다. 그러나 1920

<표 15> 소작쟁의의 원인별 비교표(1920~1933)

원인 연도	소작권의 취소 및 이동	소작료 증액반대	기타	계
1920	1	6	8	15
1921	4	9	14	27
1922	8	5	11	24
1923	117	30	29	176
1924	126	22	16	164
1925	1	5	5	11
1926	4	4	9	17
1927	11	1	10	22
1928	21	3	6	30
1929	15	7	14	36
1930	29	42	22	93
1931	17	27	13	57
1932	26	8	17	51
1933	36	18	12	66
계	416	187	186	789

* 자료 : 조선총독부경무국, 『조선의 치안상황』(1933년판), 108쪽(並木眞
人외 엮음,『1930년대 민족해방운동』, 거름, 1984에 수록)

년대 후반경부터는 "사회주의운동의 발전과 함께 사회주의자들이 각
지에서 농민단체를 설치하여 이를 좌익적으로 지도 조종하고 쟁의에
관여하여 계급의식을 선동하므로 쟁의도 점차 첨예화하기"[13]에 이르
렀다. 이는 사회주의가 농민운동에 적극적인 활동을 전개하였다는 것
을 의미한다. 사실 사회주의가 농민운동에 영향을 끼치기 시작한 시
기는 대략 1923~24년경부터라 할 수 있다. 3·1운동 이후 조직되기
시작한 청년단체는 1920년 251개, 1921년 446개, 1922년 488개로 급
증하였고, 이들 단체는 실력양성론을 기반으로 하였다. 그러나 1923
년 무렵에는 사회주의의 영향을 받기 시작하여 1924년 무렵에는 사
회주의가 조직적으로 수용되고 있다. 그리하여 1923년에는 청년단체
의 수가 549개, 1924년에는 702개로 급증하였다.[14] 예를 들어 단천의

13) 조선총독부경무국, 『조선의 치안상황』(1933년판), 105쪽(並木眞人외 엮음,
앞의 책에 소수)

하자회, 영흥의 삭풍회, 정평의 제로회, 홍원의 이럿타회, 양양의 양
양신청년동맹, 고성의 변성청년회 등 각지에서 지역사회의 운동을 주
도하던 청년단체들이 그것이다. 이와 같이 1923~1924년경에 청년단
체의 수가 급증한 것은 조선청년총동맹의 조직과 관련이 깊다. 서울
청년회와 신흥청년동맹 등 청년운동의 주도권을 장악하고자 하였던
조직들이 지방에 자신의 세력을 부식시키는 과정에서 많은 청년단체
가 조직되었기 때문이다. 이리하여 지방에 조직된 청년단체들은 사회
주의의 영향을 받게 되었다. 결국 지방이 농촌사회인 까닭에 이들은
농촌 청년 대중을 상대로 활동을 전개하였으므로 농촌사회와 농민운
동에 대해 무관심할 수 없었다. 그리하여 농촌사회와 농민운동에 대
하여 지방의 청년단체들은 관심을 가지고 활동을 하였던 것이다. 이
리하여 농민운동에도 사회주의가 영향을 끼치게 되었다.15)

3. 농민조합운동과 개량적 농민운동의 전개

1) 농민조합운동16)

14) 朝鮮總督府警務局,「各種 結社累年 盛衰表」,『朝鮮の治安狀況』, 1930, 202
　　쪽.
15) 예를 들어 양양지역의 경우에는 1924년 조직된 양양신청년동맹의 지도자인
　　오일영, 김대봉, 최용대의 활동과 농민운동의 활동이 매우 관련이 깊게 나타
　　난다. 이는 양양지역 뿐만이 아니라 농민조합이 조직된 대부분의 지역에서
　　나타나는 공통적인 현상이다(양양지역의 농민조합운동에 대해서는 졸고,「일
　　제하 양양지역의 혁명적 농민조합운동」,『한국민족운동사연구』18, 1998. 참
　　조).
16) 농민조합은 1926년 무안농민연합회가 무안농민조합으로 개편된 이후 전국
　　각지에서 조직되었다. 그리고 1920년대 말 무렵부터 이른바 '혁명적'으로 전
　　화하였다고 한다. 그리하여 대부분의 연구자들은 이 시기 이후의 농민조합
　　운동을 이전 시기와 비교하여 '혁명적' 농민조합운동이라 하였다. 그러나 필
　　자는 '혁명적'으로 전화한 이후에도 농민조합의 활동이 이전 시기와 크게 다
　　르지 않기 때문에 불가피한 경우를 제외하고는 '혁명적'이라는 수식어를 사
　　용하지 않고 '농민조합운동'이라 칭하도록 한다.

일제하 농민운동이 본격화되는 시기는 1920년대 초반이었다. 1920년 조선노동공제회가 조직되고 1924년에는 조선노농총동맹이 조직되었다. 1925년에는 화요회계열을 중심으로 조선공산당이 조직되었고, 1927년에는 조선노농총동맹이 조선노동총동맹과 조선농민총동맹으로 분립되어 노농운동의 전기를 이루었다. 그러나 최소한 1922년 조선노동공제회가 '소작인이여 단결하라'라는 성명을 발표할 때까지 노동문제와 농민문제를 정확히 이해하고 있지는 못하였다. 즉 1920년대 중반까지 무산자와 농민층에 대한 엄밀한 개념이 확립되지 않아 '무산'이라는 개념은 농민에게도 무비판적으로 적용되었다. 이러한 상황은 위에서 본 '소작인이여 단결하라'라는 성명을 조선노동공제회에서 발표하고 있는 것으로 보아도 알 수 있다.

한편 1920년대 초반에는 전국 각지에서 소작인조합, 소작인상조회 등 소작인단체가 등장하였고 1926년 무안농민연합회가 무안농민조합으로 변경하면서 농민조합이 탄생하였다. 이후 농민조합은 합법적인 수단과 방법으로 농민층의 일상이익을 옹호, 획득하는 활동을 전개하였으나, 일제의 탄압으로 성과를 보지 못하게 되었다. 이리하여 1930년대 초반에 합법적인 농민조합이 이른바 혁명적 농민조합으로 전화되고 있는 것이다.

1930년대 농민조합운동이 전개되었던 지역은 80개의 군·도지역으로 추정된다.[17] 이는 전국 220개의 군·도 중 약 36%에 해당하는 지역이다. 지역적으로는 주로 함경도, 강원도, 경상도 등 주로 한반도의 동쪽지방으로 중심으로 전개되었고, 평안도, 황해도, 경기도 등의 서쪽지방에서는 그 활동이 미미했다. 이러한 지역적인 분포는 사회주의의 전파 경로와 밀접한 관계가 있다고 생각된다. 한반도의 동쪽지방은 일본의 大阪으로부터 러시아의 블라디보스토크에까지 이르는 국제항로가 개설되어 사회주의가 쉽게 전파될 수 있었다. 그리고 일제

---

17) 지수걸, 앞의 책, 1993, 167쪽.

의 병참기지화정책이 추진되면서 노동자층이 비교적 이른 시기에 형성된 지역이기도 하였다. 또한 함경도는 러시아와 국경을 마주하는 지역이었으므로 사회주의가 비교적 빠르게 침투할 수 있는 지역이었다. 이리하여 한반도의 동쪽지방을 중심으로 농민조합운동이 전개될 수 있었다.

특히 1928년 코민테른의 '12월테제'는 농민운동에 결정적인 영향을 끼쳤다. 즉 '12월테제' 이후 기존의 운동조직을 계급적으로 재편하고자 하는 움직임이 나타나기 시작하였고 이러한 움직임이 본격화되는 시기는 대략 1930년 말이었다. 이 시기는 청년동맹과 신간회 등 합법적인 단체들을 해소하고 반합법적이고 계급적인 대중조직을 건설하려는 운동노선이 관철되어 각 지역에서 농민조합과 노동조합이 조직되었다. 따라서 각 지역 단위로 조직되어 있던 계급·계층조직은 농민조합의 하나의 부서로 통합되어 농민조합은 명실공히 지역 단위의 운동 지도부가 되었다.[18]

한편 1930년대 초반에는 합법적 농조가 혁명적으로 전화되는 지역이 있는 반면에 농조가 신설되는 지역도 있었다. 합법농조 → 혁명적 농조로의 전환을 보여주는 대표적인 농조로는 양양농민조합이 있다. 양양농민조합이 혁명적으로 전환된 시기는 1931년 3월의 제5회 정기대회라 생각된다. 이 대회에서 채택된 슬로건이 혁명적 농민조합의 일반적인 특징을 보여주고 있기 때문이다.[19] 또한 이 시기 양양농민

---

18) 지수걸, 앞의 책, 참조 ; 이준식, 앞의 책, 1993.
19) 제5회 정기대회에서 채택된 구호는 다음과 같다(高等法院檢事局思想部, 「襄陽農民組合事件判決文」, 『思想月報』 제4권 제6호.)
   1. 일체의 채무계약의 무효를 주장한다.
   1. 잡세를 철폐하라.
   1. 토지는 농민(에게-인용자)
   1. 노동자의 단결을 강고히 하자.
   1. 우리가 버려야 할 것을 철쇄이며 우리가 얻어야 할 것은 사회이다.
   1. 현계급(계단-인용자)은 부르주아 민주주의의 전취과정에 있다.
   1. 만국의 무산자여 단결하라.

조합의 造山支部 제4년 제1회 대회에서 행한 최용복과 최연집의 연설을 통해서도 확인된다.

　① 우리들은 일체의 계급적 노력을 총집중시켜 계급운동을 확대, 강화해야 하기 때문에 규율적인 전술 하에서 실천적 운동을 개시하여 투쟁적으로 조직하고, 산업별 조합을 조직하여 농촌 청소년은 농민조합의 청소년부로, 노동 청소년은 노동청소년부로 전화시켜 노농청소년의 독자적인 의식과 ××적(혁명의 의미) 계급투쟁을 지도, 전개시켜 관념적 운동을 배제(이하 생략)
　② 현하 조선의 노동조합은 천도교도로 조직된 조선농민사와 같은 개량주의 즉, 당면이익인 소작조건의 유(지-인용자) 개선을 목적으로 ×××하므로 무산계급의 확대, 강화와 계급적 농민운동은 ××(혁명)적 진출에 ×××하므로 우리들은 그들의 ××(정체-인용자)를 무산계급, 농민 대중에게 폭로하고 우리들에게는 농민계급, 빈민, 노동자의 이익을 대표하는 노총, 농촌(농민-인용자)동맹이 있으므로 그들 반동 단체의 박멸운동을 일으켜야 한다는 취지를 설명, 제안하고 전조선농민조합에 경고문을 발송하고 전국적으로 성명서를 발표하여 농민조합 본부에 건의할 것[20]

이외에도 대부분의 합법적 농민조합이 혁명적으로 전환하였거나 수진농민조합[21]과 같이 그 과정에서 일제에 검거되었다. 일제의 분석에 따르면 농민조합이 혁명적으로 전환되는 것은 대개 조선공산당 재건운동의 관련자, 사회운동의 방향전환에 영향을 받은 지방의 토박이 공산주의자, 기존의 합법적 농민조합운동의 주체들에 의하여 이루어졌다고 한다.[22] 그러나 일제의 이와 같은 유형 구분은 유효성이 그리 크지 않을 것으로 생각된다. 이 시기 농민조합의 활동을 어느 하

20) 高等法院檢査局思想部, 앞의 글, 앞의 책.
21) 수진농민조합에 대해서는 졸고, 「日帝下 水原地域의 農民組合運動」, 『東國歷史敎育』 5, 1995. 참조.
22) 朝鮮總督府警務局編, 『最近に於ける朝鮮治安狀況』(1933년판), 47~48쪽.

나의 유형으로 판단할 만큼 그 활동이 단순한 것이 아니었으며 어떠
한 경우라 하더라도 조선공산당의 재건과 무관하지 않기 때문이다.[23]

이와 같이 1930년대에 접어들면서 농민조합은 혁명적으로 전환을
하는데, 이 시기 농민조합의 특징을 가장 잘 보여주는 것이 '빈농우위
의 원칙', '투쟁을 통한 조직관', '계급·계층별 부서의 설치'라 할 수
있다. '빈농우위의 원칙'이란 "종래 농민운동의 주도권을 장악하고 있
던 지주나 부농층을 대신하여 빈농층이나 노동자계급이 농민운동의
주도권을 장악하고 나아가 이들 새로운 지도층이 빈농적 이해관계
(궁극적으로는 토지혁명)를 중심으로 농민대중의 이해관계를 실현하
기 위해 농민들을 조직하고 투쟁한다는 원칙"[24]이다. 일제시기 명천
농민조합에서 발표한 한 문건에 따르면 부농층에서는 지도자를 선출
해서는 안 된다고 하였다.[25] 이러한 '빈농우위의 원칙'은 대부분의 농
조가 이를 강령 또는 투쟁방침 등에 명시하였다. 즉 단천농조는 단천
농민동맹을 혁명적으로 전환하면서 "순무산농민 혹은 최하층 빈농을
조직의 본위"[26]로 할 것을 천명하였으며, 삼척지역의 핵심적인 활동
가인 심부윤이 작성한 「운동계획서」에서도 "우선 빈농층의 참된 투
쟁분자만을 선출하여 계급적으로 교양시켜서 농민조합의 좌익 프랙
션적인 임무를 수행하지 않으면 안 된다"[27]고 하였다. 또한 전남운동
협의회 역시 "농민운동을 노동운동의 지도하에 두고 완전한 블록을
결성하도록 할 것. 농민운동은 빈농·소농·중농의 성질에 의해 각기
지도방침을 달리하되 농민운동의 중심은 빈농으로 할 것"[28]을 결정

---

23) 졸고, 앞의 동국대학교 박사학위논문, 1998, 183쪽.

24) 이준식, 「세계대공황기 혁명적 농민조합운동의 계급·계층적 성격」, 『역사
와 현실』 11, 155쪽.

25) 농조[명천]좌익출판부, 「농민조합 재건운동과 농민문제」, 신주백편저, 『1930
년대 민족해방운동론연구』 I, 새길, 1989, 266쪽.

26) 咸興地方法院, 「端川農民組合協議會事件」, 『思想月報』 3권 8호, 21~22쪽.

27) 沈富潤, 「運動計劃書」, 三陟警察署, 『重要犯罪報告』, 江保司 第357號.

28) 『조선일보』, 1931년 3월 20일.

하였다. 울진농민조합의 창립선언문에서도 "울진에 산재한 빈농민 제
군", 혹은 "혁명적 빈농민 제군"이라 하였다.[29) 김해농민조합은 청년
부를 "빈농을 망라한 조직"[30)으로 규정하였다. 이와 같이 '빈농우위
의 원칙'은 각 단위 농조에서 대부분 채택하였던 것으로 생각된다.[31)

그러나 농조운동의 전개 과정에 이 원칙이 명확히 지켜졌는가에
대해서는 의문이 있다. 왜냐하면 영동지방의 농민운동을 분석한 한
연구에서는 농민조합운동의 지도층의 성격분석을 통하여 농조운동의
주체들이 '빈농우위의 원칙'을 선언적인 차원에서 이해하고 있다고
주장하고 있기 때문이다.[32) 이에 따르면 운동의 지도층은 대부분 부
농 혹은 지주출신이었다는 것이다. 이를 <표 16>에서 알 수 있다.

<표 16> 영동지방 농민조합의 지도층 일람표

통천	오계윤(고저사립통명학교 졸업), 박재순(중동학교1년 중퇴, 휘문고보 3년 중퇴)
고성	황창갑(함흥고보 졸업)
강릉	강익선(강릉농업학교, 수원농림학교), 강덕선(강릉농업학교중퇴), 권인갑(화북대학 중퇴), 조규필, 최선규
삼척	정건화(배재고보 중퇴), 심부윤(부산상업학교 중퇴, 평양숭신학교 중퇴), 김덕환(서당, 보통학교), 황운대(서당, 제동학교)
양양	김병환, 오용영, 최우집, 김동기, 강환식(강릉농업학교, 중동학교), 추교철
울진	이우정(중앙고보 중퇴), 윤두현(서당), 주진황(소학교), 주맹석(제동학교), 전영경(서당), 남왈성(서당, 제동학교), 진기열(이리농업학교 중퇴), 최재소(서당, 보통학교), 최학소(중동고보 중퇴), 남왈기(서당), 황택용

* 자료 : 조성운, 앞의 동국대학교 대학원 박사학위논문, 170쪽

그런데 여기에서 문제되는 것은 농조운동의 지도층이 아닌 일반구
성원이 어떠한 생각을 가지고 운동에 참여했는가 하는 점이다. 운동
의 지도층이 사회주의라는 사상을 토대로 운동을 전개하였음은 잘

---

29) 「蔚珍農民組合創立宣言文」, 蔚珍警察署, 『重要犯罪報告』, 江保司 第393
號.
30) 『조선일보』, 1931년 3월 20일.
31) 이에 대해서는 이준식, 앞의 글, 앞의 책 및 지수걸, 앞의 책 참조.
32) 졸고, 앞의 동국대학교 대학원 박사학위논문, 170~177쪽.

알려진 사실이다. 그러나 일반구성원들도 사회주의라는 사상을 토대로 운동을 전개했다고 보기에는 무리가 있다. 즉 운동의 지도층과 일반 구성원 사이에는 사상적인 간극이 존재했다고 보여진다. 예를 들어 울진지역에서는 농민조합운동이 일제에 검거된 이후 1941년 暢幽契가 조직되어 지역사회의 운동을 전개하였다. 그리고 창유계에 참여했던 주진욱, 임시헌, 남경랑, 남원수, 최학소, 전원강, 남석순 등은 울진농민조합사건에 관련되어 일제에 검거되었던 인물들이었다. 이들 중 최학소는 사회주의자로 보이며 울진농조의 지도부에 있었던 인물이었고, 나머지 인물들은 일반 구성원이었다. 그런데 창유계[33]는 남원수를 상해 임시정부에 파견하고자 한 것으로 보아 이들은 상해 임정과 조직적인 관계를 맺기 위하여 노력하였음을 알 수 있다. 이로 보아 창유계는 민족주의적인 성향의 단체라 할 수 있다. 이는 곧 이 시기에 전개된 농민조합운동의 지도층과 일반 구성원·사이에는 사상적인 간극이 존재했을 가능성이 있다는 것을 시사해준다고 할 수 있다. 이 점에 대해서는 양산경찰서습격사건[34]의 주도자 중의 한 사람인 金外得의 증언도 참조가 된다. 김외득은 자신은 "양산경찰서의 습격은 (양산농민조합 - 인용자)소년부의 金章浩와 나, 둘이서 주동하였습니다. …… 다만 장호는 金龍浩의 동생이므로 지시를 받았을지도 모르나 나는 없습니다"[35]고 하였다. 사회주의자였던 김용호의 지시를 받았을 것으로 추정되는 김장호와 함께 양산경찰서를 습격했다는 것이다. 이는 결국 지도부와 일반 구성원 사이에 사상적인 간극이 있었다는 사실을 다시 한 번 보여주고 있다.

다음으로 1930년대 농민조합의 활동을 보도록 하자. 이 시기 농민조합의 활동은 ① 합법농조의 혁명적 농조로의 전환을 위한 투쟁 시

---

33) 창유계사건에 대해서는 朱禮得, 『抗日鬪爭虐殺事件眞相』(手稿本). 참조.

34) 양산농민조합사건에 대해서는 졸고, 「日帝下 慶南 梁山地域의 革命的 農民組合運動」, 『芝邨金甲周敎授華甲紀念史學論叢』, 1994. 참조.

35) 金外得과의 면담, 1991년 8월 19일 자택.

기(1930~1931), ② 혁명적 농조의 재건설기(1932~1937), ③ 인민전
선전술의 수용 이후의 농민운동기(1937~)로 구분할 수 있다.[36] ①
의 시기에는 우선 합법적 농조의 혁명적 전환이 전국적인 규모로 이
루어졌다. 이에 따라 토지혁명이나 노농소비에트의 건설 등 혁명적인
구호가 표방되었다. 그리고 경제투쟁 역시 단순히 일상이익을 획득하
기 위한 투쟁에서 이를 정치투쟁과 목적의식적으로 결합시키려는 노
력도 있었다. 더욱이 투쟁의 방법에서도 비합법투쟁을 마다하지 않았
다. 또한 조선농민사나 전조선농민사에 대한 비타협적인 투쟁을 강조
하였다. ②의 시기에서는 ①의 시기에서 나타난 조직상의 문제점 즉
운동의 대중성을 확보하기 위한 방법으로서 아래에서 위로의 조직방
침이 채택되었다. 이에 따라 야학, 독서회 등을 조직하여 활동하였으
며, 더 나아가 일제의 농촌진흥회나 관변청년단체에 혁명적 반대파를
조직하여 침투하기도 하였다. 예를 들면 삼척지역에서는 농촌진흥회,
소비조합, 명덕청년회 등의 관변단체에 프랙션을 구축하였다. 또한
이 시기에는 양산농조가 수행한 양산경찰서습격사건, 삼척농조가 수
행한 근덕면사무소습격사건 등과 같이 대중폭동을 통한 농민대중의
조직화사업이 전개되었다. 그리고 삼척지역에서는 운동자금의 확보
를 위한 금광습격사건도 발생하였다. 이러한 투쟁과정에서 농민조합
은 사회주의적인 이념을 중심으로 하면서도 전래의 공동체적인 지배
질서를 운동에 이용하기도 하였다. 예를 들면 양양의 조산리, 삼척의
쇄운리, 울진의 정림리 등은 각기 강릉 최씨, 연일 정씨, 의령 남씨의
집성촌이었다. 그런데 이들 지역의 운동의 중심인물은 지주 혹은 종
손들로서 자신들의 출신지역에 상당한 영향력을 행사하는 사람들이
었다. 한편 이러한 투쟁과정을 통하여 각 지역에서는 농민출신의 토
박이 활동가들이 배출되기 시작하였다. 이는 지역 사회에서 농민층이
운동의 중심세력으로 성장하고 있음을 보여준다. 그러나 이들이 지역

---

36) 지수걸, 앞의 책, 398~401쪽.

사회의 중심적인 인물로 성장하기 이전에 이미 일제는 중일전쟁, 태평양전쟁을 도발하여 조선을 전시체제에 편입시킴으로써 이들이 더 이상 성장할 수 있는 기회를 봉쇄하였다.

한편 1937년 중일전쟁을 즈음하여 인민전선전술방침이 수용되기 시작하였다. 인민전선전술은 1937년 코민테른 제7회 대회에서 채택된 운동노선으로서 지금까지의 계급대계급 전술을 폐기하고 일제에 반대하는 모든 반제국주의세력을 망라하여 전민족적인 역량을 반제국주의투쟁의 전선으로 집중하여 민족해방운동을 강화하자는 내용을 중심으로 한다. 이 노선은 이재유, 이관술, 박헌영 등의 경성그룹, 이주하 등의 원산그룹, 한봉적 등의 정평그룹, 최소복 등의 왜관그룹 등에게 수용되었으나, 농민운동의 전국적인 지도기관이 부재하였으므로 이 방침은 농민조합운동의 노선에 큰 변화를 가져오지는 못하였다.

2) 개량적 농민운동

(1) 조선농민사운동

조선농민사는 1925년 8월 17일 최린이 이끌던 천도교 신파의 천도교청년당 임시총회에서 소년 및 농민을 계몽하여 집단생활의식을 훈련하기 위하여 소년, 농민단체를 조직37)하기로 한 결정에 의하여 1925년 10월 29일 창립38)된 일제시기 대표적인 개량주의적 농민단체였다. 이는 천도교 신파가 몰락하는 농민들을 도움으로써 천도교에서 이탈하는 교인들을 지키고 또 한편으로는 자치의 실현을 염두에 두고 천도교청년당 산하에 농민조직을 만들어 이를 통하여 농민을 견인하고39) 각계각층의 비천도교인을 망라해서 다양한 세력을 확보하

---

37) 趙基栞, 『天道敎靑年黨小史』, 1935, 40쪽(『東學思想資料集』 3, 1979)
38) 朴思稷, 「朝鮮農民社 創立 第5回 紀念을 마즈면서」, 『農民』 1-6호, 1930. 10, 2쪽.

고자 했기 때문이었다.40) 창립 당시 중앙간부 13명 중 천도교인은 김
기전, 이돈화, 조기간, 박사직, 이성환, 최두선 등 6명이었으며 나머지
는 金俊淵 등 기자 5명, 기타 2명이었다.41) 이들 중 천도교인들은 천
도교에서 전개하였던 신문화운동의 중심적인 인물들이었다.42) 이로
보아 조선농민사는 창립 당시부터 천도교의 독자적인 농민운동단체
는 아니었다. 그러나 1928년 4월 6일 제1차 조선농민사 전선대표대회
에서 선정된 중앙이사는 천도교계가 21명 중 14명을 차지하여 압도
적인 다수를 차지하게 되었다. 그리고 1929년 4월 조선농민사 제2회
전체대회에서 조선농민사를 천도교청년당 농민부 산하에 두기로 하
고 이듬해인 1930년 4월 조선농민사 제3차 전체대회에서 천도교청년
당 농민부 산하에 직속시켰다. 이러한 과정에서 창립 당시에서부터
조선농민사의 중추적인 역할을 하던 이성환을 비롯한 비청년당 계열
의 인물들은 조선농민사를 탈퇴하여 전조선농민사를 조직하였다.

　이와 같이 조직되고 변천되는 과정에서 조선농민사의 활동을 살펴
보자. 이를 위하여 우선 조선농민사의 지방부 조직에 대해 살펴보아
야 한다. 조선농민사의 지방부 조직은 천도교청년당 지방부 조직이
집중되었던 평안도, 황해도, 함경도의 북부지방에 집중되고 있다. 그
리고 남부지방의 경우도 천도교청년당이 조직된 지역에 조선농민사
지방부가 조직되고 있다. 또한 천도교청년당의 간부들이 조선농민사
에서도 주도적인 역할을 하였다. 이들 두 단체의 조직이 중복되는 지
역만 보더라도 59개 지역에 달한다.43) 이로 보아 천도교와 조선농민
사의 농민운동론은 사실상 같다고 할 수 있다. 따라서 조선농민사의

---

39) 曺圭泰, 『1920年代 天道敎의 文化運動硏究』, 서강대학교 박사학위논문,
　　1998. 160쪽
40) 지수걸, 「朝鮮農民社 團體性格에 관한 硏究」, 『歷史學報』 106, 179쪽.
41) 박지태, 「朝鮮農民社의 組織과 活動」, 『한국민족운동사연구』 19, 282쪽.
42) 천도교의 신문화운동에 대해서는 曺圭泰, 앞의 서강대학교 박사학위논문,
　　1998 참조.
43) 박지태, 앞의 글, 앞의 책, 301쪽.

활동은 천도교의 농민운동론에 의해 지도되었다. 천도교청년당 농민부의 활동요항은 1. 문자계몽과 사상계몽으로써 그의 의식적 각성을 촉진하는 동시에 그들의 봉건적 및 근대적인 모든 압박에서 풀어내기에 힘쓸 것. 2. 우선 간단한 농민학교, 기타의 교학실시를 통하여 농업기술 및 농업경영 방법의 향상을 촉진할 것. 3. 소비 및 생산조합을 조직하여 농민생활의 당면이익을 꾀할 것. 4. 경작자로서의 경작권 보장을 얻기에 힘쓸 것 등이었다.[44] 이를 위해 조선농민사는 농촌계몽운동과 일상이익 획득운동을 중심으로 운동을 전개하였다.

조선농민사는 창립 초기부터 농민에 대한 계몽활동의 일환으로 농민야학의 설립, 농민강좌의 개설, 농촌순회강연회의 개최, 농민학교 등의 설립을 주장하였다.[45] 실제로 조선농민사는 317개의 농민야학을 운영했던 것으로 보인다.[46] 또한 농민의 교양과 조직적 단결을 목적으로『朝鮮農民』을 발행하여 농민에 대한 계몽활동에 주력하였다. 그런데 당시『조선농민』은 조선농민사 뿐만 아니라 농민조합의 교양자료로도 이용되었던 것으로 생각된다. 실제로 울진농민조합의 검거 당시 일제에 압수된 잡지 목록 가운데는『조선농민』이 들어 있으며,[47] 삼척농민조합을 조직하기 전 삼척지역 농민운동을 주도하던 삼운수성회에서도 전조선농민사가 발행한『농민독본』을 교양자료로 사용했다고 한다.[48]

다음으로 일상이익 획득운동에 대해 알아보자. 조선농민사의 일상

---

44) 박지태, 앞의 글, 앞의 책, 303~304쪽.

45) 李晟煥,「第2次 全鮮代表大會를 召集하면서 - 考慮는 愼重히! 執行은 勇敢히-」,『朝鮮農民』5-3, 1929. 4, 10~13쪽.

46)『朝鮮農民』3-12호, 1927. 12, 15~24쪽 ; 같은 책 4-2 · 3호, 1928. 3, 20~21 쪽 ; 같은 책 4-8호, 1928. 11, 34~41쪽.

47) 졸고,「日帝下 江原道 蔚珍地域의 革命的 農民組合運動」,『素軒南都泳博士古稀紀念史學論叢』, 1993, 813쪽.

48) 金永起의 증언(1916년 11월 8일생. 동해시 송정동 847. 1998년 10월 11일) 김영기는 삼척군 이도리의 야학에서 교사로서 농촌 아동들을 교육했다고 한다.

이익 획득운동은 1920년대에는 斡旋部의 활동을 통해서, 1930년대에
는 農民共生組合을 통해서 이루어졌다. 먼저 알선부는 일반농민의
편리와 이익을 꾀하는 동시에 조선농민사의 유지, 발달을 계획[49]하
기 위하여 운영되었다. 그리고 1구좌를 20원으로 하여 1명이 최대
100구좌까지 출자할 수 있도록 하였다.[50] 이는 곧 일반 농민들이 알
선부의 활동에 적극적으로 참여할 수 없게 하는 원인이 되었다. 즉 1
구좌 20원의 출자금은 당시 농민들의 생활형편으로는 힘들었기 때문
이다. 따라서 알선부의 활동에 참여할 수 있었던 계층은 일정 규모
이상의 재산소유자만이 가능하였다. 이는 조선농민사 알선부의 활동
이 중농 이상을 대상으로 이루어졌음을 의미한다. 그러나 조선농민사
의 사원을 대상으로 한 조사가 아니라 해방 직후 북한에서 천도교청
우당원의 성분을 분석한 한 연구에 따르면 덕천에서는 빈농이 차지
하는 비율이 87.1%에 해당하고 있다. 이로 보아 북한지역의 조선농민
사원들도 역시 빈농이 대부분이었을 것으로 추정된다. 그러함에도 불
구하고 알선부의 활동이 중농 이상층을 대상으로 한 것은 아마도 천
도교청년당의 주요 간부들이 중농 혹은 소부르주아지 출신이었기 때
문이라 생각된다.[51] 따라서 알선부의 활동은 부진할 수밖에 없었다.

그리하여 1929년 이후 군농민사 알선부에서 직영의 형태로 각종의
상회를 운영하고 소비조합으로의 확대, 발전을 꾀하였다. 또한 1931
년 4월에는 조선농민사 본부의 결의로 기존의 알선부를 농민공생조
합으로 변경하면서 군농민사의 알선부도 농민공생조합으로 명칭이
바뀌면서 그 활동이 활발해졌다. 공생조합은 1구좌 1원씩, 1인 50口
이하로 출자금을 제한하였다. 이렇게 함으로써 농민공생조합원은 납
입할 수 있는 출자금이 현실적인 수준으로 인하되었다. 이 농민공생
조합은 "농민 대중의 상호부조를 원리로 한 경제운영체로서 농민 대

---

49) 「朝鮮農民社斡旋部附則」, 『朝鮮農民』 2-10호, 1926.
50) 위와 같음.
51) 이에 대해서는 조규태, 앞의 논문, 78~86쪽, 참조.

중의 단결된 힘에 의해 경제적 당면이익의 획득을 도모"하는 것을 목
적으로 하였다.[52] 여기에서 경제적 당면이익이란 ① 중간 상인에게
이윤의 착취를 받지 않고 ② 현 사회의 경제제도의 결함을 고치려하
는 것이었다.[53] 이리하여 출자금, 차입금, 의연금, 적립금 등을 통해
자금을 마련하고 농촌 일용품을 공동구매하여 분배하거나 판매하는
소비부 사업, 농업창고와 생산공장을 경영하고 생산물을 위탁 또는
공동판매하는 생산부 사업, 농사에 필요한 자금을 빌려주는 신용부
사업, 비싼 농구를 구입하여 공동 사용하는 이용부 사업, 의원, 이발
소, 목욕탕 등을 설치하여 조합원들에게 편의를 주는 위생부 사업을
운영하였다.[54] 그러나 소비부, 생산부, 신용부, 이용부, 위생부의 5개
의 부서 중에서 현실적으로 활동이 가능하였던 것은 소비부와 생산
부였다. 따라서 농민공생조합은 소비부와 생산부를 중심으로 활동하
였다. 공생조합이 취급한 물품의 종류는 알선부와 크게 차이가 있지
는 않았으나 지역별로 단위조합을 운영함으로써 지역간의 차이에 따
른 필요한 물품의 구입, 판매에 효율성을 제고할 수 있었다.[55] 한편
공생조합의 수와 조합원의 수는 다음의 <표 17>과 같다.

<표 17> 공생조합의 수 및 조합원의 수

	공생조합 수	조합원 수	출전(『農民』)
1931년 1월	113		3권 1호, 51쪽
1932년 6월	181	27,962	3권 9호, 43쪽
1933년 8월	153	53,100	4권 8호, 42쪽
1933년 9월	180	50,000	4권 10호, 30쪽

* 자료 : 김현숙, 앞의 글, 앞의 책, 261쪽.

---

52) 승관하, 「農民共生組合의 理論과 實際를 論함」, 『農民』 2-7호, 1931. 7.
53) 위와 같음.
54) 飛田雄一, 「朝鮮農民社」, 『日帝下の朝鮮農民運動』, 未來社, 1991, 28~29
    쪽.
55) 박지태, 앞의 글, 앞의 책, 293쪽.

조선농민사는 공동경작계를 조직하여 공동경작을 통해 이상농촌을 건설하고 농민을 구제하고자 하였다.56) 이는 군공생조합과 관련이 있었다. 즉 공동경작계는 군공생조합에 가입하는 것이 정관에 규정되어 있었고,57) 조합원은 리동농민사의 구역 내에 거주하는 사원으로 구성되었기 때문이다. 조선농민사에서 공동경작을 처음으로 실시한 시기는 1927~8년 무렵부터라고 한다.58) 공동경작을 실시한 이유는 농업공황으로 농민의 생활이 어려워지고 신용의 결여와 높은 이자율 때문에 은행 대출도 어려워진 상황에서 공동경작으로 마련된 자금을 리동농민사 내의 빈농민에게 상대적으로 저렴한 장리로 대출함으로써 리동농민사 내의 빈농의 삶을 돕는데 있었다.59)

(2) 기독교 농촌운동

기독교회는 1920년대 중반부터 1930년대 중반 경까지 약 10여 년에 걸쳐 농촌운동을 전개하였다. 기독교회의 농촌운동이 전개된 이유는 사회주의사상의 만연과 사회주의자들의 반기독교운동 때문이었다.60) 즉 사회주의 활동가들이 농촌사회에서 영향력을 점차 확대해 가는 과정에서 기독교의 농민과 농촌사회에 대한 영향력은 점차 답

---

56) 金炳淳, 「當面問題 ABC」, 『農民』 21호, 1932. 2, 6쪽.
57) 農民社共同耕作契定款은 「農民新聞」, 『農民』 38, 1933. 8, 53쪽 참조. 정관의 내용은 다음과 같다. 제1조 본 계는 ××리동농민사공동경작계라 칭함. 제2조 본 계는 ××리동사 경제부 사업으로 사와 사원의 경제적 이익을 도모함. 제3조 본 계는 ××리동농민사 구역 내에 거주하는 사원으로서 조직함. 제4조 본 리동사원으로서 경영하는 공동작업은 모두 원칙으로 본 정관에 기준함. 제5조 본 계는 군농민공생조합에 가입함.
58) 夜星淑, 「後天生活의 物的 基礎는 共作契」, 『新人間』 79호, 1934. 5, 14쪽.
59) 조규태, 앞의 논문, 181쪽.
60) 이에 대해서는 강인규, 「1920年代 反基督敎運動을 통해 본 基督敎」, 『韓國基督敎史研究』 9호, 1986 ; 이준식, 「일제 침략기 기독교지식인의 대외인식과 반기독교운동에 관한 연구」, 『역사와 현실』 10, 1993 ; 김권정, 「일제하 사회주의자들의 반기독교운동에 관한 연구」, 『숭실사학』 10, 1997 ; 한규무, 앞의 책 참조.

보 혹은 쇠퇴의 길에 있었던 것이다. 이리하여 종교적 혹은 사상적으로 사회주의자들에 대응할 필요성이 제기되었던 것이다. 당시 기독교의 개신교 교파로는 장로교, 감리교, 성결교, 침례교, 구세군 등이 있었으나 농촌운동을 전개한 교파는 장로교와 감리교의 교인들로 구성된 YMCA와 YWCA 정도였다.[61] YMCA는 이미 1923년부터 '농촌사업'을 준비하기 시작하였다. YMCA의 총무였던 申興雨는 1923년 겨울 서울 근교의 자마장, 부곡리에서 3개월 동안 농민과 함께 생활하면서 그들의 실정, 관습, 가족, 생활, 교육, 심리 등을 조사하였다. 이어 그는 '농촌사업'에 대한 구체적인 논의 중 사회적 단결을 위한 농촌사업에 대해 "청년들이 작성하여 가지고 야학도 조직하고 공동으로 사고 팔 수 있는 협동조합도 만들어서 운영하고 서로 상부상조하는 공제조합도 만들어서 자기네 문제를 자기네 공동의 힘과 노력으로 해결하고 향상시키게 하는 운동"[62]이라 설명하였다. 이후 YMCA는 국제 YMCA의 협조를 얻어 농촌사업에 착수하게 되었고 이에 따라 1925년 2월에 농촌부를 설치하였다. 농촌부 설치 이후 YMCA는 문맹퇴치활동, 언론과 출판을 통한 농민계몽활동, 농사강습회의 개최 등의 활동을 하였다. 이외에도 기독교회는 농민단체의 조직과 협동조합의 운영, 공동경작의 보급, 농업학교와 농촌지도자양성기관의 설립 등의 활동을 하였다. 이외에도 장로교회 농촌부와 감리교회의 농촌부가 1928년 8월 설치되는 등 교단별로도 농촌사업을 시작하고 있다.

기독교회의 문맹퇴치활동은 기독교 농촌운동에서 가장 먼저 시행한 사업이었다. 이 시기 기독교가 운영하거나 관계했던 교육기관은 야학, 서당, 글방, 강습소, 하기아동성경학교 등이었다. 이는 별다른 투자 없이 교회건물을 사용할 수 있었고 교인 중에서 교사 선임이 가능하였기 때문이다. 그리하여 1928년에는 개신교회가 경영하던 야학의 수가 808개에 이르게 되었다.[63] 특이한 점은 기독교에서 운영하던

---

61) 한규무, 『일제하 한국기독교 농촌운동』, 한국기독교역사연구소, 1997, 17쪽.
62) 전택부, 『한국기독교청년회운동사』, 정음사, 1978. 334쪽 참조.

야학은 여자야학의 수가 일반 야학의 수보다 많았다는 점이다.[64] 그리고 교육의 내용은 성경, 한글, 일어, 산술, 주산, 작문, 한문 등이었으며 김제의 월봉리교회야학에서는 농사실습도 병행했던 것으로 보아 농사강습도 실시했던 것으로 생각된다.[65] 한편 YMCA의 경우에는 조선국문, 산술, 한자, 농업 상식적 용어, 간이숫자, 위생, 간이법률, 농리[66] 등을 가르쳤다. 따라서 기독교회의 야학에서 교육한 것은 주로 일상 생활에 도움이 되는 내용들이었다. 다음으로 1920~1939년간 기독교회에서 간행한 신문, 잡지의 수는 약 80여 종에 이른다.[67] 특히 1929년~1932년 사이에는 이와 같은 출판물이나 단행본을 통해 덴마크의 농촌에 대한 소개를 중점적으로 하였다. 이는 기독교회가 추구한 농촌사업이 어떠한 성격인가를 단적으로 보여준다. 이들이 덴마크의 농촌을 모델로 삼은 이유는 첫째, 조선과 비교해 크게 다를 것이 없던 덴마크가 세계적 이상국이 되었다는 인식이다.[68] 그리하여 홍병선은 덴마크의 성공의 경험을 조선에 적용하고자 국민고등학교의 설립을 꾀하였던 것이다.[69] 둘째, 덴마크는 루터교가 국교였던 개신교 국가였다. 이 점은 개신교신자들의 호감을 사는 것이었다. 이리하여 이들은 1928년 예루살렘 국제선교협의회에 참여한 것을 계기로 덴마크의 농촌을 시찰하고 있는 것이다.

다음으로 기독교회에서 전개한 활동으로 중요한 것은 협동조합 활동이다. 협동조합 가운데서도 특히 기독교회가 중요시했던 것은 산업신용조합이다. 이들이 신용조합에 보다 관심을 가지게 된 것은 당시

---

63) 한규무, 앞의 책, 107쪽, <표 3-1> 참조.
64) 노영택, 「日帝下의 女子夜學」,『史學志』 9, 100쪽.
65)『기독신보』, 1929년 2월 13일.
66)『청년』, 1925. 4, 13쪽 ; 1926. 1, 43쪽 ; 1926. 5, 43쪽 ; 1928. 1, 2쪽 참조.
67) 이만열, 「基督敎와 出版文化」,『한국기독교문화운동사』, 410~423쪽에 실린 일람표 참조.
68) 이순기, 「朝鮮의 現狀과 覺者의 使命」,『청년』, 1926. 10, 10쪽.
69) 홍병선,『정말과 정말농민』, 조선기독교청년회연합회, 1929, 1~2쪽.

기독교회가 조선의 현실을 어떻게 파악하고 있었는가 하는 점과 밀접한 관계가 있다. 즉 당시의 기독교 지식인인 신흥우는 농촌 피폐의 원인으로 현재의 자본주의 경제제도 속에서 농공간의 부등가교환, 교환 과정에 매개한 상업 이윤의 착취, 고리대 자본의 착취, 소작인의 소작료로 인한 이중의 부담 등을 지적하고 있다. 그리고 이를 극복하기 위한 방안으로 조합 조직의 전제조건인 협동과 신용만 있으면 농촌은 회생할 수 있다고 보았다.[70] 이리하여 1929년 장로교 총회 농촌부에서 공동구매, 공동판매를 목적으로 중앙신용조합을 설립하고 각 노회와 각 교회에까지 신용조합의 조직을 유도하였다.[71] 이외에도 기독교회가 전개했던 농촌사업에는 소비조합의 조직에 주력한 유재기의 활동, 엡윗청년회나 면려청년회 등 청년단체 내에 조직된 농촌부나 산업부의 활동, 농우회·농무회·진흥회 등의 단체에서 전개했던 공동경작 활동 등도 있다. 특히 공동경작활동은 앞에서 본 천도교의 공생조합의 활동과 상당히 유사하다는 점에서 식민지 시기 개량주의적 농민운동의 연구에서 주목해야 할 것으로 생각된다.

4. 맺음말

이상에서 우리는 1930년대 이후의 농민운동을 농민조합운동과 천도교의 조선농민사운동, 기독교회의 농촌사업을 중심으로 살펴보았다. 이를 정리하면 다음과 같다.

일제하 농민운동은 1920년대 초반 소작쟁의를 시작으로 점차 이념적, 조직적으로 발전을 하였다. 이 과정은 농민운동의 발전과정이자 동시에 국내에서의 민족해방운동의 발전과정이기도 하였다. 일제하 농민운동은 크게 보아 두 부류로 나눌 수 있다. 하나는 사회주의 계

---

70) 申興雨, 「物的生活에 우리 要求」, 『청년』, 1926. 12, 7~10쪽.
71) 『기독신보』, 1930년 7월 16일, 「長老敎總會 農村部 發起 中央信用組合」.

열의 농민조합운동이고, 다른 하나는 천도교계통의 조선농민사운동
이나 기독교계통의 농촌사업 등 개량주의적인 농민운동이다. 이 두
부류의 운동이 가지는 가장 근본적인 차이는 운동이 지향하는 궁극
적인 목적인 무엇인가 하는 점에 있다고 볼 수 있다. 농민조합운동은
일제의 타도와 함께 사회주의를 건설하자는 목적을 가지고 있다면
개량주의적인 농민운동은 당면의 현실문제의 해결에 목적을 두고 있
다고 할 수 있다.

코민테른은 '12월테제'와 '9월테제'를 통하여 기존의 운동을 검토하
고 앞으로의 운동 방향을 지시하였다. 그리하여 농민조합운동은 1930
년대 초반 청년동맹, 신간회 등 합법적인 단체를 해소하고 반합법적
이고 계급적인 대중조직을 건설하고자 하는 운동노선이 관철되면서
혁명적으로 전환되었다. 따라서 지역 단위로 조직되어 있던 계급·계
층조직은 농민조합의 하나의 부서로 통합되어, 농민조합은 명실공히
지역 단위의 운동 지도부가 되었다. 그러나 혁명적으로 전환한 이후
에도 농민조합의 활동은 큰 차이가 없었다. 즉 정치투쟁 일변도의 활
동은 사실상 불가능하였던 것이다. 일반적으로 농민조합이 혁명적으
로 전환하는 과정에서 보이는 특징은 토지혁명, 노농소비에트 건설,
소비에트 러시아 사수 등 혁명적 강령 또는 슬로건의 표방 여부, 청
년부(위원회), 농업노동자 등 계급·계층별 독자부서의 설치 여부, 혁
명적 반대파(농조 내부의 좌익을 중심으로 한 독서회 등 핵심 그룹의
조직)의 결성 여부, 전조선농민사 및 조선농민사의 박멸 혹은 비판
여부, 신간회 및 청총의 해소 결의 여부를 기준으로 한다.[72] 그리고
혁명적으로 전환한 이후에는 삼림조합, 일선행정기관, 경찰서, 면사
무소 등에 대한 폭력 행사의 방식으로 운동 방향이 전개되거나 그 과
정에서 지도부의 분열 경향이 있으며, 운동은 빈농적 성격을 띤다고
한다. 이러한 경향 때문에 농민조합운동은 좌편향적 성격이 있다는

---

72) 지수걸, 앞의 책, 155~156쪽.

평가를 받기도 한다.[73] 그러나 일부 지역에서는 경제투쟁을 통해 농민층의 일상이익을 획득하는 과정에서 농민층에 대중성을 확보하고 이를 통해 민족해방이라는 정치적 요구를 실현하고자 하였다. 그러나 이러한 운동방침은 운동의 실천 과정에서 현실과 괴리되는 현상이 나타났다. 운동방침 상으로는 경제투쟁에 기초하여 정치투쟁을 전개할 것을 표방했지만 실제로는 정치투쟁의 기반이 되는 경제투쟁조차도 전개할 수 없었던 것이다. 이러한 현상이 나타나는 원인은 1930년대 이후 일제의 통치정책이 이른바 민족말살정책으로 변하면서 합법공간이 극도로 축소되어 통상적인 민주주의적 요구마저도 부정당했던 시대적 배경 때문이라 할 것이다.

한편 농민조합의 지도부는 대개 지역 사회의 전통적인 향반출신들이거나 지주 혹은 부농, 엘리트라 불리던 인물들이었다. 그런데 농민조합의 지도부는 '빈농우위의 원칙'을 표방하였다. 이는 앞에서 언급한 바와 같이 농민조합운동의 주체들이 '빈농우위의 원칙'을 '선언적'인 차원에서 이해하고 있었다는 것을 의미한다. 즉 '빈농우위의 원칙'이 배제하고자 하였던 것은 합법주의적 지도부나 개량주의적인 노선이었지 비빈농 전체를 의미하는 것은 아니었다. 또한 농민조합은 합법투쟁과 비합법투쟁을 결합하여 투쟁하고자 하였으며 이러한 투쟁과정에서 조선공산당의 재건을 목적으로 하기도 하였다.[74] 이외에도 이들은 기관지 및 출판물을 통하여 또는 독서회, 야학 등을 통하여 농민층에 대한 교양활동에 주력하였다. 그리고 기념일투쟁을 통해 농민층을 동원하고 농민조합을 조직하고자 하였다. 이는 곧 '투쟁을 통

---

73) 그러나 양양지역의 경우에는 오히려 농민의 일상적인 이익을 옹호, 획득하고자 하는 움직임이 표면적으로는 더욱 적극적으로 이루어졌다. 다만 조합원에 대한 교양의 내용은 혁명적인 성격이 강화되고 있다. 이로 보아 양양지역의 활동가들은 이웃인 강릉, 통천, 삼척, 울진지역의 사례와 비교할 때 운동을 보다 유연하게 전개하였다는 것을 알 수 있다.

74) 이준식, 「세계대공황기 혁명적 농민조합의 계급·계층적 성격」, 『역사와 현실』 11, 1994, 138쪽.

한 조직방침'을 실천에 옮긴 것이라 생각된다.

한편 천도교와 기독교회가 중심이 되어 실시한 개량적 농민운동은 당면의 경제적 이익을 획득하고자 하는 점에 중점을 두고 운동을 전개하였다. 즉 천도교의 조선농민사운동과 기독교회의 농촌사업은 3·1운동과 그 실천 과정에서 국내의 독립운동을 주도하면서 절감한 항일운동의 장벽을 극복하기 위한 방안으로 채택된 점에서 공통적인 성격이 있다.

먼저 조선농민사는 천도교의 전위조직인 천도교청년당과 사회운동을 전개하던 인물들이 조직한 농민운동단체였다. 이후 성장 과정에서 조선농민사는 천도교청년당의 인적, 물적 지원 하에 활동을 전개하게 되었으며, 1930년 전선대표대회를 통하여 이를 법적인 관계로 확립하였다. 이를 통하여 조선농민사는 조선의 독립을 목표로 설정하였다. 그러나 현실적으로 조선 내에서 독립운동을 직접 전개할 수 없다는 인식 때문에 자치운동을 당면의 목표로 설정하였다. 이리하여 조선농민사는 농민자주촌의 건설을 통해 자치운동을 실천하였다. 이는 곧 농민의 일상이익 획득운동이라는 조선농민사의 운동 논리로 이어진다. 즉 조선의 자치를 실현하기 위해서는 농민을 하나로 결집해야 하는 것이고 이를 위한 방법인 농민의 일상이익을 옹호, 획득하는 것이 중요하기 때문이었다. 이를 위하여 조선농민사는 야학, 강연회, 출판물 등을 통한 농민 대중의 교양 활동에 주력하였다. 그리고 알선부와 공생조합을 통해 이를 실천하고자 하였다.

한편 이러한 운동노선은 천도교에서만 보이는 것이 아니라 기독교회의 농촌사업에서도 보인다고 할 수 있다. 기독교회 역시 농민층의 일상이익을 옹호, 획득하는 것을 운동의 주요한 노선으로 하였다. 즉 기독교회는 농사개량, 부업장려, 협동조합의 설립, 관련 서적의 출판 등 다양한 방면에서 농촌사업을 전개하였다. 그리고 야학, 서당, 하기 아동성경학교 등을 통하여 문맹퇴치활동을 전개하였다. 이러한 활동은 천도교의 조선농민사의 활동과 큰 차이가 없어 보인다. 이는 곧 천도교와 기독교회가 추구했던 농민운동의 목표가 당면의 일상이익을 옹호하고 획득하고자 했던 것이기 때문이다. 즉 민족의 해방이라는 민족적 과제에 충실하지 못했다는 평가를 받기도 하는 것이다. 바로 이 점에서 조선농민사와 기독교회의 농촌사업이 개량적인 운동으로 자리매김되기도 한다. 그리고 더 나아가 일제가 1930년대 초반 실시하는 농촌진흥운동의 내용과 매우 흡사하며 실제로 농촌진흥운동에 순응한 경우도 있다.

다른 한편 각지에서 다양하게 전개되던 개량적인 농민운동을 포함하여 농민운동은 1930년대 중반 이후 거의 발생하지 않았다. 이는 일제의 대륙침략이 본격화되고 민족말살정책이 시행되는 전시체제 속에서 이루어진 일이었다. 다만 이 시기에는 일제의 농산물 강제공출, 노동력의 강제 동원, 군수 농작물의 강제 재배만이 있을 뿐이었다. 이로 보아 표면적으로는 이 시기는 농민운동의 침체기임에는 분명하다. 그러나 이 시기가 중요한 이유는 해방 직전의 시대적인 분위기 속에서 농민운동의 역량이 지역 사회에서 어떠한 형태로 생존했는가 혹은 해방 이후 단시간 내에 각 지역에서 인민위원회와 농민조합과 같은 조직이 어떻게 조직될 수 있었는가를 확인할 수 있는 시기이기도 하다. 따라서 앞으로 이 시기의 농촌사회와 농민운동의 역량 및 조직에 관한 실증적인 연구가 더욱 요구된다고 할 것이다.

찾아보기

지은이 **조성운(趙成雲)**

동국대학교 역사교육과 졸업, 동국대학교 대학원 사학과(문학석사, 문학박사)
수원고등학교, 수지고등학교 교사(현재),
한국민족운동사학회 이사, 우리문화연구소 수석연구원

연구논문
「1920년대 수원지역의 청년운동과 수원청년동맹」(『한국민족운동사연구』 24)
「박승극과 조선프롤레타리아예술동맹 수원지부」(『한국독립운동사연구』 16)
「일제하 영동지방 농민조합운동의 구조와 성격」(『한국근현대사연구』 18) 등 다수

일제하 농촌사회와 농민운동
영동지방을 중심으로

조성운 지음

2002년 8월 7일 초판 1쇄 인쇄
2002년 8월 14일 초판 1쇄 발행

펴낸이 · 오일주
펴낸곳 · 도서출판 혜안
등록번호 · 제22-471호
등록일자 · 1993년 7월 30일
⑨ 121-836 서울시 마포구 서교동 326-26번지 102호
전화 · 3141-3711~2 / 팩시밀리 · 3141-3710

E-Mail hyeanpub@kornet.net
ISBN 89 - 8494 - 162 - X 93910
값 16,000 원